Alternative Readings of English Musicals
From The Sound of Music to Les Misérables

# 深読みミュージカル

## 歌う家族、愛する身体

本橋哲也

青土社

# 深読みミュージカル——歌う家族、愛する身体　目次

## 第10章 『レ・ミゼラブル』 階級社会、あるいは敗者の正義 269

# 深読みミュージカル——歌う家族、愛する身体

# まえがき

この本は、いくつかのミュージカル作品を、その内容と制作された時代における社会的な力関係から分析することで、一見ありふれた恋愛ファンタジーや、勧善懲悪の物語、予定調和の筋書きに、意外に深い、観客を居心地悪くさせてしまいかねない裏があるのではないか、それを読み解いてみよう、という試みです。ここで選んだ一〇のミュージカルのなかには、日本でもよく上演され、いまだにロングランを続けているものや、映画を通して多くの方が親しまれている作品から、最近は舞台で上演されることも少なく、もしかしたらそれほどなじみではない作品までが含まれています。しかしそのどれもが、たとえ舞台で上演されてはいなくても、映画や舞台録画としてDVDで鑑賞することができるので、ぜひ本書を片手に映像を楽しんでみてください。作品分析は私自身の観劇体験に基づいていますが、それはそれらの舞台が「模範」とか「基準」である、と考えているわけではまったくありません。私の限られた経験や知見をヒントとして、皆さんがこれまでの鑑賞の記憶を振り返ったり、これから舞台や映像を通したミュージカルへのアプローチを深めていただく一助となれば、幸いに思います。

それぞれの章で、作品のあらすじや登場人物の紹介にも、それなりに紙数を割いたつもりですが、もしかしたら議論が先に立ってストーリーや場面の説明が不十分な点もあるかもしれません。ですが、本書は有名なミュージカルを「深読み」することで、議論の「意外さ」を目指したものです。それゆえ「素直な」紹介から逸脱する部分こそ楽しんでいただけたらと思います。はたして全体として説得力のある議論になっているかどうかは、読者の皆さんのご判断を仰ぐほかありませんが、私の願いは、「単にハッピーエンドで終わるだけかと思っていたのに、そう簡単に言い切れないこともあるのだな」とか「まったくの作り話か、現実離れした空想のように思っていた物語にも、今の現実や日常を映し出す面がありそうだ」とか考えていただくきっかけになれば、ということにあります。

この「まえがき」では、ミュージカルという二〇世紀以降の時代に特有の舞台芸術について、その特徴や歴史の予備的な考察を簡単にしておきたいと思います。

*

二〇世紀の代表的な舞台芸術として親しまれてきたミュージカルは、その音楽の美しさや親しみやすさ、そして興味深い物語にもかかわらず、あるいはそれゆえに、ともすれば限られた「中産的資産階級（ブルジョア・ミドルクラス）」の娯楽として享受されてきました。劇の一形態であるミュージカルは、台詞と歌と踊りという、三つの要素を融合した芸術です。その意味で、ミュージカルは、歴史上、先行した三つの舞台芸術である、台詞劇、歌劇（オペラ）、バレエ（ダンス）を合わせて引き継ぐものであったと言うことができるでしょう。それではこのような芸術がなぜ、一九世紀末から二〇世紀にかけてのイギリス人とアメリカ合州国で、興行として成立し、成功を収め、多くの観客を集めてきたのでしょうか？　それには、メディア、テクノロジー、観客といった側面からの考察が必要です。

ミュージカルも他のさまざまな芸術と同じように、人間の暮らしている日常や社会のありさまを映し出すことによって、人々が日ごろ気がつかない力関係や、心の奥底で抑圧している望みや恐れ、過去の歴史から教訓として学べるような出来事を掘り出して、現在の生活に役立てようとするメディアです。メディアとは媒体、媒介ですから、現実そのものではありません。しかし私たちは言語や身体をはじめとするメディアがなければ、現実を直接に掴むことはできません。現実に起きていることも、言葉や映像や感覚や知性によって再現する、表象することによって、理解可能となるのです。芸術とは、そうしたメディアのなかで、もっとも鋭く自らの「非現実性＝媒介としての性質」を利用することで、現実を「現実」たらしめている力学や、現実を深いところで支えている非現実的な想像や観念を明らかにする人間の営みと言えるでしょう。

ですからあらゆる芸術は、それが生み出された時代に特有の、テクノロジーの発展や、観客のあり方に影響されて、自らのメディアとしての特徴がもっとも有効に発揮されるような形式を目指すわけで、ミュージカルも例外ではありません。

ヨーロッパの演劇史を簡単にたどれば、一六―七世紀のヨーロッパにおいて発達したイギリスのシェイクスピアやスペインのロペ・ド・ベーガなどに代表されるルネサンス時代の民衆演劇が、一八世紀以降になると、より観客層を限定された演劇へと移り変わる過程で、音楽やバレエを取り入れた演劇様式が盛んになります。それが一九世紀に歌劇（オペラあるいはオペレッタ）として専門化していくことによって、従来の台詞劇と歌劇とが分岐していきます。二〇世紀になると、とくに産業資本主義の浸透によって、娯楽に割く時間と経済的な余裕を獲得していった中産階級の観客層の好みを反映する形で、とくにアメリカ合州国で、オペラよりも大衆には身近な音楽劇として、ミュージカルという芸術様式がジャンルとして確立されていきました。

他の演劇様式との比較において、ミュージカルの特徴をいくつか挙げてみましょう。ひとつは、親しみやすい音楽によって予定調和と観客参加の幻想が形づくられ、舞台と客席との距離が無化される傾向があります。ミュージカルのなかでは、しばしば歌によって物語の筋の進行が中断されますが、そのことを観客も受け入れて不自然には思いません。このことは、多くの伏線や複雑な心理描写を含むような（台詞劇に特徴的な）物語では困難なので、ミュージカルではどうしても物語はやや単純となり、人物の造形の仕方もややステレオタイプ的なものにならざるを得ません。ということは、そのような単純さや紋切型を受け入れる観客がミュージカルを支えるということでもあるでしょう。ある意味で現実からの逃避と、それと裏腹の現状の肯定を求める観客の保守的な心性に沿って、「ハッピーエンド」が常道とされ、現実世界の葛藤や差別は排除される傾向にあることは、ミュージカルのひとつの特徴として否定できないと思います。

同時に、ミュージカルもある特定の時代の産物であるかぎり、そこにはその時代の力学、政治的な背景や経済的な格差、暴力や差別、闘争やせめぎあいの痕跡が刻まれているはずです。美しい歌を口ずさみ、わかりやすいストーリーを楽しみながらも、私たち自身が生きている現代にも残存するさまざまな問題への切り口としてミュージカルを思考すること――ミュージカルを深読みする面白さはそこにもあるのではないでしょうか。

二〇世紀におけるミュージカルの発達が、舞台演劇とともに映画という、より新しいメディアの登場によって促進されたことは疑いのない事実です。成功をおさめたミュージカルの多くが映画化され、舞台という一過性の出来事ではなく、何度でも繰り返し鑑賞できる映像として、私たちの記憶に残っているミュージカル作品も多くあります。

ミュージカルに限ったことではありませんが、メディアや芸術の歴史上のあり様を考えるとき、人間のからだの変化、という視点も大事でしょう。一方にテクノロジーの力（それは、しばしば強制力や暴力として発現します）による変化があり、他方に想像力（文学の持つ普遍性として現れることもあれば、他者に対する文化的な偏見の源でもあります）による変化があります。ミュージカルというのも、日常的に生活している身体が、「台詞を述べる身体」となり、それがさらに「歌う身体」となった肉体表象芸術の歴史の結果とも言えるでしょう。ですから一見「不自然」に思えるミュージカルの約束事も、変化という視点から見れば「自然」なのかもしれません。というか、優れたミュージカルの「自然さ」はそこにこそあるのでしょう。

またミュージカルはある意味で、「グローバリゼーション」の産物でもあります。この本の最終章で扱う『レ・ミゼラブル』が一つの目覚しい例ですが、この言語や文化や国境を越えて世界を席巻しているミュージカルは、まさに世界大の情報産業やメディアの発達がなければ、これほど多くの人に享受される作品とならなかったことでしょう。かつて一九九五年に、『レ・ミゼラブル』のロンドン初演一〇周年を記念してコンサートがあり、一七か国からジャン・バルジャンを演じた俳優が集められて、それぞれの言語で「民衆の歌」をメドレーで歌うという催しがありましたが（その模様はユーチューブで見ることができます）、このようなまるでオリンピックのような催しも、グローバリゼーションの結果でしょう。ミュージカルの発達も、一四世紀の印刷本、一七世紀の演劇、一八世紀の小説、一九世紀の旅行に代わる、あるいはそれらを総合して引き継ぐ中産階級エンターテインメントのひとつとして、映画と同伴しながら誕生した、グローバルなテクノロジーに基づく芸術形態である、と言えるのではないでしょうか。

もちろん、ミュージカルが「ミドルクラス」の政治・経済・歴史の所産であると考えた場合、二〇世紀という時代に特有の文化力学の考察も必要となるでしょう。それは当然、戦争、（脱）植民地主義、民族主義、国民国家、人種やジェンダーに関わる差別といった、この世紀の思潮や文化運動と連動するものとならざるを得ません。「英語」という今の時代では「グローバルな言語」による表現、恋愛を中心とするシンプルなストーリー、資本主義と家族主義と消費主義への信仰といったミュージカルを支える根幹が、映画やテレビ、スポーツの祭典といった二〇世紀の政治的芸術と平行して発達してきたことを、以下の章ではそれぞれのミュージカルの内容に沿って考えていきたいと思います。

＊

この本では、代表的なミュージカル作品の文化的力学をそのテクストから検証し、それが文化表象として私たち自身の時代を規定しているさまざまな政治的な力関係と不可分であることを解析していきます。すぐれたミュージカルは愛好者のためだけに存在するのではありません。これまで考察されたことのない斬新な視点から各作品を詳細に読み解くことによって、それらの作品が現代において持つ意味に迫っていきます。

一〇の作品を取り上げていますが、ミュージカルの歴史を扱うことが目的ではなく、あくまで現在の私たちにとってこれらの作品からどんな意味を引き出すのかが本書の趣旨ですから、作品は制作年代順に並べられてはいません。一〇作品を四つの大きなテーマ、家族、言語、身体、他者で分類していますが、もちろんこれ以外の分け方もあることでしょう。それぞれの章では、内容や主題からいくつかのキーワードを設定し、序の役割をする0節から始まって、物語の筋を追いながら、1節から5節まで順に論じる構成になっています。それぞれの節のタイトルとして、そこで主に扱われる歌の題名と、その歌が喚起する問題点を入れました。

ミュージカルの作品名や、登場人物の名前については、なるべく原語の発音に近いカタカナ表記をしましたので、通例の書き方とは異なっているものがあります。また歌のタイトルについても、論旨に従って、通例とは違う訳語を使っているものがあることをお断りしておきます。

ミュージカルの鑑賞には、それが制作されたり受容されたりする時代における文化の力学を考えることが欠かせない、というのが本書の視点です。しかしこの本では同時に、私を含めた「ミュージカルファン」にとって、なぜ特定の作品が「面白く、美しく、楽しく、考えさせられる」のかを無理なく反芻できるような、読みやすい叙述を心がけました。本書が読者と観客の皆さんのミュージカル体験の深化と進化に繋がることになれば、著者として望外の喜びです。

# Ⅰ　家族

第１章

# 『サウンド・オブ・ミュージック』

## 継母への跳躍、あるいはミドルクラスの神話

The Sound of Music

## 0. 映画の記憶

ミュージカルという芸術形態は、二〇世紀前半の英語圏で、教養あるミドルクラスの劇場体験として成熟してきました。つまりミュージカルという登場人物の歌によって物語を伝える劇は、資本主義国で経済的余裕を獲得して消費と娯楽を求めるようになった中産階級の観客のために、どのようにして洗練された台詞と美しい音楽をまじえた劇を作るのかという試みだったと言えるでしょう。観客を惹きつける物語を求めて、ミュージカルは過去の題材や他の芸術ジャンルの作品を再利用することもしばしば行いました。そのさいミュージカルは、物語を洗練して語る手段として、パロディ（風刺をまじえたもじり）やパスティーシュ（模倣と寄せ集め）やパッチワーク（つぎはぎ細工）といった方法を使ってきました。結果としてミュージカルは、自己反省的な方法論をもとに、各種の社会的因習に対して批判的な眼差しを向けるという美学をも成長させていったのです。

ミュージカルが対立項とした伝統的な芸術形態は、おもにオペラと台詞劇です。つまりそれは、楽曲と歌曲が台詞を質量ともに圧倒するオペラと、音楽が補助的な役割しか果たさない台詞劇とに対して、この二つとどのように異なったドラマを作り出すかの実験です。ミュージカルはこの二つの演劇形式の伝統を生かしながらも革新するかたちで、二〇世紀の英語圏の観客にひろく受容される独特の芸術として発展してきたのです。

二〇世紀におけるこのようなミュージカルの発展を見るときはずせないのが、映画という新しいメディアの発達です。映画のテクノロジーを利用することによって、ミュージカルは先行する二つの演劇形式であるオペラと台詞劇に何を加えたのでしょうか？　トーキー以降の映画が、画像に音楽を伴わせることによって観客の心理的効果を高めることを可能にしてからというもの、音楽を重要な要素とするミュージカルが映画として新たな形式と観客を獲得することはほぼ必然のことであったと言えます。実際この本で扱うほとんどのミュージカルは、舞台で初演された後に映画化されていますし、なかには映画が先に作られてからそれを舞台用に作り直したミュージカルもあります。舞台と映画の比較についてはそれぞれの作品に即して各章で行うこととして、ここでは私たちの特定のミュージカルに対する感想が、その普及度においてに舞台上演とは比較にならないほどアクセスが容易な映画版によって影響されていることを忘れないでおきましょう。

さて、最初の章で取りあげる『サウンド・オブ・ミュージック』ほど、映画版の記憶が私たちの心と体に染みついている作品も少ないでしょう。一九六五年に製作された映画版『サウンド・オブ・ミュージック』は、オーストリアのザルツブルグと南ドイツのバヴァリア地方をロケ地として、ロバート・ワイズが監督しました。共演はジュリー・アンドルーズとクリストファー・プラマーで、この映画は最優秀作品賞をふくめ、アカデミー賞を五つの部門で受賞しました。現在でもイギリスやアメリカ合州国では、休日に主人公マリアや子どもたちの格好をして映画館につめかけ、スクリーンを観ながら皆で合唱する「一緒に歌おう」イベントがしばしば催されています。それほどまでに、このミュージカルは英語圏文化のＤＮＡの一部となっていると言っていいでしょう。

『サウンド・オブ・ミュージック』というと、「ドレミの歌」を知らない子どもが珍しいように、英語圏に限らず（翻訳を通して）世界中の人が、このミュージカルで歌われる曲のいくつかを歌うことができるでしょう。また、将来の不安を残しながらもハッピーエンドに終わるその物語の結末は、多くの観客が安心できるストーリーとして親しまれているはずです。このミュージカルが原作としたのは、一九四九年にアメリカ合州国で出版されたマリア・オーガスタ・フォン・トラップという、尼僧から男爵夫人になった人の回想記、『トラップ家合唱団物語』です。それを基にしてハワード・リンゼイとラッセル・クラウゼが舞台ミュージカルの台本を書き、一九五九年一一月にブロードウェイで初演されました。作曲はリチャード・ロジャース、作詞がオスカー・ハマースタイン・ジュニアで、ハマースタイン・ジュニアが初演後九ヶ月で亡くなってしまったので、数々の名作を生み出したこの黄金のヒットコンビの最後の共作となりました。初演時の配役は、マリアがメアリー・マーティン、キャプテン・フォン・トラップがセオドア・ビケルでした。この舞台を演出したのはヴィンセント・Ｊ・ドネヒューで、この公演は一九六三年に終演するまで一四四三回の公演回数を数えたといいます。

ロンドンのウエストエンドでは二年後の一九六一年に初演され、こちらも大好評でなんと二三八五回も上演されたとのことです。その後、一九八一年と二〇〇六年に再演されており、私が観たのは二〇〇六年のもので、この公演は二〇〇九年までロンドン・パラディウム劇場で行われていました。この公演には、いくつかメディアを騒がせたエピソードがあります。まずプロデューサーを務めたのが、自らもミュージカル作者として著名なアンドルー・ロイド゠ウェバーで、彼は最初マリア役として、ハリウッドの映画スター、スカーレット・ヨハンソンと交渉していたのですが、それに失敗します。しかしそんなことでは懲りないロイド゠ウェバーは、今度は「マリアという謎をどうやって解けばいい？」という、ミュージカルのなかの歌を題名にしたテレビショーを製作し、自らもそれに出演します。そして視聴者投票によって、コニー・フィッシャーという無名の女性がマリア役に抜擢されることになりました。さらにこれには後日談があって、フィッシャーが風邪で二週間歌えないという状況が生じたとき、このテレビ番組で彼女と主演の座を争ったアオイフ・マルホランドが月曜の夜と水曜のマティネー公演でマリア役をやることになり、彼女も有名になりました。またキャプテン・フォン・トラップの配役にも一悶着あって、もともとはサイモン・シェパードが配役されていたのですが、彼は二回プレヴュー（公演が正式にオープンする前の準備公演）に出ただけで降板し、代わりにアレクサンダー・ハンソンがトラップを演じることになりました。また尼僧院長には人気のオペラ歌手であるレスリー・ギャレットが出演しました。

こうした各種の話題にあふれた公演でしたから興行的には大成功でしたが、どうやら私の見たところこの上演の内容は、このミュージカルを舞台化することの困難を示唆したものであったように思えます。このミュージカルの舞台上演を観に来る観客のなかで、ロバート・ワイズの映画版を観ていない人はほとんどいない、というのが実情でしょう。ジェレミー・サムによるこの舞台の演出は、この永遠の名作として私たちの心身に刻まれている映画の記憶を何とか払拭しようと、さまざまなことを試みます。たとえば映画のカメラが映し出す壮大なアルプスの山々や湖の風景や、マリアと子どもたちが駆けまわるザルツブルグの町の美しいたたずまいの代わりに（それは舞台上演では不可能です）、登場人物の微妙な心の揺れ動きを強調すること。それはたとえば、マリアと長女リーゼルとのあいだに恋人／父親であるトラップをめぐる心理的な争いを示したり、マリア自身が尼僧という職業を選ぼうとしたことに、彼女の心の深層にある性欲の抑圧を示唆するところに現れていました。そのような試みは新しい解釈として、興味深いとはいえ、それが満足のいく上演になっていたかには疑問が残りました。子どもたちにマリアに対する反感や曖昧な反応を表現させてみたり、トラップのマリアへの気持ちに戸惑いや悩みを示唆させてみたりする舞台解釈はそれだけをとれば面白いのですが、舞台を観ながら「なにか無理している」という印象を、全体として私はぬぐえなかったからです。

たぶんそれは舞台の問題というより、私自身のこのミュージカルに対する体験の問題なのかもしれません。つまり、映画版を通して自分の記憶にある体験をどう見直すのか？　それは言ってみれば、このミュージカルが体現する家族の神話から脱却することがいかに難しいか、という問いでもあります。そこでこの章では、『サウンド・オブ・ミュージック』が伝える家族の物語の基盤にある、予定調和的世界観の要因を、作品の筋を追いながら分析していきたいと思います。

## 1．「マリアという謎」――尼僧と家庭教師

『サウンド・オブ・ミュージック』を観客にとって安心して楽しめる作品としている要因の一つは、外部の圧力にあらがいながら最終的に家庭の絆が勝利するという確信ではないでしょうか。外部の圧力と言っても、それは必ずしも暴力的なものとはかぎりません。このミュージカルにおける外側からの力は主に二つあります。一つは男爵夫人エルサに代表される、ヨーロッパの古い貴族社会における階級制度の圧力。もう一つはオーストリアを併合しようとするナチス・ドイツの勢力です。しかし後者にしても、そこにはユダヤ人虐殺や侵略戦争の暴力が言及されているわけではなく、ミュージカルのなかでは国旗や歌によってナチスの暴力が間接的に示唆されているだけです。ナチス党員にしても、一番上の姉娘リーゼルの恋人ロルフのようにやや気弱な人間か、あるいはマリアたちを逃がそうとする尼僧たちに車を壊されて動けなくなる間抜けな男たちとして描かれています。だからといって、この作品には社会的政治的力関係がまったく消しさられているわけではありません。私たち観客はすでに階級社会の悪弊やナチスの殺戮を歴史として知っていますから、そうした力に対して主人公たちがどのように闘い、勝利を収めていくのかを固唾を呑んで見守ることになります。

そのような闘いの中心にいるのが、言うまでもなくマリアです。彼女は最初の場面で「サウンド・オブ・ミュージック（Sound Of Music）」という主題歌を歌いながら、アルプスの山々を背景に登場します。彼女はまた麓の尼僧院で見習いとして修行している身でもあります。つまり、この矛盾、自然のなかの奔放な少女と、神に身をささげた尼僧という二つの側面を共有している女性として、私たちはまずマリアを認識するわけです。彼女は尼僧候補としては、失敗ばかりして規則も守れないのですが、そのことを尼僧院でも迷惑がられながらも許容されています。マリアが夕方の祈りに遅れそうになって尼僧院に駆けこんでくる直前に、先輩の尼僧たちによって歌われる「マリア(Maria)」という歌は、「マリアという謎をどうやって解けばいい?」という問いをたてて、それにさまざまな解答を寄せようという内容です。歌は、彼女の矛盾したさまざまな局面を浮かびあがらせます。一方に尼僧院の規則をまったく守れない自由な反逆児とも言えそうなお転婆娘がおり、他方に子どもや動物のような弱者に対して心からの同情を寄せる優しい女性がいる、といった具合です。

野山を駆け回ることが似合うとはいえ、彼女は年齢的には少女というよりは成熟した女性として私たちの前に現れています。そうでなければ、ミュージカルの一つの大事な約束事である異性恋愛が成立しません。それと同時に、僧院のなかで無言の行にいそしむ敬虔な尼僧たちを背景にして、そのような勤めにはなかなかなじめないマリアが描かれています。マリアがアルプスの少女ハイジでもなく、神だけを伴侶として選ぶ尼僧にもなれないとすれば、彼女にとって落ち着きを得る場所はどこなのでしょうか? こうして私たちは、ここではないどこか他の場所を探す彼女の旅に同伴する心構えができることになります。山の草原でも麓の僧院でもない、どこか他の場所。このミュージカルはマリアの自分探しという体裁をとりながら、その答えを家庭という安全な場所のなかに求めていくのです。

そのようなマリアを成長させ、人生の目標を見定めさせるために、一種の猶予期間として尼僧院長が推薦するのが、家庭教師という立場です。家庭教師ならば、階級ともセクシュアリティともいちおう無縁なかたちで、男性が一人、そして子どもが七人（それにおそらく数人の使用人たちも）住んでいる家庭のなかに入り込んで、マリアは山々と僧院以外の世界から何かを学ぶことができるのでは、と尼僧院長は考えたのです。

今で言う中産階級の家庭が成立したのは、一九世紀以降のヨーロッパであると言えます。そこでの鍵は、夫である男性が外で働いて収入を得て、妻である女性が家庭のなかで育児と家事にいそしむ、という結婚制度を支えた異性愛分業体制です。そのような状況において、家庭教師という立場は、未婚で職業に就いていない若い女性にとって、ある程度の収入と安全な職場を保証する手段でした。彼女たちは学業を教えるという専門的職能と、子どもを育てるという家庭的役割とのあいだで曖昧な役割を果たしながら、母親を補完する役割を期待されました。またそれがときには母親がいない家庭において、彼女の雇い主である男性との性的な関係を築くことに発展し（あるいは妻のある男性が、家庭教師である女性とも関係を持つこともあったでしょう）、結婚を通した彼女たちの階級的上昇の手段ともなりえたのです。そのことは、たとえば一九世紀英国の小説家シャーロット・ブロンテが書いた『ジェーン・エア』のような作品にも見られます。ここで踏まえておくべきことは、『ジェーン・エア』にしろ、また『サウンド・オブ・ミュージック』にしろ、家庭教師の出世物語には、かならず主人公の結婚にとって障害となる他の女性（『ジェーン・エア』の場合は、ロチェスターの妻で西インド諸島生まれの「屋根裏の狂女」バーサ・メイソン、『サウンド・オブ・ミュージック』の場合は、トラップの婚約者である男爵夫人エルサ）がいるということです。しかし『サウンド・オブ・ミュージック』では、男爵夫人が恋のライバルとしてマリアに負けることが観客には最初からどうやらわかっている。とすれば、それはなぜなのでしょう? それはたぶん、この現代の『ジェーン・エア』物語としての『サウンド・オブ・ミュージック』が、ほとんど母親の記憶がない七人もの子どもたちを登場させて、彼女ら彼らとマリアとのあいだにまったく他人には想像もできなかったような結びつきを作るからではないでしょうか。上は一六歳から下は五歳までの七人の子どもたちを育てるのは大変な仕事のはずです。(だからフォン・トラップ家には多くの召使がいます。)それ以前に七人もの子どもたちを出産した母親のことですが、私たちはまことに都合よく、この亡くなった妻の存在を忘れています。このミュージカルは、ロマンチックな男女の恋愛物語を、中産階級の理想としての家庭神話へと作りかえることに成功する、そのことが世界中で舞台や映画のおびただしい数の観客をひきつけてきた理由なのです。

## 2.「一六歳から一七歳へ」——恋人と母親

マリアが家庭の妻となるためには、少なくとも三人の女性の影や存在と交渉する必要がありました。それは男爵夫人エルサ、トラップの亡き妻、そして彼女を母親として知っていた長女リーゼルです。ここでは順にそのことを考えていきたいと思います。まずトラップは、軍人にして徹底した男性中心主義者、社会的階層と年功序列と男尊女卑をモットーとするような人間です。だいたい

「自分のことはキャプテンと呼んでよろしい」など年下の女性に平気で言える男が、どこかに欠陥を抱えていないはずはありません。そのような男性が好きになれる女性は、おそらく二種類しかいません。一つは母親か姉のように甘えられる存在、もう一つは自分がすべてを掌握して面倒を見てやっているという自尊心と優越感のもとに、実は安心して甘えられる女性です。つまりどちらも甘えん坊である自分を許容してくれる女性ということになり、このミュージカルのなかでそうした候補となるのは、男爵夫人エルサと家庭教師マリアと長女リーゼルの三人しかいません。

この三人とくらべてマリアが特異なのは、彼女が孤児であって家族や親族とのつながりが感じられないことです。マリアがトラップ家に行く途中で歌う「わたしには自信がある（I Have Confidence In Me）」は、彼女のときに野放図とも思える勇気を示すとともに、一人だけで異世界へと入っていこうとする彼女の不安を強調しています。尼僧という天使のような孤立した存在から、階級社会において重要な位置を占める母親へと変貌するには、他者を訓育する家庭教師が適切です。マリアにとってのその他者とは、すぐに親しくなってしまう子どもたちというよりも、むしろ妻を失って人生の目的さえ失ったかに見える中年男トラップなのではないでしょうか。いかに自然児であった少女が恋人へ、そして母親へと転換するのか、それをこのミュージカルは子どもたちと彼女のつながりを強化する歌を巧みにちりばめながら果たしていくのです。

マリアの自然児／見習い尼僧から母親への転換を考えるとき、忘れてならないのは長女リーゼルとマリアとの関係でしょう。七人の子どもたちのなかで一六歳のリーゼルだけは、父親と母親とがともに家庭を暖めていた幸い多き時代を知っており、その記憶を大事にしています。そのことでリーゼルと父親とはおそらく特別な絆を築いており、それをマリアは大事にしつつ、同時にリーゼルが背負う亡き妻の記憶から距離をおきたい。マリアがまず友人としてリーゼルに接しようとするのもそのためです。マリアはリーゼルとその恋人ロルフとの関係に、たいへん上手に介入します。たとえば、彼女はリーゼルがロルフとの逢引で雨に濡れて帰ってきたところを、うまくかくまって父親に知られないようにしてやることでリーゼルの信頼を獲得します。母親のいない家庭で、ある程度その代わりを果たしていた長女から頼られることで、マリアの家庭教師から母親／妻への跳躍の第一歩が可能となるのです。ただマリアはそのような位置の獲得をめざして、積極的に行動するわけではありません。それでも観客はマリアがいずれはリーゼルの母となり、トラップの妻となることを期待する。階級上昇を目指すでもなく、トラップの前妻の記憶をことさら拭い去ろうともしない、そのようなマリアの曖昧さが魅力となって、観客にマリアを軸とする家庭の幸福を期待させるのです。

マリアが、恋愛の意義をリーゼルから学ぶことも重要です。リーゼルが訪ねてきた恋人のロルフとともに裏庭のあずま屋のなかで歌う、「私は一六歳、もうすぐ一七歳（I Am Sixteen, Going On Seventeen）」は、恋人たちの興奮と思いを伝えると同時に、リーゼルを即座には受け入れようとはしない冷静なロルフの姿勢によって際立っている歌です。彼はたった一歳年下の女性を「ベイビー」と呼び、「男の世界に直面するには、何をするかを教えてくれる、君より賢い自分のような男性が面倒を見ることが必要だ」と言います。ダンスにおいて主導権を握るリーゼルが、道徳面においてはロルフに全面的に頼っている、そんな曖昧さが魅力となる場面でもあります。ロルフはリーゼルに恋しているというより、彼女のことを一歳年上の男性として面倒を見る自分の責任や位置に自己満足している男です。つまりロルフとキャプテン・フォン・トラップとはたいへん似ているのであり、それを前者が後者を恐れ、後者が前者を嫌っている理由の一つと考えてもいいと思います。（ロルフは郵便配達をしているナチスシンパですから、出身階級や政治思想の差ももちろん反感の要因でしょう。）そのように考えると、どうやら「私は一六歳、もうすぐ一七歳」という歌は、恋人たちの幸せをたたえる歌というより、リーゼルの片思いと失恋を予見する歌のようにも聞こえます。そして、そこにマリアが母親として介入する道が開けるのです。この歌はリーゼルが、恋をする女性として自己確立するマリアに、恋人としての位置を譲る歌なのかもしれません。都合のいいことにその恋の相手が、リーゼルの父親ですから、彼女は恋人ロルフを失うかわりに、父親と母親のそろった幸福な家庭をふたたび獲得することになるのです。

はじめは「自分はもう大人だから家庭教師などいらない」と突っ張っていたリーゼルが、恋人との別離を経てマリアを母親として認知する。そのことによって、恋愛よりも夫婦愛が、恋人よりも家庭が、より価値のあるものとなるのです。物語を先取りしてしまうことになりますが、この同じ歌がマリアとトラップとが新婚旅行から帰って家庭に落ち着いたときに、変奏されて母親のマリアを相手としてリーゼルとの二重唱で歌われます。それは、少女から大人への変貌を家庭からの解放ではなく、家庭的価値の追認として回収する巧みな操作なのではないでしょうか。こうして恋人間で歌われていた歌が、母娘のあいだで再唱されることで、娘から女への卒業がマリアにとってもリーゼルにとっても、安定した家庭のなかで緩やかに果たされていくのです。

## 3.「サウンド・オブ・ミュージック」——不在の母親と家庭の音楽

キャプテン・フォン・トラップは、自分の再婚相手として当初、出身階級も趣味も近い男爵夫人エルサを考えていました。彼女が社交界の中心にいるお金持ちで美人であり、寡婦ですから妻を亡くした自分と同じような境遇にあることが、そうした選択の基礎にあったのでしょう。社会環境から考えれば、それは自然で賢明な選択であるはずですが、それでは理想の家庭を夢見るミュージカルの観客が納得するはずはありません。エルサのような上流階級生まれで大輪のバラよりも、マリアのような出自がやや不明で自然の懐で育った可憐なエーデルワイスのほうが、ミドルクラスの神話にはふさわしいのです。そうした観客の期待どおりに、トラップは自分がほんとうに愛しているのが、エルサではなくマリアであることを悟って彼女と幸せな家庭を築く、という結末となるのですが、ここで皆さんと考えたいのは、家庭を社会の中心であるとする考え方が妻という存在をどう捉えるのか、です。

そこでまず、トラップとマリアとのあいだに最初に男と女の感情が芽生える場面に注目してみましょう。トラップがエルサとウィーンで過ごしていたあいだに、二人のあいだで婚約の意志が固まったらしく、彼は彼女を（子どもたちの叔父であるマックスとともに）自分の館に連れてきます。その一方で父親の留守のあいだに、一緒に歌いながら草原を駆け回ったりすることで、マリアと子どもたちのあいだに遊びと音楽を通した絆が、(映画版では、子どもたちが木登りをしているときにトラップたち三人を乗せた車が、その木の下を通り過ぎますが、その見事な)大木のように育ちます。一方にウィーンの豪勢で奢侈な社交界、他方にオーストリアの山野を歌いながら駆けめぐる無垢な子ども世界、その対照がマリアから習った「サウンド・オブ・ミュージック」を、子どもたちがエルサを歓迎して歌う場面で頂点に達するのです。

これはいろいろな意味で興味深い場面です。「サウンド・オブ・ミュージック」はマリアの人生を象徴するような歌ですが、それを父親の留守中にマリアが子どもたちに伝えた。それを子どもたちの母親になる女性としてトラップが連れてきたエルサを歓迎して、今度は子どもたちが歌います。しかしこの歌はアルプスの自然を称えるとともに、かつて妻と母がいて幸福だった家庭を思い起こさせる歌でもあります。つまりここでは、「サウンド・オブ・ミュージック」というオーストリアの自然と人間との共生を象徴する歌が、かつて両親がそろっていた家庭からマリアへ、マリアから子どもたちへ、そしてエルサへと手渡されていくのです。この歌は、ウィーンの都会文化に対するザルツブルグの自然、上流階級に対する中産階級、という対立において、妻と家庭の記憶を上手に思い出させることで、後者の価値を再認識させる歌です。それがエルサという、都会の爛熟と貴族社会の奢侈を象徴する人の前で歌われるとき、いったいどんなことが起きるのでしょうか?

この場面で重要なのは、マリアが部屋の外でひそかに聞いているという空間構造にあります。もちろんここでマリアは、一家の主人であるトラップから子どもたちの育て方に口を挟んだことでクビを申し渡されたばかりなので、彼女が客間に顔を出すわけにはいかなかったという事情があるでしょう。しかしマリアのこの不在は、本物の母親がいない家庭の空虚を目立たせる効果を持っています。そしてこの歌を聴いているエルサも、この母親の地位を占められません。なぜかと言うと、この歌は新しい母親の候補者として登場してきたエルサを迎えるために準備されたものであるにもかかわらず、この歌によって喚起されるのは、まずもって亡き母親の記憶であるからです。マリアが子どもたちに教えたこの歌は、彼女の意図を超えてかつての音楽にあふれていた家庭の雰囲気とともに、亡き母の記憶を引き出すのです。

音楽を家庭に呼び戻してくれたことに感謝するトラップによって、マリアが客間に呼び戻され、今度はマリアが子どもたちと共演する人形劇「孤独な羊飼い（The Lonely Goatherd）」が上演されます。そしてその後が決定的なのですが、マリアの提案によって、「エーデルワイス（Edelweiss）」が父親によって歌われ、それがかつての母親の記憶を父親と共有している長女のリーゼルとの二重唱になることです。このような父親と娘の強い絆の前では、エルサもマリアも局外者たらざるを得ません。しかし大事なのは、エルサと違ってマリアが、その母親の記憶を意図せず自然に引き出したことです。そのことを観客も認め、マリアこそが家庭の新たな中心となりえることを確かめて安心するのです。こうしてマリアは亡き母の思い出を純化し、引き継ぐ者としての資格を得ていきます。マリアの意図しない演出によって、子どもたちが歌う「サウンド・オブ・ミュージック」の延長線上に「孤独な羊飼い」と「エーデルワイス」が位置づけられ、さらにそうしたオーストラリアの美しい自然と文化を言祝ぐ歌の数々を支えているのは、他でもない父母のそろった家庭であることが確認されるなかで、父親と子どもたちとの新たな絆が結ばれていく――これこそが失われていた家庭の価値が再生される瞬間であり、そのときかつてそれを支えていた亡妻の記憶がマリアという現実の存在に移し変えられるのです。部屋の外から子どもたちと父親との交感を見ているしかなかったマリアが客間のなかの主人公に変身し、トラップが甘えることのできる対象として浮かび上がってきます。こうしてすでにエルサとマリアとのあいだでの、どちらがトラップの妻としてふさわしいかの勝負は、少なくとも観客の心理のなかではついてしまったと言っていいでしょう。そこでの鍵は、亡妻の記憶をどちらが払拭するか、ではなく、どちらが引き継ぐか、だったのです。

## 4.「何か良いこと」――恋愛と結婚

マリアには出身階級が明示されていませんが、おそらく彼女の身なりや見習い尼僧を志願したという事実から、彼女はそれほど裕福ではない家庭の出であり、貴族階層に属するキャプテン・フォン・トラップとはかなりの階級的・経済的格差があると考えるのが自然でしょう。その意味でこのミュージカルは、典型的な「家庭教師の出世物語」の枠組みをなぞっています。ここにも「弱者」の願望充足を可能にする「シンデレラ・ストーリー」の一形態があるわけです。さらにこの物語は、トラップが自らの階層と年齢に近い男爵夫人エルサから、庶民のマリアに乗り換えることによって、ヨーロッパの貴族階級に接近するという幻想を、アメリカの中産階級の観客にかきたてることにもなったでしょう。

前節で述べたことの繰り返しになりますが、この現実にはほとんどありえない文化的転換を可能にするのが、トラップの亡くなった妻にして、子どもたちの母である女性の喚起と隠蔽です。トラップは最初マリアが訪ねてきたとき、妻の思い出をすべて封印しようとしていました。しかしマリアが男爵夫人歓迎のために子どもたちに教えた、「サウンド・オブ・ミュージック」の歌声によって妻の思い出が喚起されると同時に、彼女の現実の姿は消去され、幸福な家庭の過去の記憶と将来の希望のイメージになってしまうのです。マリアの家庭教師としての成功は、自己中心的な父親を教育する年下の女性という、階級、年齢、ジェンダーにおける逆転の構図によって、彼女に妻という位置を与えます。結局は恋の駆け引きに優れたエルサではなく、歌うことが存在証明であるようなマリアが妻として選択されることによって、ヨーロッパの貴族を中核とする階級制度が、ミュージカルを生み出した二〇世紀アメリカを代表するミドルクラスの文化によって、奇跡的に乗り越えられるのです。

最初の場面で自然とマリアとの結びつきを強調していた「サウンド・オブ・ミュージック」という歌が、家庭の枠組みに取り込まれることと、マリアが尼僧から妻／母親へと移行する過程とは同時に進行します。その過程で使われ、そしてまた作品の最後にも歌われる「すべての山に登れ(Climb Every Mountain)」は、人間が自然の厳しさを乗り越えて幸せにいたるという内容を持っています。つまり人間の文化——この場合は、父親と母親と子どもと使用人がそろっており、金銭と時間の余裕もある中産階級の家庭に体現された——による自然の征服がそれです。それはアメリカ合州国における『サウンド・オブ・ミュージック』の観客にとって、自分たちの出自である「不屈のフロンティア精神」を思い起こさせるものでもあったでしょう。(たとえそれが現実には、自然資源の破壊と先住民の排除と黒人奴隷労働の搾取を、不可欠の要素として含むものであったとしても。)「すべての山に登れ」というこの歌は、ミュージカルの観客層の中心をなす人びとが好みそうな道徳的比喩に満ちた歌ですが、それは物語の流れのなかでは、マリアという女性の大人としての自立と、夫と妻とを一単位とした異性愛体制への彼女の安住とを同時に示唆します。山々に響く「サウンド・オブ・ミュージック」が理想のミドルクラスの主題歌となるとき、オーストリア・スイス国境の険峻な山道でも、団結した家族ならば徒歩で越えられる、という共同幻想が生まれるのです。

なかなか気がつきにくいことですが、このミュージカルは男女のロマンチック・ラブを取り扱いながら、恋愛の過程で実は一度もマリアは、トラップのファーストネームである「ゲオルグ」という名前で彼を呼びません。彼のファーストネームを私たちが知るのは、エルサが彼のことを終始ゲオルグと呼ぶからで、その意味でこの二人は異性恋愛を可能にする男女の対等な関係を結んでいると言えます。それに対してマリアは、家庭教師時代にはトラップのことを「キャプテン」と呼び、結婚してからは彼女が彼の名前を直接呼ぶことはありません。これは日常的な夫婦関係からすれば明らかに不自然なことですが、観客がそのことを不自然に思わないとすれば、それはそれほどまでにこのミュージカルにおける家庭の価値が強大だからではないでしょうか。つまり『サウンド・オブ・ミュージック』の異性関係では、恋愛の延長として夫婦関係があるのではなく、最初から女性が理想的家庭の妻/母親の位置を占めることが期待されており、そこにマリアのような出自の曖昧な女性が見事にフィットするということです。神話とは、人びとの思考や行動様式を深層で支えているもののことです。見習い尼僧の継母への跳躍は、そのようなミドルクラスの神話体系のなかでの寓話なのです。

エルサと別れたトラップがマリアを裏庭で見つけて、二人で歌う「何か良いこと（Something Good）」という歌は、私たち観客がこの新たな恋人たちの愛情を確かめて安心する歌、と言えるでしょう。「無からは無しか生まれてこないのだから、私も若いときか子ども時代に何か良いことをしたに違いない」とマリアが述べるこの歌は、これまでまったく語られなかったマリアの過去を、何も明らかにしないままで神話化する機能を持っています。つまり、彼女の出身地や経済状況が問われずに、階級も出自も異なる男性と結びつくという、ほとんど現実ではありえない展開を正当化するのが神秘的な「何か良いこと」なのです。それは、多くの子どもたちを愛する妻が中心にいるとされるアメリカ合州国的な中産階級の理想と、愛国心と勇気にあふれているとされるヨーロッパ的男性中心主義とが、幸福に結びつく瞬間なのです。

## 5．「エーデルワイス」――ナチスからの逃亡と家庭の勝利

マリアとトラップの結婚が中産階級家庭の勝利となるために、このミュージカルではさらに政治と家族との対立が利用されます。あたかも家庭という聖域が、暴力や策略の支配する汚れた政治の世界とは何の関係もないかのように、二つの領域を切りはなすことによって、このミュージカルは

平和で安定したアメリカ合州国と、戦乱に覆われようとするヨーロッパ世界とを対照するのです。マリアたちの幸福な家庭を脅かす「敵」はナチスです。西洋（西ヨーロッパ、アメリカ合州国、資本主義圏、自由主義国家などと呼びならわされてきましたが）は、つねに「敵」を外部の他者として想定することで、自己の優越性を確認してきました。歴史上その「敵」はときにイスラーム、トルコであり、異人種、野蛮人であり、あるいはソ連や共産主義国家や、テロリストであったりするのですが、相手はどう変わろうとも変わらない事実は、そのような「敵」を必要としているのが、西洋自身にほかならないということです。ですからかりに「敵」が滅びてしまったなら、新しい「敵」を無理にでも作り出さなくてはならない。「テロとの戦争」に明け暮れる現在のアメリカ合州国が典型ですが、どこかにサダム・フセインやビン・ラーディンやアル・カーイダが居てくれなければ困るのは、アメリカ合州国自身なのです。（それは日本の支配層にとって金正日が必要なのと同じことです。）

それでは『サウンド・オブ・ミュージック』にとってナチス・ドイツという「敵」はなぜ必要なのでしょうか？　現実の歴史において当然注目されるべきナチスによる人種差別や軍事暴力は、このミュージカルにおいて言及されることはありません。あくまでナチスの台頭は、ヨーロッパにおける滅びゆく過去の帝国に対する郷愁と、戦乱に侵されないアメリカ合州国における家庭の安寧への願いを導き出すための意匠にすぎないのです。家族というプライヴェートな領域と政治というパブリックな領域との二項対立――このわかりやすいテーマを強調するために、ここで家族外部の政治的暴力とされているのは、ナチス・ドイツによるオーストリア併合です。第二次世界大戦に勝利をおさめて文字通り世界の覇者として君臨しつつあったアメリカ合州国にとって、ナチス・ドイツは一九五〇年代終わりともなれば、誰の非難も受けることなく安心して「悪の象徴」として使うことのできる都合の良い文化表象でした。（私自身も子どものころには、アメリカ合州国で作られた『コンバット』というテレビ番組を吹き替えで欠かさず観ていて、アメリカ軍は善で英雄、ドイツ軍は悪で抹殺すべしという図式をまったく疑っていませんでした。これは私がナチスによる強制収容所のことなどを知る前の話ですから、歴史の事実とは関わりなく「負けたドイツは悪者」と信じこんでいたことになります。多くの西部劇が広めた「良いインディアンは死んだインディアン」と同じですが、こうした刷り込みがテレビのようなマスメディアによって可能になってしまうことが、文化表象の力の怖さです。）第二次世界大戦の敗北によってすでに壊滅した、かつての加害者ナチス・ドイツは、このミュージカルの制作当時のアメリカ合州国にとって、ソヴィエト連邦のような現在形の脅威ではありませんでしたから、英米圏の観客にとって現実の政治的力関係にともなう面倒な思考を誘う危険はなかったと言えるでしょう。また『サウンド・オブ・ミュージック』が、ナチスの犠牲者として隣国オーストリアを選び、その国の人びとを過去の文化的・民族的遺産を尊ぶ民族として描いたことは、善悪の単純な構図を演出するためにとても有効でした。かりにもしこのミュージカルが、犠牲者としてユダヤ人を登場させていたとすれば、いまだにホロコーストの傷跡が生々しい時代ですから、家庭の勝利を強調する温和な作品の制作は困難だったのではないでしょうか。

最後に性の問題に触れておきましょう。マリアはキャプテン・フォン・トラップに恋はしても、セクシュアリティをあくまで抑圧する女性として描かれているように私には思われます。トラップが抱いてもいいはずの年齢の離れた女性に対する性的欲望は、表面化される以前にまるで七人の子どもたちの存在によって無効化されてしまうかのようです。性欲とは無縁の子どもたちを盾とすることによって、人間の性欲や性行動全般を扱うセクシュアリティの領域を目立たなくさせてしまうこと。すでにもう七人も子どもがいるのですから、マリアに出産の必要はほとんどないと言ってもいいでしょう。マリアは「理想の継母」として、永遠に家庭教師のままで居続けることができる。夫婦間の性交渉も母親の出産もまるで不必要であるかのように、性や身体の不安定で、そしてときには危険な要素は排除され、「安全な」家庭的価値を重んじるミドルクラスの理想が実現するのです。

言ってみればトラップも教育される対象として「八人目の子ども」であって、それを可能にしているのがマリア自身のセクシュアリティの不在なのかもしれません。そして永遠に独り者の叔父マックスと、男性に対する性欲を抑圧した尼僧たちが、マリアの性的欲望の希薄さをさらに強めます。彼女たちがマリア一家と共謀して、ナチスという永遠の悪から遠ざかることで、アメリカ的中産階級家族の神話が安定するのです。

フォン・トラップ一家の合唱団が出演した音楽祭で、最後に家族だけでなく、オーストリアの観客全員が英語で唱和する「エーデルワイス」――この合唱の場面こそは、古き良きヨーロッパを象徴するオーストリア文化を、アメリカ帝国主義の根幹である消費主義と家庭中心主義と英語帝国主義が、救済しながら包み込む格好の事例です。ミュージカルというアメリカ中産階級の芸術形態が、ヨーロッパの一つの国の民族的遺産を換骨奪胎して領有することで、この歌は民族共同体の幻想をかきたてながら同時にそれを無力化してしまいます。伝統と民俗を尊ぶヨーロッパはナチスによって撲滅された、その暴虐の歴史をユダヤ人大虐殺も第二次世界大戦の惨禍も思い出させることなく、英語で歌われる一片の愛唱歌によって昇華してしまうこと。かくしてヨーロッパの伝統文化を継承するオーストリア民族と、アメリカの新しく活力あふれる中産階級家庭とが協同で、あらゆる悪を背負わされたナチスを圧倒した、というミュージカルの結末が導かれるのです。

しかしそれは筋の上では、強大な敵から逃れて、一つの家族が尼僧たちの助けを借りて故郷を捨てた、という物語に過ぎません。たとえば家父長であるトラップは、リーゼルの恋人であったロルフを一家とともに連れて行くことに失敗します。その意味でナチスとして忠実な政治的任務を果たそうとするロルフは、自分を子ども扱いするトラップに対する不満分子として、ミュージカルが依拠する家族の神話の周縁に残る不気味な存在です。トラップにとってロルフは、マリアのように家族の一員として迎えいれることのできない雑音であり、ミドルクラスの神話の外部に放逐された形象なのです。

アメリカ合州国と第二次世界大戦におけるヨーロッパ戦線との関係を考えようとするとき、思い当たるアメリカ映画があります。それはハンフリー・ボガートとイングリッド・バーグマンが共演して一九四二年――まだ戦時中ですね――に作られた、マイケル・カーチス監督の名画『カサブランカ』です。私が考えているのは、『サウンド・オブ・ミュージック』の最後で、トラップ一家が険しい山を越えて中立国スイスへと逃げのびるという結末は、『カサブランカ』とほぼ正反対の効果をもたらすのではないか、ということです。『カサブランカ』の最後では、ボガートがバーグマンとその夫を平和なアメリカ合州国に逃し、自分はドイツの傀儡であるヴィシー政権支配下のカサブランカに残ります。『カサブランカ』が、第二次世界大戦の戦乱に荒廃したヨーロッパに対して、安全なアメリカ合州国を提示する点では『サウンド・オブ・ミュージック』と同様かもしれませんが、『カサブランカ』では、本当の恋人たちはモロッコとアメリカとに引き裂かれることになり、夫婦だけがアメリカに逃亡する。ここでアメリカはたしかに安全地帯ではありますが、それはあくまで本物の恋愛を犠牲にした安全なのです。とすれば、『サウンド・オブ・ミュージック』の結末も、もしかしたら本物の恋愛を犠牲にしたハッピーエンドではないのか、そう問うてみることも可能なのではないでしょうか。

『サウンド・オブ・ミュージック』というミュージカルには、一方で古きヨーロッパの価値観に対抗して新たに台頭するアメリカ資本主義の力に対する信頼があります。同時にそこにはアメリカを、とくに妻と夫が異性愛的な階層制度によって結びついた家庭を、ヨーロッパの戦争暴力から距離のある安全な逃避場所として確保しておく欲望もあるのです。このようなアメリカによるヨーロッパに対する優越（と隠された憧れ）は、ブルジョア家庭の神話を「真正な」西洋的民族の物語として神聖化するものではないでしょうか。

まとめましょう。二〇世紀なかばの中産階級家庭の神話として『サウンド・オブ・ミュージック』を考えていけば、冒頭の「サウンド・オブ・ミュージック」は、アルプスの雄大な自然をことほぐ歌から、家族や親類がいない単独者であるからこそ、家庭の中心となりえるマリアを象徴する歌となるでしょう。またマリアがトラップ家へと向かう際に歌う「私には自信がある」も、彼女の孤独な旅立ちの記録であると同時に、孤立した他者としてのマリアだからこそ、父親の愛情に飢えた子どもたちと心の共振をなしえたことを示唆するものでしょう。さらにあの有名な「ドレミの歌」にしても、まったく歌うことを知らなかった七人の子どもたちが音符をそれぞれ体現することによって、各自が家族の一員として自らを認識する教育的営みへの賛歌に変貌するはずです。

私たちの『サウンド・オブ・ミュージック』体験の基礎となっている一九六五年の映画版は、教育と家庭との連結というこの営みを、まさに資本主義的な消費活動のなかで表明するものです。スクリーン上に次々と展開されるザルツブルグの情景を、アメリカ合州国から来た観光客の眼差しで眺めることによって、ヨーロッパとアメリカ合州国をミドルクラスの神話という共同幻想の絆で繋ぐ、資本主義的消費社会の理想が実現すると言ってもいいでしょう。作品をしめくくる「すべての山に登れ」は、一家の徒歩による国境越えを、映像を通して映画の観客に疑似体験させてしまうことで、スイスという永世中立国への信仰を描きます。しかしスイスという国が、第二次世界大戦後の西側資本主義諸国のなかで果たしてきた、軍事と外交と金融における世界の現実政治のなかでの役割を思い出すならば、それが理想のイメージに過ぎないことがわかるでしょう。すでに戦乱に巻きこまれようとしている古き良きヨーロッパのなかで、理想の家族が生き延びる場所は幻想のスイスしかなかった。トラップ一家の本当の逃亡先はアメリカ合州国だったからです。そしてそのような虚構を可能にしているのが、経済的実情の隠蔽と、普遍言語としての英語への信仰と、家族が働かなくても自立できるという幻想です。労働とセクシュアリティと金銭的格差と異文化摩擦とジェンダーの軋轢が存在しない家庭——国境と民族とを横断する家族の神話を支えているのは、そのようなユートピアへの憧れなのです。

第２章

# 『ライオン・キング』

## 異文化共生、あるいは血統の呪縛

The Lion King

## 0. サバンナの「ハムレット」

叔父に殺された父のために復讐する、息子の話――そのなかでも最も有名な作品は、一七世紀初めに初演されたシェイクスピアの演劇『ハムレット』でしょう。古今東西『ハムレット』に範をとった物語は、小説からテレビドラマまで多くの類型を生み出してきたわけですから、文化の違いを超えて人間の心に訴えるその魅力は大きいに違いありません。おそらくハムレット物語は、グローバリゼーションとか多文化主義などと言われるような異文化交流の時代においても、私たちが政治や社会のあり方を考えるときに重要な手がかりを与えてくれるからでしょう。

叔父と甥が権力相続を競う話が、どうしてこれほどまでに私たちをひきつけるのでしょうか？その一つの鍵は、いかに異文化や他者との共生が謳われるような時代になっても、家族という閉じられた社会単位がいまだに大きな意味を持っていることにあると思います。そのような家族を単位とする社会を作ってきた体制の一つが、家父長制度です。これは父親から長男へと権力や財産や名声が引き継がれる制度ですが、そのために利用されたり犠牲になったりするのが、女性、次男以下の兄弟姉妹、叔父です。『ハムレット』が面白いのは、その家父長制度が撹乱されることにあります。父親から長男に権力が受け渡されるのではなく、叔父が介入して、父親を殺害、未亡人（つまり長男の母親）と結婚して権力を奪うのですから。この章で扱う『ライオン・キング』は、このようなハムレット物語の骨子を使いながら、舞台をアフリカの動物たちの世界に変えてミュージカルとした作品です。舞台がヨーロッパからアフリカへ、人間から動物の社会へ移っても、家父長制度の問題をさぐるという試みは、どれだけ有効でしょう？　西洋文学の古典中の古典とも言うべき『ハムレット』が、デンマークの古城からアフリカのサバンナへと場所を移し、時代が近代初期の一七世紀初頭から現代の二〇世紀末に変わったとき、そこではいったいどんな主題や人物像が引き継がれ、またどんな新しい問題が表立ってきたのでしょうか？

舞台版ミュージカル『ライオン・キング』の原作は、一九九四年製作のディズニーのアニメーション映画です。この映画自体も二つのアカデミー賞を受賞した人気作品ですから、ごらんになった方も多いことでしょう。映画でも舞台版でも、多くの歌を作ったのは作曲エルトン・ジョンと作詞ティム・ライスのコンビ。それにハンス・ツィンマー、レボ・Mといった作曲家たちが、いくつかの楽曲を舞台版のために書き加えました。とくに南アフリカの作曲家であるレボ・Mによるズールー語の歌やコーラスは、エルトン・ジョンとティム・ライスによる、ともすれば感傷に流れてしまいがちな滑らかな音楽を相対化するような、激しいリズムとマイナーな調性によって、アフリカのサバンナの乾いた雰囲気を醸し出す効果を持っています。

楽曲や歌は、映画版でも舞台版でも共通のものが多いので、ディズニーのアニメーション映画でも音楽や物語は楽しめます。けれども『ライオン・キング』を、現代の代表的なミュージカルの一つとしているのは、その斬新な舞台上演です。そして、この公演をニューヨーク（初演一九九七年）、日本（初演一九九八年）、ロンドン（初演一九九九年）を始めとして、世界の各都市でロングランを記録するヒット作品としたのは、なんと言ってもジュリー・テイモアによる独創的な演出によるところが大きいでしょう。おそらく舞台上演を観られた多くの方が、彼女の演出にとても鮮烈な印象を抱かれたのではないでしょうか。テイモアは、ディズニーによるアニメーション映画が映像によって実現したサバンナの雰囲気を、舞台でどのように再現するかに、独自の工夫を凝らします。劇場の舞台では役者が演技するほかありませんから、要はその役者たちにどう動物を演じさせ、観客に納得してもらえるような舞台を作るかです。そこでテイモアは、マイケル・カリーおよびリチャード・ハドソンと協力して、観客の視覚に訴える衣装と装置を発明しました。ここではとくに役者たちが身につけ操る仮面やパペット（「人形」というより「獣形」と呼ぶべきでしょうか……）が、絶大な効果を発揮します。それらは、一目でどの動物かがわかるようにそれぞれの動物の特徴を象徴的に表現していますが、しかし同時にそれを使いこなしている役者たちの個性を殺してしまうわけではありません。つまり役者たちはあくまで演技しているのであって、たんに動物の真似をしているわけではないことが、観客にわかる仕掛けになっているのです。衣装や張り形を役者たちが自らの体で使いこなしながら、人間が動物となったり、動物が人間に戻ったりする過程がつねに観客には見えている――言ってみれば、人間の身体がつねに変化の途上にあって流動し続けているという、変身（メタモルフォーシス）の原理がそこに活きているのです。

役者たちのかぶる仮面や、彼ら彼女らが身体の一部につけて躍動する動物を象った形は、けっして人間の顔を隠したり、身体をすべて覆ってしまうことがありません。役者は自分の操作する動物の特徴を表明しながら、同時に人間としての個性を主張できるのです。観客には一目で何の動物かがわかるけれども、同時にそれは役者たちが演じているニセモノにすぎないことも理解できる——これを演劇の用語で「異化効果」（＝観客に客席と舞台との距離を感じさせることで、目の前で演じられていることが演技であって現実ではないことを意識させる仕掛け）と言ってもいいと思いますが、まさにこのミュージカルの舞台上演は、動物の特徴と役者の個性との両方を、観客の視覚に訴えることによって、原作のアニメーション映画をはるかに越える想像力の領域へと私たちを連れていってくれるのです。しかもその役者たちは総じて芸達者であり、歌唱力だけでなく踊りや身体能力においても惚れ惚れとするほど優れています。そのことによって、彼ら彼女らの演じる動物たちは、舞台上で動物としての類型を超えた、新たな人間的生命を獲得するのです。

原作のディズニー映画は、アフリカの動物世界を人間の政治世界の比喩として描きます。その意味で、この映画の楽しみはあくまで動物たちの世界が、人間のそれに似ていると観る人に感じさせることにある、と言っていいでしょう。だから観客は人間社会そのものに疑問をいだくことなく、安心して動物によるその寓話化を楽しめるのです。ディズニー映画を観ても、異文化共生の困難や家父長制度の暴力を含めた、人間社会の難問はあまり浮かんできません。それに対してテイモアの舞台は、動物映画の虚構性をわざわざ明らかにしてしまうことで、この作品に潜在していた人間世界の力学をより明確に提示します。そのことによって、現代世界の課題である、ジェンダーの差別や自然環境の保護といった問題を、ハムレット物語の枠組みを借りながら問うことが可能になっているのです。それはまさに「ハムレットのサバンナ化」に成功した舞台公演、と言ってもいいのではないでしょうか。

ブロードウェイ上演は最も優れた演劇に与えられるトニー賞を作品、演出、装置、衣装など六部門で受賞し、それ以来世界中でこのミュージカルは上演され、言語や文化慣習を超えて多くの観客に受容されてきました。アフリカの擬人的動物世界と、『ハムレット』が舞台としたヨーロッパの宮廷世界を結びつけた舞台版『ライオン・キング』は、環境保護と第三世界主義とグローバリゼーションと多文化主義の支配する現代に最もふさわしいミュージカルの一つと言ってもいいでしょう。さまざまな仮面をかぶり、等身大の「半獣半人」たちが極彩色の舞台を闊歩する演出は、アニメーションの幻想性と舞台演劇のリアリズムとを融合させることによって、『ハムレット』という古典的な「復讐物語」に新しい現代的相貌を付与することに成功したのです。

動物が描き出す人間の業と哀しみ。明らかに動物として描かれているがゆえに、かえってそれぞれの動物が体現している人間性が明らかになってしまう——このような動物世界と人間世界との巧みな混合によって、この舞台版ミュージカルは、叔父と長男との闘争という古今東西繰り返されてきた政治的な主題に迫ります。弱肉強食、自己責任、階級差別……サバンナのきびしい自然と家父長制度の過酷なメカニズムが歯車のように噛みあった、現代の「サバンナのハムレット」物語は、いったいどんな文化の力学を私たちに開示するのでしょうか。

## 1.「王になるのが待ち遠しい」――長子相続と女性の役割

ミュージカル『ライオン・キング』は、家父長制度の危機をめぐる物語です。家父長制度とはひとことで言うと、父親の財産や名誉、血統や階級が父から長男へと引き継がれる仕組みのことです。この制度は、いまだに世界の多くの社会を根底で支える政治的力学をなしています。男女の社会的性別をめぐるジェンダーの差別、文化的出自や民族をめぐる人種差別、そして経済的格差による階級差別といった、近代世界の底に流れる暴力も、また家父長制度を支えてきました。しかしこの制度も、時代や場所を超越して普遍的であるわけではなく、特殊な力関係によって生まれてきました。ですから家父長制度を考えるときは、その力学によって排除されたり犠牲となってきた者たちの立場から、その問題点を批判するのが、まずは出発点となるでしょう。その力関係を生み出した時代を、一応ここでは、西洋的な近代と呼んでおきましょう。『ライオン・キング』と問題点を共有する、シェイクスピアの『ハムレット』が書かれたのは一六〇〇年ごろですから、まさにこの西洋的近代の出発点に当たります。この戯曲はデンマーク宮廷を舞台として借りながら、近代における家父長制度とさまざまな差別の暴力との連動を描いた最初の作品と言えるでしょう。

家父長制度の力関係によって、権力の中心から排除されるのは、長男以外の子どもです。しかし同時に家父長制度は、男性の生殖能力を子孫の繁栄につなげるために、長男を産んでくれる女性に頼らざるを得ません。それがこの制度の弱点です。男は生まれてきた子どもが自分の血を受け継いだ者であることを自分一人では確証できません。「あなたの子どもよ、ほら目元のあたりがあなたにそっくりでしょ」と女性に言われて、「う〜ん、そうかなあ」と納得せざるを得ない、かなり情けない存在が父親です。家父長はそれゆえに自分の純粋な血筋なるものを守るために、自分の性的パートナーである女性のセクシュアリティを管理しなくてはなりません。彼女が自らの欲望のままに他の男性と関係を持ってしまっては、「誇るべき家系」とされている血統の純潔が守れないからです。

このような長子相続をめぐる問いが、『ライオン・キング』でもさまざまに変奏されて出現します。なぜ長男は父親の権威を自動的に引き継ぐことができるのか？　長男以外の息子が権力を得るにはどんな方法があるのか？　権力を支えるのは実力なのか、血筋なのか？　家父長のために子ども、とくに男の子を産んでくれる女性をいかに獲得するか？　愛情と暴力との関係は？　家父長の候補者が血統の呪縛から解放されて自由になる可能性はあるのか？　『ライオン・キング』は、ハムレット物語の骨子である復讐と長子相続、主人公の流浪と帰還といった主要テーマは維持しつつ、主人公シンバの成長や、叔父スカーの孤独な悩み、シンバの幼なじみナラとの恋愛と結婚といった、ハッピーエンドで終わる喜劇の常道はきちんと維持しています。脇役たちによるユーモラスな場面も楽しいですし、次代の王であり家父長となる主人公シンバのアイデンティティの喪失と回復を基調としながらも、単なる予定調和的な語りに陥らない仕掛けが随所に施されているところも魅力の一つでしょう。

舞台版『ライオン・キング』は、舞台回し役であるラフィキが率いるコーラス「生命の輪（Circle of Life）」で幕を開けます。ラフィキは原作のディズニー映画ではヒヒですが、舞台ミュージカルでは、猿よりも人間の側面が強調されています。つまり彼女は『ライオン・キング』に登場する動物のなかで、ある意味でいちばん人間に近いかもしれません。つまり彼女は、アフリカの呪術師でもあり預言者でもあるという点で、時空を超越した、いわばサバンナの自然と西洋近代世界の政治をつなぐ存在です。猿と人の境界を越えるような彼女の媒介によって、私たち観客は動物／人間世界の権力闘争や、主人公たちの運命の転変に没入しながら、同時に客観的な距離をもって劇を眺めることができます。その意味でラフィキは、観察者であると同時に劇作家でもあるような位置を占めています。

さてこれに続く歌、「朝の政情報告（The Morning Report）」ですが、この歌はサイチョウのザズが、一家の執事というか国務大臣として、シンバの父ムファサに国家の現状を報告するユーモラスな歌です。ザズは権力者である王がムファサからスカー、そしてシンバへと代わってもつねに大臣役を務める、いわば生粋の官僚です。（『ハムレット』では、ポローニアスがこの役にあたります。ポローニアスは劇の途中でハムレットの手で誤って殺されてしまうわけですが、そのあたりに悲劇である『ハムレット』と喜劇である『ライオン・キング』の違いを生む分岐点があると言うこともできるでしょう。）この歌で興味深いのは、政情報告のさなかに、まだ幼いシンバが歌に加わってきて、ザズの報告の邪魔をしたり、自らの主張を盛り込もうとしたりすることです。つまりこの歌は、王と大臣の主従関係を表明するとともに、父と息子との権力相続関係をも確認して、いずれは王となるべきシンバにもザズが従属すべきことを予言するものとなっています。その意味でこのムファサとザズとシンバの三重唱は、シンバへの帝王学の伝授とも言えるでしょう。

そのようなシンバの、次代の王としての心構えが示されるのが、「王になるのが待ち遠しい（I Just Can't Wait To Be King）」という歌で、これはザズと子どものシンバと子どものナラとの三人で歌われます。ここに（いずれはシンバの妻、つまり王妃となることが期待される）ナラが登場してくることが興味深くはないでしょうか？　家父長制度の存続を前提とした、帝王になるための教育ならば、大臣ザズとシンバだけでも十分そうなのに？

この問いを考えるのに、私はこの歌のすぐ前にある「雌ライオンの狩（The Lioness Hunt）」という短い歌に注目してみました。ズールー語の歌詞が小気味よいリズムで展開され、舞台上では女優たちの華麗な群舞によって表現されるこの場面は、まさに家父長制度の秘密を解く鍵になっているのではないでしょうか。

私はライオンの生態に詳しいわけではありませんが、ライオンの世界ではメスが狩をするのが常識のようです。ライオンは家族を形成して集団生活をする代表的な動物として、テレビ番組などでも取り上げられることが多いようですから、家父長制度の問題を問おうとする、このミュージカルにはうってつけの素材だったことになるでしょう。ライオンは他のネコ科の動物、たとえば孤高の哲学者の面影があるトラなどに比べると格段に家族的な動物で、そのぶん人間に身近なイメージを持っています。ついでに言うと、トラは縞があるのでずいぶん人間の身体表面とは違った感じがしますが、それに比べるとライオンは短毛で無地、しかもオスは頭に鬣《たてがみ》があるという点でやや人に似ています。『ライオン・キング』の舞台版で、役者たちが雄ライオンの鬣をかぶっていても奇異な印象を受けないのも、そうした近似性によるのでしょう。たしかメトロ・ゴールドウィン・メイヤーでしたか、アメリカの映画会社のシンボルマークも吼える雄ライオンですね。おそらく男性の権力維持をめざす家父長制度にとっては、そのような強くて鬣の立派なライオンのイメージは都合がいいのでしょうが、実のところライオンの雄は一種の寄生者です。ライオンの家族は人間世界の比喩で言えば、一夫多妻制で、一匹の雄ライオンが家長として君臨し、そのまわりに複数の雌ライオンがいて、狩をしたり育児をしたりする。一家の長である雄ライオンのほうは、多くの雌ライオンにかしずかれて食ったり寝たりの楽な生活のようにも見えますが、彼が家父長でいられるのは他の雄ライオンを力において圧倒しているかぎりにおいてであって、いったん他の雄の挑戦を受けて闘いに負けてしまえば、彼は共同体を追い出されて孤独な流浪の身となる。いつものんびりとあくびをしているように見える百獣の王も、意外に過酷な生活を強いられているのかもしれません。

つまりこの「雌ライオンの狩」という歌が、家父長を支える女たちの働きを強調し、そのすぐあとに未来の王と王妃になることが期待されるシンバとナラに対するザズの帝王教育が続くことになります。男の「王になりたい」という欲望と、それを結婚と出産によって支える女、そして忠実な臣下、基本的にはこの三つから家父長制度が成り立っていることを、この場面は示しているのです。

ついでに『ハムレット』にふたたび言及しておくと、長男であるハムレットが父の死後に王となれなかったのは、母親ガートルードと廷臣ポローニアスの裏切りが原因です。ガートルードは義理の弟であったクローディアスと結婚してしまい、ポローニアスもクローディアスの有能な臣下となることによって、ハムレットは当時の慣習に従えば、長男として当然引き継ぐべきであった王座を、叔父のクローディアスに奪われてしまいます。いわば、王妃の性的欲望によるクーデターが起きているのです。ですからハムレットがこの芝居のなかで、再三再四、女性の性欲に言及し、それに嫌悪感を覚えていることは、家父長制度の弱点をまさに照らし出しているとも言えます。

さて、このような家父長制度による順調な相続を阻もうとする勢力が、『ライオン・キング』にもいます。それがムファサの弟、シンバの叔父であるスカーと、その部下となるハイエナたちです。

## 2.「お前のなかの命」――父親と長男の絆

家父長制度をめぐる「血」の問題、それが長男と叔父との闘争の核心にある問いです。繰り返しになりますが、家父長制度は、父親から長男へと権力や財産や名声を移譲するために、母親に貞操を強いて、長男以外の兄弟姉妹を排除し、男性中心の社会を維持する、文化的仕掛けです。家父長制度も人為的な体制にすぎず、それだからこそ、「父親が家族の中心であるのが自然」とか、「男が女より優れているのは当然」とか、「子どもは親に従うべき」とかいった、根拠のない言説をあたかも真理であるかのように人に信じこませようとするのです。

多くのハムレット物語において、叔父はその実力にかかわらず、あらかじめ相続をはばまれた、次男以下の息子として登場します。ですからこの物語の枠組みのなかでの彼の役割はつねに、政治的策略や性的活力を発揮して兄を排除し、兄の妻を奪い、兄の息子から権力を詐取することにあります。たしかに彼は殺人者であり簒奪者ですから悪役にされてしまうのですが、見方を変えれば、強権的な支配体制への反抗者でもあるわけです。正統な王を中心とする家父長体制において、つねに周縁にいることを強いられてきた叔父にとって、こうした体制転覆は一つの生存手段であり、多くのハムレット物語はこうした世代にまたがる血の正統性をめぐる闘争を反復してきたのです。

『ライオン・キング』も、血統から言えば正統な王位継承者であるシンバが、叔父スカーと彼に従うハイエナたちの欲望によるクーデターによって、父を殺され王位を簒奪されるという、お決まりの「ハムレット・パターン」をなぞります。この物語の枠組みでは、ライオンの家族ですから、雄は家父長かその息子たちでないかぎり、雌ライオンには相手にされません。まだ少年である間は家族の一員として許容されてはいても、スカーのような中年の雄ライオンが生きるすべは、きわめて限られているのです。

ここで興味深いのは、スカーとハイエナたちとの関係です。バンザイやシェンジという名前のハイエナたちは、まさに食欲や性欲といった本能に忠実に生きており、独自のアナーキーな哲学を抱いていています。それにどんな体制にも適応できるという点で、孤独の影が濃くて簡単に憂鬱に襲われてしまうスカーよりも、相当にしぶといのがハイエナたちです。正統な王を殺害し、自分自身が王となるスカーが、最後には家父長制度の犠牲となるのに対して、ハイエナたちはそもそものような社会制度そのものに関心がない。彼らの最初の歌が「食いまくれ（Chow Down）」という飢餓感の表明であることは、彼らの心情と信条を明らかにするでしょう。

さらにハイエナたちは、スカーが「備えよ（Be Prepared）」と王の死を予告するのに対して、王のない世界を喜ぶ純粋の無政府主義者でもある。だからハイエナたちは、必要とあれば権力者となったスカーの部下になることもできるし、スカーが没落すれば彼の肉体を貪りつくしてしまう。言わばハイエナは、家父長制度が存続するために必要な汚い仕事を引き受けてくれているのであって、そのような穢れた存在として社会のなかに位置を見出していくのです。さまざまな社会体制は自らの安定のために、「敵」や「悪」を想定し、それと闘うという名目で内部の統制をはかります。こうして支配体制はいつも自らの「善」や「優越」を誇るのですが、しかしそのような価値観の影で、本当に抑圧され、犠牲となっているのは何なのか、家父長制度を考えるとはその問いに迫ることにほかなりません。

さて舞台の説明に戻りますが、上の二つの歌に挟まれて、父親から長男への権力相続の理想を示すために、父ムファサによって歌われるのが「お前のなかの命（They Live In You）」という印象的な歌です。この歌にあるのは、まさにシェイクスピアの『ハムレット』という戯曲にある、「父の記憶」という主題です。ハムレットは父の亡霊からただ一つの命令だけを伝えられます。それは「私を忘れるな」という命題であって、復讐行為はむしろ偶然で副次的な産物にすぎません。家父長制度の枠内では、いかに父親の記憶に忠実に生きるのか、それがあらゆる正統な長男に課せられた課題であり、重荷なのです。

舞台版ミュージカル『ライオン・キング』も、サバンナの息吹と西洋中産階級の現実主義的ユーモア、それにロマンティックな恋愛といった、現代のミュージカルに不可欠な趣向とともに、この「父の記憶」に執拗にこだわります。シンバは父親のムファサの保護の下で育ちながら、いつか父を超える野望をいだいた少年です。私たち観客は雄ライオンの鬣をかぶったムファサと、まだそれをかぶることができない少年シンバとを舞台上で見比べて、そこに「血の絆」を幻視します。「お前のなかの命」という歌が歌われるのは、長男が自らの写像のなかに父親の面影を見るときです。そのことを父親が、遥かな過去から連綿と自分たちのなかに流れてきた「命」という比喩で語る。ここで繰り返される"They"とは、悠久なる歴史を超えて受け継がれてきた生命のさまざまな形です。それがあらゆる創造物や、星や、そしてシンバの写像のなかにも生きている。この歌にあるのは、そのような命の系譜に対する確固たる信仰なのです。

ただここで問題にしなくてはならないのは、どうしてそのような悠久な生命の連続が、父親から長男という単線的なつながりでしか語られないのか、という問いです。どうして母親から娘ではダメなのか、あるいは叔父から甥ではいけないのか？　自分が父親の血を受け継ぐ存在である、という家父長制度を根本で支える信念——それを証明するものはなんでしょうか。「同じ血が体のなかに流れている」、「父の血」、「日本人の血」、「未来永劫代わることのない民族の血」などなどと言っても、からだを切ってその血なるものを見せる人はいません。血を流してみたところで、それはどす黒いドロドロした液体にすぎないのですから。となると、血統を証明するものは、外見が先祖と何がしか似ている、というきわめて疑わしい理由しかありません。家父長制度とは、そもそもこんな危うい根拠にのっとった仕組みにすぎないのです。だからこそ家父長制度は、暴力と強制と伝説と迷信とによって維持されなくてはならないのです。

「お前のなかの命」という曲は、シンバがスカーと決闘して王座を取り戻す直前にも歌われますから、このミュージカルのテーマソングと言ってもいいでしょう。これは、連綿とつらなる父から息子への血統を証しし、同時にそうした家父長制度の桎梏ゆえに、父を失い悲嘆をなめる長男の苦難の旅路を予言する歌なのです。やがて物語が明らかにするように、父を超えたいというシンバの野望は、叔父のスカーによる王位簒奪によって先を越され、シンバがもし家父長になるという望みを捨てないのなら、自分だけで王国を奪還しなくてはなりません。シンバは、そんな「血の呪縛」にどう対応しようとするのでしょうか？

## 3. 「ハクナ、マタータ」——遅延される復讐

ライオン社会の周縁者であることを運命づけられた叔父のスカーが仕掛けた一世一代の賭け——これは見事に成功して、彼はムファサを葬り、シンバを追放して王国の長となります。しかしスカーが本当の意味での家父長になれるかどうか、それは前の節で見たように、永遠なる「血統」という神話の一部に、彼がなれるかどうかにかかっています。それには女性の生殖能力がふかく関わるのですが、そのことは次節でくわしく考えることにして、まずは王国を離れざるを得なくなったシンバの行方を追ってみましょう。

流浪する悲劇の主人公シンバには二人の喜劇的人物、と言うか二匹の喜劇的動物である、ミアキャットのティモンと、イボイノシシのプンバァが同道します。これも『ハムレット』のパロディなのかもしれませんね。ハムレットがクローディアスによってデンマークからイギリスへと送られ

る旅には、ローゼンクランツとギルデンスターンが同伴するのですから。（彼らはハムレットの学友ですが、王と王妃の要請で彼の動静をさぐるために呼び寄せられ、スパイの役割を果たします。）それはともかく、ティモンとプンバァ、そして主人公のシンバが一幕の最後で歌う「ハクナ、マタータ（Hakuna Matata）」も興味をひく歌です。「ハクナ、マタータ」とは、ティモンとブンバァによると「心配するな、問題ない」という意味らしいですが、彼らの楽観主義的人生哲学を伝えるとともに、不幸のどん底にあるシンバを慰める歌になっています。二匹の喜劇的キャラクターにふさわしく、これは軽い調子の歌ではありますが、それは王国から命からがら逃げ出してきたシンバを自分たちの手で育てようとする、いわば移民たちの歌です。その意味で、多文化主義を信じて異文化圏に生きる仮親たちの意思表明でもあるのです。ティモンとブンバァにはシンバを王国の長にふさわしく育てよう、などという大望はありません。まあ偶然の成り行きでそうなるかもしれないけれども、まずは日々を生き抜いていくことのほうが先決である。やや大げさに言えば、そこでは家父長制度の呪縛から逃れ、名誉や誇りといった男性的価値観を離脱した生き方の追求というオルタナティヴな思想が、「ハクナ、マタータ」という英語以外の言語によって示唆されているのではないでしょうか。

この場面のテイモアによる舞台演出も見事です。歌の途中、「ハクナ、マタータ」という言葉が繰り返されるなかで時間が転移し、子ども（子ライオン）であったシンバが若者（雄ライオン）となって、成長した姿を見せます。これは一幕と二幕とのあいだに、観客の知らぬまに時間がたって、シンバが成長したという演出よりもずっと優れていると思います。なぜなら私たちは、シンバの青春が家父長制度の制約に必ずしも縛られる必要はないこと、長男にだって相続や統治や経営といった面倒な仕事から解放された気楽な放浪者の生活をいとなむ権利があることを、文化や言語のちがう異郷で成長したシンバの姿に見ることができるからです。

ここでもう一度、シェイクスピアの『ハムレット』に戻れば、そこでの問いの一つは、主人公の逡巡でしょう。なぜハムレットは復讐をためらい、なかなか叔父を殺そうとしないのでしょうか？ここにあらゆるハムレット物語の謎を解く鍵の一つがあります。ハムレットは父の亡霊から、「私を忘れるな」という命令を与えられました。息子が父から授かる「記憶せよ」という一言。ハムレットは父王ハムレットの亡霊から、一度も「復讐せよ、自分を殺した叔父を罰せよ」とは明示されていません。つまり息子が貫徹しなくてはならないのは、父の記憶に忠実に生きることで、復讐はその手段の一つに過ぎないのです。たとえ叔父を殺すことに成功しても、それが父の記憶を裏切るような仕方で行われれば、その行為は意味を失ってしまう。ゆえに、ハムレットは父の記憶に殉じるような復讐の機会と理由をもとめて逡巡し、結果として復讐は先延ばしにされてしまうのです。『ライオン・キング』が異境に生きるシンバの姿を通して私たちに訴えようとしているのも、このハムレットのためらいと遅延に関係があります。家父長制をめぐる物語の魅力が復讐や報復行為そのものにではなく、父の記憶に忠実な長男がどのように生み出され、血統の呪縛とどう闘うのか、という問いの追求にあるからです。『ライオン・キング』も、復讐の遅延というハムレット物語の要点をなぞります。つまりこのミュージカルも、復讐劇の体裁を借りて、血統の記憶という家父長制度の呪縛を解く試みなのです。

## 4.「スカー王の狂気」——孤独な独裁者の反逆と統治

シンバが異郷で気楽な仲間に囲まれ、家父長制度の縛りから逃れた生活を送っているあいだに、独裁者スカーとアナーキーなハイエナたちの乱獲によって、王国は荒廃し、動物たちは呪詛の声をあげています。いまや家父長制度を維持する役目は、スカー一人に任されています。王国の経済を支える雌ライオンたちも、生きているのかさえ定かではないシンバの帰還を切望するよりも、現在の王であるスカーに期待するしかないのでしょう。そうした状況のなかでスカーは、彼なりに家父長としての役割を果たそうとしているように見えます。

王として君臨するスカーがハイエナたちやザズを相手にして「なぜ自分は誰にも愛されないのか」と嘆くのが「スカー王の狂気（The Madness Of King Scar）」という歌です。この歌の題名は、映画にもなった英国の劇作家アラン・ベネットの戯曲「ジョージ三世王の狂気（The Madness Of King George III）」に引っかけたものでしょう。ですからこの歌を聴く観客のなかには、英国という、まさに家父長制度の温床とされてきた国家の長い伝統を思い浮かべる人がいてもおかしくありません。さらにこの歌が面白いのは、その歌詞にシェイクスピア戯曲の台詞の一節や、エピソードが散りばめられていることです。いわばこれは、王という究極の家父長の悩みを扱ったパロディ・ソングです。たとえば、彼が王となったけれども心が晴れない原因として、死んだムファサの亡霊が出てきたり（『ハムレット』に登場する父王の亡霊の焼きなおし）、「それが肝心だ（there's the rub）」という ハムレットの台詞が使われたり、「おれは隅から隅まで王さまだ」という狂気に陥ったリアの台詞が、シェイクスピアのほかの戯曲『リア王』から引用されたりします。言ってみればスカーは、パロディとして、叔父と長男の闘争を扱った『ハムレット』と、王の狂気を描いた『リア王』と、そして王殺しによって悪夢の世界をさまよう『マクベス』という、シェイクスピアの三つの最も有名な悲劇の主人公たちを一身に担う存在ともされているわけです。

スカーはたしかに王位簒奪者ですが、単なる悪人というより、その自閉的で複雑な性格が家父長制度の矛盾を明らかにしてくれるという意味で、なかなか一筋縄ではいかない人物／動物です。彼はとても孤独で、あらゆる集団性や家族と縁がありません。「スカー王の狂気」のなかで、彼は自分が臣民に愛されない理由を、子孫を産んでくれる妻がいないからだと言います。その結論自体は、家父長制度の原理から言って、たしかに正しいのですが、問題はスカーが根本的にエゴイストであることです。つまり彼には自分しかなく、欲望はあっても愛情に欠けています。スカーにとって、他者は自らの欲望達成の手段としてしか存在していない。だからムファサという他者が抹殺されてしまった後では、彼には生きる目標がなくなってしまったのです。ここに簒奪者ではあっても、統治者になれないスカーの悲劇があります。彼はこの歌のなかで、王妃を得て自らの子どもを産ませる欲望を語りますが、家族的価値に本質的に相反するスカーに、それは最もふさわしくない身振りでしょう。スカーには、自分をつねに影の部分に留めてきた偉大な兄ムファサへの恐怖と憧憬があり、その記憶は悪夢となって彼を脅かし続けます。偉大な前王と比較されることを恐れるスカーは自らの能力に自信を持つことができず、その統治もハイエナたちの勝手にまかせるアナーキーなものとならざるをえません。スカーは安定した家父長制度に対する反逆者であり、それゆえ叛乱は得意なのですが、平和時の政《まつりごと》となると、ほとんど何もしないに等しい。その意味でスカーは、家父長になろうとして独裁者にしかなれなかった、いわば内側から家父長制度の欠陥をも暴き出す存在なのです。

「スカー王の狂気」という歌で、鍵となる概念は、子どもを産ませることによって得られる「永遠(immortality)」です。子孫の繁殖という現実的要請と、永遠という倫理的要請との結びつき――これが家父長制度を支える強力なイデオロギーです。それに対して、今や雌ライオンたちを代表する存在となったナラの主な関心は、狩の現状という現実問題、王国の経済的状況であり、その状況の改善をナラはスカーに訴えます。もちろんスカーの関心は、ナラに自分の子どもを産ませて、自らの血統を王国の礎とすることにしかありません。

ここには、家父長制度が抱える問題点が隠されています。たしかにスカーは簒奪者であり、「血」の観点から言えば、王位継承の順番は長男よりも遅いでしょう。しかしかりに、スカーがきわめて賢明な統治者であり、王国に経済的繁栄をもたらす有能な政治家であったらどうなるのでしょうか。実はこれが、シェイクスピアの『ハムレット』が問うていた問題でもあります。叔父のクローディアスはたしかに兄を殺し、兄の妻をめとり、長男から王位継承をはばんだ悪人かもしれません。しかし、デンマークの宮廷政治の観点から見れば、クローディアスはきわめて有能な王であって、次々に外交的課題を解決するだけでなく、王妃には愛され、臣下も服従している。現状に満足せず鬱々としているのは、自分の男性的理想であった父親から突然切りはなされ、母親に近親相姦に近い愛情をいだき、心を打ち明けられる友人もなくて、孤独な毎日を過ごすハムレットだけのようにも見えます。だいたい幽霊の言うことなどを信じて、父親の復讐に向かい、幸福な王国の現状を乱す必要がいったいどこにあるのか、と局外者なら考えてもおかしくありません。ハムレットさえおとなしくしていれば、悲劇が生まれることもなかったでしょう。

もちろんシェイクスピアの悲劇は、こうした家父長制度に関わる問いを徹底的に追求するからこそ、私たちは生と死の境界、不幸と幸福の関係、家族と王国の限界、復讐と許しのせめぎあい、愛情と憎しみの両面性、悪と善の混在といった、人間社会をつらぬく数々の深い問いに肉薄することができるのです。それに対して『ライオン・キング』は、叔父と長男との対立という同様の構図を使って家父長制度の問題に迫りながら、その入り口から出口までは一直線です。そしてハムレット物語が本来含んでいるはずの、さまざまな問いの可能性をまるで封殺するように、荒廃した王国へと帰還したシンバは、一騎打ちの闘いによってスカーを倒し、王国の再生をきわめて安易に果たすのです。

## 5.「お前のなかの父」——亡霊の命令と血統の呪縛

父王ムファサと叔父スカーに挟まれた中間者としてシンバを考えることで、彼と家父長制度との距離を推し量ることができるかもしれません。シンバには家父長となる以外の選択肢もあったはずです。すなわち異郷で移民として暮らし、異文化との出会いによって子孫を残すことによって。その場合の彼の子孫は、「正しい生まれと血統」によって価値を量られるのではなく、「混血児」として育ちと実力によって自立をめざしたことでしょう。彼は王国に戻るべきか悩むのですが、けっきょく家父長制度の矛盾を知りながら、それを存続させる運命を自ら引き受けます。

シンバがスカーとの対決を前に歌う「お前のなかの父（He Lives In You）」という歌――これは、第一幕の「お前のなかの命（They Live In You）」の復唱なのですが、重要なことは、ここでは複数形の"They"ではなく、単数形の"He"が使われていることです。つまり以前の歌では、連綿とつながる幾多の命が家父長制の幻想を支えるとされていたものが、今度は直接に父親個人の運命を長男が引き継ぐとされています。いわば汎神論が一神教に、多文化共生思想が純血民族主義に変化したようなものでしょうか。いずれにしろ、ここでの神は父親であって、それ以外の何ものでもない。そして、その神という絶対的権力者の位置に上りつめるためにこそ、シンバはスカーを倒さなくてはならないのです。一騎打ちによって王国の支配権を奪う――これも家父長制度に関わるさまざまな物語が繰り返し描いてきた常道パターンです。どんな時代でも権力をめぐる実際の戦争とは、多数の加害者と犠牲者とが入り乱れる、醜悪で泥沼の戦闘の断片であり、ときには勝ち負けさえはっきりしない混乱した出来事です。しかし、家父長制度を支える男性中心主義的な歴史は、それをつねに少数の英雄たちの偉業や、国家の栄光によって表現してきた。一騎打ちによる権力者の交代という神話は、その華麗さによって、家父長制度の維持のために不可欠な戦争の、悲惨で過酷な現実を押しかくすのです。

最後にもう一度問い直してみましょう、そもそも「血統」とはなにか、と。「王家の血」、「偉大な父の血」、「古くから伝わる民族の血」などと言われますが、人や動物のからだに流れている血液にそんな性質が孕まれているはずもなく、それらはすべて歴史が捏造した迷妄に過ぎない——そう言って片付けてしまうことは簡単でしょう。しかし、伝説であるからこそ、「血」への信仰は多くの共同体を作る基盤となり、それらを守るための戦いでおびただしい人間の血液が実際に流されてきました。伝説や迷信が、冷厳な事実と悲しい歴史を作ってきたのです。「お前のなかの父」が歌われる場面で、老予言者ラフィキに導かれて父親ムファサの亡霊と出会ったシンバは、「忘れるな」という命令を何度も受けます。まさに『ハムレット』の変奏です。「父を忘れるな」という亡霊の命令が「自分を覚えておけ」という励ましとなることで、「家族の血」を存続させる長男の使命が明らかにされるのです。

『ライオン・キング』は、ハムレット家につらなる全ての登場人物が死んでしまうシェイクスピアの悲劇とは違って、シンバの母親との再会、幼なじみナラとの結婚、そして次代の息子の誕生で終わります。もちろん多くのミュージカルは喜劇ですから、ハッピーエンドで終わること自体は問題ではありません。問われるべきは、「ハムレット物語」という悲劇の枠組みが喜劇に転換されることで、なにが明らかになり、何が隠されているのかを考えることではないでしょうか。母親の認知、愛する女性との結婚、長男の誕生——喜劇をいろどるこの一連の出来事によって、死んだ父親の記憶と血統が二代にわたる女たちを媒介として、次世代へと受け継がれていきます。しかし家父長制度が、父親から長男へと財産や名誉を引き継がせる強迫に憑かれているかぎり、それに反抗する次男や叔父の系譜もまた途切れることはないでしょう。そしてまた、父を記憶し続けなくてはならない長男の重圧も、嫡子を産むという任務を課せられた妻の重荷も軽くなることはないでしょう。

『ライオン・キング』の開幕と終結をいろどる歌「生命の輪（Circle Of Life）」は、このミュージカルの成功の秘訣である多文化主義と環境との共生、そして世代を超えて連綿と続く家族や共同体の価値を寿ぐ歌です。舞台ミュージカル『ライオン・キング』のまれに見る商業的芸術的成功が、西欧的なポップソングとアフリカ的な民俗の響きとの混合、人種や文化を横断した演出、動物と人間との混在、世代間闘争とジェンダー差別を超えた類としての生物多様性の賞賛といった、現代のさまざまな多文化主義的モットーによるものであることは疑いありません。その意味でこのミュージカルは、多文化共生と自然環境保護を実施せざるを得なくなった二〇世紀末の世界の人類に、最もふさわしいものかもしれません。しかし私たちは同時にこのミュージカルが、ハムレット物語という家父長制度の寓話を変奏せざるを得なかった理由にもこだわり続けたいと思います。そのことを考えれば、このどこか哀愁をふくんだ「生命の輪」というこの歌が、あらゆる命への讃歌であると同時に、家父長制度によって排除された者たちの叫びを秘めた弔問歌にも聞こえてこないでしょうか。

多文化共生や自然保護を、スローガンとして唱えることは簡単です。しかし、家父長制度の犠牲となってきた数え切れない妻たち、叔父たち、息子たち、娘たちの苦しみに寄り添わない環境保護主義ほど空疎なものはありません。舞台版『ライオン・キング』が、現代にふさわしいミュージカルとして、「サバンナのハムレット」を非西洋的な意匠によって異文化へと開こうとしたことは評価すべきでしょう。しかし、それが単なるイメージ戦略に留まらないためには、異文化への寛容が家父長制度の終焉をも視野に入れたものであることが示唆されてもよかったのではないでしょうか。「血統の記憶」がもたらす社会の安定は、それに呪縛された者の呪いをなかに包みこんでいます。舞台版『ライオン・キング』は、「生命の輪」によって象徴される、時空を超えた人間と自然、民族と国家の融和を、最後に演出して終わります。その結末は、グローバルで、インターナショナルで、そして多文化が混在する二一世紀初頭における人類の幸福の幻影をも完成させるものでしょう。しかし私たちがもし、ハムレットの悲劇を思い出すならば、そのような幸せが、いまだに全世界で弱者を苦しめている家父長制度の暴力を忘れることによってもたらされていることに思いいたらないでしょうか。舞台版ミュージカル『ライオン・キング』が唱える異文化共生は、そのような忘却によって成り立つ、血統の呪縛の裏の顔なのです。

第３章

# 『メアリー・ポピンズ』

## ネオリベラリズム、あるいは乳母の魔法

Mary
Poppins

## 0　帰ってきた乳母《ナニー》

前章で扱った『ライオン・キング』も、ディズニー映画作品を原作としたミュージカルでしたが、ディズニーの映像が私たちのミュージカル体験に根づいている作品として、まず思い浮かぶのは『メアリー・ポピンズ』ではないでしょうか。原作は、オーストラリアの作家Ｐ・Ｌ・トラヴァースの児童文学作品『風にのってきたメアリー・ポピンズ』。作詞と作曲は、リチャード・シャーマンとロバート・シャーマンの兄弟。一九六四年に公開されたこのミュージカル映画は、主演女優賞、歌曲賞、視覚効果賞をふくむアカデミー賞五部門を受賞しました。この映画を観た人の多くが、主演のジュリー・アンドルーズの圧倒的な存在感と歌唱力はもちろんのこと、バート役として共演したディック・ヴァン・ダイクに率いられた華麗なダンスの数々を覚えていることでしょう。さらには当時のアニメーション技術の粋を凝らした、踊るペンギンたちや遊園地の回転木馬の映像が、役者たちの実写と融合するところなど、何度観ても楽しいものです。

多くのミュージカル映画がそうであるように、この名作も家族全員が安心して楽しめる作品に仕上がっているわけですが、そのぶん、もしかしたらトラヴァースの原作が含んでいた、ともすれば私たちの不安をかきたてる要素がどこかにいってしまったのでは、と疑うことも必要かもしれません。ただよほど熱心な人でないかぎり、トラヴァースの小説に戻って比較してみようとは思わないでしょう。

おそらくこのディズニー映画があまりに有名なために、誰も手がけなかったのかもしれませんが、このミュージカルが舞台作品として上演されたのは、映画化から四〇年も経った二〇〇四年のことで、ロンドンのプリンス・エドワード劇場で初演されました。演出を担当したのは、ナショナル・シアター（つまり英国の国立劇場で、ここでは古典から新作までヨーロッパの演劇作品を中心に、優れた役者たちのアンサンブルによって上演されています）の芸術監督を務めたこともあるリチャード・エアでした。彼はシェイクスピアのような古典から現代作品まで、つねに時代の動きに敏感で、役者の個性を引き出す演出をしてきた人ですから、きっとこの『メアリー・ポピンズ』も一味ちがった舞台になるのでは、と期待していました。その期待にたがわず、この舞台は今まで私がディズニー映画から受け取ってきた、バンクス家と彼らを取りかこむ社会のイメージをひっくり返すような体験を与えてくれました。

ひとことで言えば、この舞台版ミュージカル『メアリー・ポピンズ』は、ディズニー映画の温和さを容赦なく剝ぎとってしまった作品と言えるでしょう。もちろんこの舞台でも、魔法をあやつる万能家庭教師にして乳母であるメアリー・ポピンズの歌の数々や、バートたち煙突掃除人の踊りといった、ディズニー映画から受けいれてきた遺産が軽視されているわけではまったくありません。この舞台を観終わった後でも多くの観客は、なじみの歌を口ずさみ、華麗なダンスの情景を思いうかべながら家路についたことでしょう。その意味では、『メアリー・ポピンズ』がミュージカルとして持っている楽しさや華やかさが、この舞台演出によって減じることはありませんでした。もちろん映画とは違いますから、踊るペンギンや動物たちや回転木馬が登場することはありませんが、そのぶん役者たちのアンサンブル演技やきめ細やかな感情表現も申し分なく、水準の高い舞台になっていました。

この上演の特徴は、ディズニー映画ではかなり薄められてしまったように見える、この物語の暗い側面、すなわちトラヴァースの小説が示唆していた家族の問題をあぶり出すことにあります。言いかえれば、西洋の中産階級家庭における親子関係のぎこちなさ、教育熱心な親による子どもの抑圧といったテーマが、ここではあらためて呼びおこされていたのです。このミュージカルの楽曲の華やかさや、物語が持っている楽天性や希望を少しも損なうことなく、この上演は現代の家族が抱えている問題に迫ることによって、私たちのミュージカル体験をより深めてくれます。舞台版では、ディズニー映画のいくつかの歌が、削られたり改変されたりしています。とくに私たちにとって興味をひくのは、ディズニー映画には出てこない人物がトラヴァースの原作から呼び戻されて、主題を深めるのに貢献していることです。これらの改変については後でくわしく見ていきましょう。

ミュージカル『メアリー・ポピンズ』を私たちの同時代作品として見たとき、現代社会のどのような部分に、それは批評の眼差しを向けているのでしょうか？　子ども心の深層にひそむ恐怖や憧れ、一家の働き手である父親と子どもたちとの関係、家を守ることを義務づけられた母親の葛藤、中産階級の経済的繁栄を支えてきた植民地支配と帝国主義、そして乳母をはじめとする家庭の使用人をめぐる階級関係……実はこのミュージカルにも、こうした多くの文化的力学がクモの糸のように張りめぐらされています。メアリー・ポピンズという理想の乳母が中産階級の家庭にやってきたとき、彼女の訪れを契機として、いったい家族と社会に何が新しくもたらされ、あるいはどんな古いものが帰ってくるのか——数々の歌や踊りを楽しみながら、この問いを一緒に探っていきましょう。

## 1．「完璧な乳母」——不気味なもの

『メアリー・ポピンズ』は、メアリーとバートというペアの圧倒的な魅力という明の部分と、彼女たちが介入する家族の問題という暗の部分の両面から成っている作品です。傘に乗ってやってきたスーパー・ナニーであるメアリー・ポピンズは、出自や家庭背景が不明な、つかみどころのない、知っているようで知らない、なじみがありながら奇異な人物。彼女が親しくなるバートは、ときに街頭の絵描きであり、ときに煙突掃除人ともなり、公園のような明るい空間だけでなく、町の路地や社会の中枢から見た影の部分にも通じている、誰とも交流する柔軟な人物。彼女たちはともに、社会の中枢を占める中産階級家庭から見れば、周縁的な位置にいる存在です。このミュージカルは、そうした外部者が社会の中心に介入して、その秩序をかき乱し、問題を摘出して、病をいやす、そのような筋書きを持っています。彼女たちのような周縁性を色濃くもった、中産階級家庭の外から

やってきた異人たちが、社会の中核に位置する家庭や銀行や会社を訪れることによって、どんな問題が見えてくるかというと、それは、英国の、そしてロンドンの中産階級家庭の代表とされているバンクス家が抱えているさまざまな問題であり、家族を基礎として形づくられている社会、国家、そして世界に広がった大英帝国の構造です。その問題の根は深く、そのような病からの解放が、メアリーとバートの任務となっているのです。

舞台版の『メアリー・ポピンズ』では、まずバートが「チム・チム・チェリー」を歌い、チェリートゥリーレーン（桜の木通り）一七番地に住むバンクス一家が紹介されます。つまりディズニー映画版とちがって、ここでは、ウィニフレッドとジョージの夫婦による最初の歌がカットされているのですが、まずそれがどんな歌だったかを確認しておきましょう。

妻にして母親のウィニフレッド・バンクスが歌う「女たち参政権をもとめて闘おう（Sister Suffragette）」は、女性参政権運動を推進し、女たちの連帯であるシスターフッドを称える歌です。女たちは政治的にも文化的にも男たちと同じ権利を持っていない、だから未来の娘たちのために、参政権を求めて闘おうという活発な歌です。こうしたウーマン・リブの歌が、ディズニー版の『メアリー・ポピンズ』の冒頭に置かれていることによって、ウィニフレッドが将来に対して明るい希望を抱いていることと、それから社会運動に熱心なあまり、家庭のことにはあまり時間も関心もない、ということがわかります。ただここで気になるのは、彼女の社会の不平等への関心と、自分の家庭にすでにある問題への無関心との関係が、映画の観客にはあまりよく見えてこない、ということです。

これに対して、リチャード・エアによる舞台版の演出は、なかなかに興味深い心理的解釈をほどこします。このウーマン・リブの歌をカットしてしまうだけではなくて、ディズニー映画版のウィニフレッドは自信に満ちた元気な女性でしたが、舞台上演での彼女はいかにも臆病な性格で、家事にも家庭外の活動にも自信がなく、夫の機嫌を損なわないよう、いつも気を使っている女性として描かれています。私たちのなかにはたぶん、ディズニー映画版の記憶があって、ウィニフレッドのイメージもそれに影響されているのですが、舞台では最初からそれを消し去るようなことが行われています。舞台版ではさらに、ウィニフレッドが元女優という想定になっていて、彼女自身の満たされない野心だけでなく、夫ジョージの期待にも応えられない彼女の焦りがよく伝わってきます。そうなると私たちには、色々な疑問が湧いてきます。たとえば、どう見ても彼女の幸せそうには見えない現状が、彼女自身の性格の問題なのか、それとも女性に平等な地位を与えようとしない社会構造の問題なのか、それともそのどちらとも言いがたいような個人と社会の関係の問題なのか？これも、この外からの異人の干渉をテーマとするミュージカルの、一つの問いかけとなります。

ディズニー映画版では、つぎに夫のジョージ・バンクスによって「私の送る生活（The Life I Lead）」という歌が披露されます。（この歌も舞台版ではカットされているですが、のちにメアリーが子どもたちを連れてジョージが働く銀行にやってきたときに歌われる「正確さと秩序（Precision And Order）」という歌のなかで似たような彼の信念が披露されます。）ここに表明されているのは、ひとことで言えば、家庭の家父長としての、そして世界の覇者たる英国人としての気構えです。時間通り正確に運営される家庭生活、一九一〇年に（というと第一次世界大戦前の、いわば大英帝国の最後の光輝ある時代です）

玉座にすわるエドワード王のもと、家庭の王座に君臨して、使用人と子どもと妻を支配する、夫にして父親。その王の委託によって、子どもたちを訓練するのが、ジョージによれば、「英国人の乳母」であるというわけです。個人と社会、子どもと乳母、家庭と国家、英国と世界をつらぬく支配の構図――これほど明白な支配秩序への絶対的信頼はないでしょう。ところが舞台版では、このジョージ・バンクスも銀行での業務に疲れ、家庭では子どもや妻に厳しく接するだけで、心から打ちとけることのできない父親として描かれています。まるで帝国の繁栄の絶頂にあったように見える二〇世紀初頭の英国が、すでに没落への予兆をしめしていたように、自信を喪失した妻と夫の姿が、英国とその家庭の空虚さを照らし出すのです。

ディズニー映画版にあったウィニフレッドとジョージの歌の根元にあるのは、市民が自分の国家と家庭の利益を守って闘う「軍人」であるという信念、ミリタリズムと階層秩序と支配者意識と言っていいでしょう。これはおそらく、この家庭だけに特殊な事情ではなく、トラヴァースの原作当時の西洋社会に共通することでしょう。社会と国家を上から下までつらぬく、支配と被支配の構造と心理が、この家庭にも浸透しているのです。トラヴァースの原作には、英国人としての意識や秩序を教え込むような教育のあり方と、親の権威への過度な信頼に対する批判という側面があるのですが、それを舞台版のミュージカルは受け継いでいると言えます。

さらに興味深いのは、舞台版ミュージカルでは、この夫婦の互いに対する冷淡さや自分に対する自信の無さが、家族の他の構成員にも浸透していることです。家庭の使用人たちはよそよそしく、互いを信頼していないように見えます。このような環境のなかで暮らす最大の被害者が、ジェーンとマイケルの姉弟です。彼女たちは誰をも怒らせないようにびくびくと振舞いながら、それでも表面上は満足しているかのように体裁をつくろっています。それでもときどき姉のジェーンは癇癪を起こしてしまい、弟や自分の人形に当たりちらします。マイケルのほうは、家族のなかでいちばん弱小な位置にある自分を意識しすぎており、哀れなほどに子どもらしい奔放さや自由な活力を失っています。

さてこのようにさまざまな点で行きづまっているバンクス家に、風に乗ってメアリー・ポピンズがやってくるのです。舞台版でも映画版と同様に、子どもたちが「完璧な乳母」をもとめて書き記した手紙を父親のジョージが暖炉に投げこんでしまうと、時をおかずにメアリーが登場します。彼女の家庭教師としての教育は、子どもたちのためだけでなく、親たちの社会通念を批判し、彼らが標榜する教育観、すなわち中産階級が社会と国家を代表しており、それは現状の維持を旨とする、という観念を変革するものでもなければならないということです。メアリーは登場すると同時に、子どもたちの信頼を獲得してしまうような、とても親しみやすい女性です。それに、彼女は不思議な傘を持っているし、移動したり、散らかった部屋を片付けたりするのに、魔法が使えるらしい。傘につかまって空を飛んでくるとか、部屋に散らかったオモチャを瞬時に片付けるとか、子どもたちの嫌いな薬を歌に乗せて楽しく飲ませるとか、数々の驚くべきことを易々とやってのけるのですから、これで家庭のなかで鬱屈していた子どもたちを惹きつけない訳がありません。ただメアリーが、卓越した魔法使いである理由は、おいおい明らかにしていきたいと思います。ここでは、彼女が子どもの訓育をつかさどる家庭教師であると同時に、乳母でもあることに、まず注目しましょう。

彼女は最初から、自分こそが理想の乳母であることに自信満々のように見えます。それを示すのが舞台版で新しく加えられた「いわば完全に完璧（Practically Perfect）」という歌です。この“practically”という副詞は、「どこから見てもまったく」という意味と、「まあだいたいにおいて」という意味をともに含む単語です。つまり実際に役立つとはいっても、それは表面的なことに過ぎなくて、本当の価値はどこか他にあるかもしれない、という疑い、いわば自己反省的なアイロニーがこの単語には含まれているのです。ここでも自信に満ちたメアリー・ポピンズの態度は、たしかに彼女には子どもたちを躾けるために十分な能力も資格もあるのだけれども、しかし大事なのは能力や資格だけなのだろうか、という自意識や疑念をも彼女自身も抱いているのかもしれない、とこの歌を聴く者は考えてしまう。こうしてメアリーは最初から教育者というより、教育の営みそのものに対する批判者として登場している、このことが大事だと思います。この訓育や教練に対する自分をも含めて批判する姿勢、これが舞台版の『メアリー・ポピンズ』をつらぬいている批評精神です。

たしかにメアリーは、子どもたちをすぐに承服させてしまう乳母ですし、面倒な家庭仕事を瞬時にやりとげる便利な魔法を使える女性なのかもしれませんが、しかしあらゆる問題に対して万能ではないことを彼女自身も知っています。つまり家庭の不幸を根本から癒すには、個人の魔法だけでは不十分で、社会の支援と変革がなくてはならないことを、この歌がほのめかしています。「いわば完全に完璧」という歌も、ポピンズの超人的な能力を讃美するというものよりは、私たち大人が失われた子ども時代を回顧し、まさに持てれば良かった理想の母親の代替物としての「乳母」に憧れる歌なのです。この歌のなかで、彼女の不思議さを形容するのに、「不気味で不可思議な乳母

(uncanny nanny)」という言い回しが出てきます。この同じ音を繰り返した語呂あわせが面白いのは、"uncanny"という語が、やはりアイロニカルな両面性を持っている単語だからです。これは夢の解釈や精神分析でよく出てくるように、たとえば自分が心のなかで抑圧していたものが自らのコントロールからはずれて忽然と出現してきてしまう、そんな状況で使われる単語です。だから不気味な不可思議さは、恐れとともに憧れをも抱かせる対象に伴う。メアリー・ポピンズという「いわば完全に完璧」な乳母は、まさにこのような私たちの心理の奥底からひそかに呼び出されてくるのです。

メアリー・ポピンズという異界の他者、それは夢や憧憬のなかの形象ですから、ときに悪夢や恐怖にも転化しうるでしょう。メアリーが魔法でこなすことが、私たちの無意識の願望表現ならば、それはときに制御不能な暴力に転換してしまうことがあるかもしれません。そのような不気味さを、メアリーの魔法は含んでいるのです。とすれば彼女の教育対象が、子どもたちに留まらず、その親たち、そして社会全体へと向かうのも必然的なことかもしれません。

ディズニー映画版の『メアリー・ポピンズ』では子どもたちだけを相手に歌われていた「お砂糖ひと匙（Just A Spoonful Of Sugar）」という歌も、舞台版ではパーティを前にして、子どもたちが破壊してしまったキッチンの惨状を修復するために使われます。使用人のいる中産階級の家庭では、台所は一家の主婦である妻／母親の居場所というよりも、使用人たちの溜まり場になっています。この歌が舞台版で、台所の機能回復に使われるのは、家の中心を居間ではなく、台所に取り戻そうという思想があるからではないでしょうか。「お砂糖ひと匙」という歌が、メアリーからウィニフレッド、そして使用人たちへと受け継がれて、皆で合唱されることで、台所が家族の生命を養うという本来の役目を取りもどすのです。この歌は、主婦であり母親であるウィニフレッドの自信回復と、使用人たちとの連帯をもたらします。「お砂糖」のような身近に手に入るものを利用した、日常からの変革が台所から始まる――このような変化こそは、私たち自身のなかに埋もれていた力の再発を促すものという意味で、まさに無意識の深層に届く「不気味な（uncanny）」ものなのではないでしょうか。

メアリー・ポピンズの二つの属性とも言うべき、「乳母」と「魔女」はともに、男性中心的な家族制度や社会によって、その貢献が見えにくくされ、周縁へと排除されてきた存在です。そんな「不気味」で「完璧」な彼女が、中産階級を中心に作られてきた西洋近代社会に処方箋を提供する――社会の中枢を占める大人たちに、教育の重圧によって失われた不幸な子ども時代を反省させることによって、あらたな社会像を提示すること。このミュージカルは、人が子ども時代に被った心理的なトラウマ（外傷）の露出と、彼らのそこからの解放劇を通して、近代家庭の病を癒す寓話になっているのです。

## 2.「鳩にエサを」――金融資本主義という病

メアリーが子どもたちに与える第一のレッスンは、人間は見かけではなく中身であるという教えです。こう言ってしまうとあまりに当たり前のことのように思えますが、この教えを現代の金融資本主義が支配する社会に当てはめてみると、これをあながち言い古された教訓として一概に片付けてしまうこともできません。『メアリー・ポピンズ』は、社会の病を家庭の崩壊という側面からだけでなく、階級や貧富による差別として描いているからです。

公園にジェーンとマイケルの姉弟を連れてきたメアリーは、汚い格好をして街頭で絵を売っているバートに出会います。子どもたちは彼の服装や汚れた顔に嫌悪感を示しますが、メアリーは人を外見で判断してはいけないと教えます。そのための実例としてメアリーは、公園にある神話の石像に命を与える、そのときの歌が「きわめつきの休日（Jolly Holiday）」です。ディズニー映画ではこの歌のところで、当時のアニメーション技術の粋が尽くされて、実に楽しい場面が展開されます。まさに映像の魔術ですね。でも舞台では同じようなことはできませんから、その代わりにメアリーの魔術が石像に命を与え、その像が一緒にこの歌を歌うという趣向になっています。人や物は見かけによらないことを、退屈な家庭や学校での教えとしてではなく、魔法が示すのです。

メアリーが子どもたちを次に連れて行くのは、父親ジョージが働いている銀行です。ディズニー映画版でもまた舞台版でもそうですが、この家族と職場との出会い、あるいは家庭と銀行との相似と差異はとても大事だと思います。ジョージのような男によれば、職場は女や子どもの来るような場所ではないと信じられていますが、メアリーが導くこの遭遇が、このミュージカルのもっとも重要なテーマの一つである、金銭のもたらす幸福とは何か、という問いにつながるのです。ジョージは「正確さと秩序」という歌で、金銭を右から左へと動かす銀行の業務が、帝国主義と資本主義によって支えられる国家の繁栄にいかに肝要かを強調します。彼は最初、メアリーが子どもたちを銀行に連れてきたことに良い顔をしません。しかし、ジェーンが発する質問、「どっちが大事なの、いい人、それともいいアイデア?」に触発されて、いかに自分自身が若いころの理想主義的な青年から実利だけに価値を置く人間に変わってしまったかを反芻する歌「大人の夢（A Man Has Dreams）」を歌います。この歌は、映画版ではかなり後に置かれていたのですが、舞台版では前に移動しています。またこれはミュージカルの終わり近くで、ふたたびジョージとバートによって歌われジョージの「改心」を象徴しますから、最初にこれが歌われるこの場面は、その伏線ともなっているわけです。

銀行を訪れた後で、メアリーはロンドンの聖ポール寺院の近くで、鳩にやるエサを売っている老婆に子どもたちを紹介します。そしてメアリーと老婆の二重唱で歌われるのが、何度聞いても美しい「鳩にエサを（Feed The Birds）」です。映画版では、この歌は銀行訪問の前に置かれているのですが、舞台版では、この歌が子どもたちと父親との銀行における出会いの後に歌われることで、より大きな意味合いを持ってきます。つまり、一袋二ペンスの豆を鳩にやるという行為と、二ペンスどころか膨大な金額を投資することでさらなる儲けを得ようとする金融資本主義の営みとが比較されるからです。ディズニー映画版では「二ペンスを銀行に預けることがイギリス帝国の発展の基礎となる」という銀行投資家たちの意見に逆らって、マイケルが鳩のエサを売る老婆にその硬貨を与えることにし、それがきっかけで銀行の取りつけ騒ぎが起きます。舞台版ミュージカルでは、二ペンスではそもそも投資にならないということでしょうか、この銀行投資家たちの意見表明や取りつけ騒ぎの場面はカットされて、マイケルはすぐさま老婆から鳩のエサを買います。投資を旨とする銀行と、モノとカネの直接的交換である老婆の商売とが、対比されています。

「二ペンス（twopence＝タプンスと発音します）」は、英語表現で「つまらないもの、取るに足りない端金《はした》」という意味があります。昔の銅貨で、とくに貧民にあたえるコインの代表だったのでこうした意味が派生したのでしょう。（日本語でも二束三文とか言うときの「三文」にあたりますね……二と三の違いが面白いですが、どこの文化でもきっと「一」というのは特別な意味を持っていて珍重されるけれども、二や三はたいしたことないと考えられてきたのでしょう。）それがこのミュージカルでは、一方では鳩のエサ代として貴重な意味を持っており、他方では投資の基本とされているのです。

現代の金融資本主義について考えるとき、はずせないのが「ネオリベラリズム」という思想です。この経済的ドグマは二〇世紀後半から世界中を席巻するようになりました。漢字にすると「新自由主義」ということになるわけですが、ここで自由放任とされるのは市場原理です。ネオリベラリズムは、なるべく政府や公共機関の社会や経済に対する介入の度合いを少なくして、市場の要求にあわせて自由競争を行わせようという思想と実践で、とくに一九八〇年代ごろから世界の国々の経済政策の主流となりました。金融障壁の緩和、自由貿易、労働市場の自由化といったことがその主要な政策ですが、その結果として銀行や金融機関が大きな力を発揮するようになりました。そして、そのような金融機関の支援を受けやすい大企業がますます栄えて、中小企業の倒産にともなう企業再編や、若年労働者の流動化、そして貧富の差の拡大がどこの国でも起こりました。「自由」と聞くととても気高い感じがしますが、ネオリベラリズムの自由は、きわめて限定されたものに恣意的に適用される「自由」にすぎません。それは、大企業や大銀行の経営者が一回でもらうボーナスを、普通の勤め人の一年間の収入より多くする「自由」、強い国が弱い国に自らの都合どおりに金融や貿易の政策をおしつける「自由」、テロリズムを理由にして戦争や経済封鎖をしかける「自由」、教育や福祉などの公営企業を民営化して私企業が利益をむさぼる「自由」、です。新自由主義とは、資本家階級が資本主義の危機にさいして仕掛けた、自分たちの利益を取り戻そうとする階級闘争のための思想的基盤、と言ってもいいでしょう。二一世紀初頭の現在は、そのようなネオリベラリズムの弊害があまりに大きくなってきて、どこの国でもそれからの脱出に苦労している段階ですが、いまだにそれがもたらしてきた激しい階級差別、中産階級の崩壊や、環境破壊、教育の荒廃といった状況に、有効な対策がなされていないのが現実です。

二一世紀になって制作された『メアリー・ポピンズ』の舞台版ミュージカルは、このような金融中心の支配体制に異議を申し立てる試みとして評価できる、と主張したら言いすぎでしょうか。でもここには、崩壊した家庭、銀行による搾取、貧しい人びとの営み、そしてそうした現状に対する反省といった、多くの重要な側面が含まれているように思います。舞台版の『メアリー・ポピンズ』は、子どもの教育に熱中するあまり疲れてしまった家庭や、自己の経済的繁栄のために他者を犠牲にする社会の病理を明らかにしようとします。ですから、ディズニー映画では感傷的な印象を与えかねない「鳩にエサを」という歌も、ネオリベラリズムによる経済構造再編の結果、ホームレスの人びとや失業者が多数いる現代社会への批評として、新しい命を得るのです。

マイケルが鳩のエサ代として老婆に与える硬貨は、そのままマイケルが鳩にあたえる豆に交換されます。この物と金との単純な交換原理を忘れたところに、金融工学とも言われる、現代のさまざまな経済的搾取の仕組みが作動しはじめます。ネオリベラリズムの詐術とは、ひとことで言って、「自由競争」や「自己責任」の名の下に、競争が始まる前からゴールの近くにいる者が勝つことが当然とされ、最初から強い者がますます強くされるシステムに他なりません。鳩にエサをやるという行為がけっして無償のものではなく、きちんとした代価を伴う生産流通活動でもあること――この歌は、それまで父親ジョージをはじめとしてこの社会の構成員たちが疑うことのなかった金融資本主義のメカニズムに対する、強力な異議申し立てとなっているのではないでしょうか。

## 3. 「癇癪、癇癪」――オモチャの復讐

こうしてメアリーの導きによって新たな知見を獲得した子どもたちは、元気に家に帰ってくるのですが、家では父親のジョージが投資先を誤ったことで銀行から休職を言いわたされ、家族に当り散らしています。子ども部屋に追い払われたジェーンは、自分の感情をコントロールしなさいというメアリーの教えも忘れて癇癪を起こし、自分の人形を投げちらし、マイケルとも喧嘩してしまいます。舞台版『メアリー・ポピンズ』では、ここでとても興味深いことが起こります。子どもたちによって手荒く扱われたオモチャが命を与えられ、メアリーといっしょになって、まず自分の感情を抑えることを学ぶこと、そして所持品を大事にするよう説教を始めるのです。これが舞台版に新しく付け加えられた「癇癪、癇癪（Temper, Temper）」という傑作な歌の場面です。子どもたちが

眠っている間にオモチャが動き出すというのはよくある話ですが、ここではそれが、子どもたちの深層心理にひそんでいる悪夢として描かれています。さまざまな人形や玩具が「癇癪、癇癪」と叫びながら、子どもたちを糾弾する。まさにオモチャの復讐です。家庭と社会の階層関係や自由を圧殺する教育制度によって、子どもたちの心と身体がいかに傷つけられてきたかを、人形という最も彼女たちに身近な物の報復によって示す、見事な演出ではないでしょうか。

さらに舞台版ミュージカルの独創性は、この場面の後、子どもたちに失望したメアリーをバンクス家から去らせてしまうことです。まるでメアリーは自分の限界を知ったかのように、そして魔法の限界を悟ったかのように書置きを残して消えてしまいます。結局、バンクス家の人びとは自分の努力で新たな自分を発見するしかないのでしょうか？　メアリーはやはり万能ではなかったのか？そしてこの完璧な乳母は戻ってきてくれるのでしょうか？

そんな問いかけを残して、舞台版ではここで休憩となります。休憩後の第二幕ですが、その冒頭で、トラヴァース原作の小説の筋を取り入れた舞台版では、驚くべきことが起こります。例によって夫を喜ばせることに一生懸命な（それでいてうまく行ったためしのない）ウィニフレッドが、いなくなったメアリーの代わりに、良かれと思ってジョージ自身の子ども時代の乳母、ミス・アンドルーを呼びもどしてしまうのです。ところがミス・アンドルーは、メアリー・ポピンズとは正反対の性格で、「聖なる畏怖（The Holy Terror）」というあだ名を持つ、恐るべき乳母です。その名のとおり、まさに子どもたちの躾に恐怖と権力を利用するのですから。彼女を一目見て、子ども時代の恐怖が蘇ったジョージは、家庭から一目散に逃亡します。どうやらジョージはかつて親から無視された不幸な子どもで、両親は自分たちの代わりに、この乳母ミス・アンドルーをジョージの訓育役にしていたらしいのです。その暴力が、今度は世代を越えてジョージの子どもたちにも及ぶのですからたまりません。ジェーンとマイケルは「お砂糖ひと匙」どころか、ミス・アンドルーから苦い特効薬を飲まされるありさまです。

メアリー・ポピンズという、「いわば完全に完璧」な乳母が不在のあいだに、バンクス家全員を襲う「ほんとうに完全に完璧」な乳母の恐怖。この恐怖は、この家庭の深層にひそんでいた病の源泉を一気に現出させます。言ってみれば、ミス・アンドルーはメアリー・ポピンズの陰画です。この対照的な二人の乳母の登場と交代によって、このミュージカルはいったいどんな場所へと私たちを連れていこうとするのでしょうか?

## 4.「凧をあげよう」——春風に乗ってきた乳母

メアリー・ポピンズの不在と、「聖なる畏怖」の帰還——この出来事を契機としてこのミュージカルは、乳母の魔法の意味、そして教育の意義という、重要なテーマに迫っていきます。新しい乳母の恐怖から逃げ出したジェーンとマイケルは、公園でバートに出会い、彼から凧のあげかたを教えてもらいます。ここで歌われるのが、ディズニー映画では、最後に家族団らんのイメージとして効果的に使われていた「凧をあげよう(Let's Go Fly A Kite)」です。映画版では、家庭と銀行の問題も解決してめでたく凧あげということになっているのですが、舞台版ミュージカルでは、家族にとってはいわばどん底にあるときにバートの励ましによって、凧があげられます。そしてこの凧の上昇に誘われるようにして、メアリー・ポピンズが戻ってくるのです。ここで私が思い出すのは、第一章で扱った『サウンド・オブ・ミュージック』と『メアリー・ポピンズ』との類似です。これは映画版でマリアとメアリーを演じたのが、同じジュリー・アンドルーズというところから来る連想なのかもしれませんが、子どもたちがちょうどどん底の不幸にあるときに――前者では父親が男爵夫人と婚約して、後者では代わりの乳母がやってきたときに、どちらの場合も理想の家庭教師／乳母が不在のときに――彼女が戻ってきてくれるのですから。前者では歌とともに、そして後者では風に乗って。

ここでのポイントは言うまでもなく、風です。凧もメアリー・ポピンズも、風がなければ空を飛ぶことができません。そして、どちらも子どもたちの指と心に糸で結びついているからこそ、彼女たちの元に戻ってくることができるのです。やや大げさな話になって恐縮ですが、地球上の生命ということ、私たちは水や光や土や大気の大切さを考えます。それはそのとおりなのでしょうが、同じくらい大事なのは、風ではないでしょうか？　地球は月の引力の影響で地軸が傾いており、そのおかげで季節の変化があって、気候も変動する。そうして風も起きるからこそ、花粉が舞い散って生命の源である花が咲くのです。凧が風に舞いあがって、その同じ風に乗ってメアリー・ポピンズが帰ってくる。それが命を再生させる春の息吹を知らせてくれます。風によって生命も人間同士の心の絆も保たれている――このミュージカルで私がいちばん好きな場面の一つがここです。

さてこの公園には、ミス・アンドルーのいる家庭から逃げ出したジョージも隠れていました。彼は、これまで自分が何も成しとげてこなかったことを嘆いて落ちこんでいますが、そんなジョージをさがしてウィニフレッドがやってきます。彼女はやっと乳母によって痛めつけられたジョージの不幸な子ども時代を理解し、乳母に頼ることなく、一人の人間として彼を素直に愛していくことを決心します。こうして公園をわたる風は、しだいに夫婦間の絆もつないでいくのですね。

子どもたちとともに家に帰ってきたメアリーは、ミス・アンドルーの飼っていた鳥（カルーソーという名で、その名を持った有名なオペラ歌手のように声の大きなヒバリです）を籠から逃がしてやります。それをきっかけに、二人の乳母の対決ということになり、ミス・アンドルーが自分の苦い薬を飲んで籠に閉じ込められ、けっきょく地獄へと落ちるという、まるでモーツァルトのオペラ『ドン・ジョヴァンニ』の最後を思わせるような結果となります。そこに戻ってきたジョージとウィニフレッドが、恐怖の乳母がいなくなったことで安心し、一件落着となります。この一連の出来事は、たしかに都合よく「理想の乳母」の勝利ということで終わるのですが、ここで大事なのは、メアリーがミス・アンドルーを得意の魔法で懲らしめるのではなく、ミス・アンドルー自身が自分の特効薬の犠牲になって自滅してしまうことではないでしょうか。ここから私たちは魔法の意味を考えていきたいのですが、そのことは次節に譲るとして、ここではまず煙突掃除人たちの踊り「時にあわせて（Step In Time）」を楽しむことにしましょう。

ディズニー映画版でもそうですが、このミュージカル版でもこの「時にあわせて」は、バートと掃除人たちとメアリーの歌と踊りの見せどころで、舞台狭しと華麗な場面が展開します。まあこの場面は、私たちも一緒にタップを踏みながら楽しめばいいのですが、ここでついでに立ち止まって考えたいのは、煙突と桜の木と風の関係です。先ほども言いましたように、風は、とくに春風は、生命をもたらすものの象徴です。風に運ばれた花粉によって受精がおきて桜の花が咲くように、このチェリートゥリー通り一七番地にもメアリー・ポピンズが風に乗ってやってきたのでした。暗く寒い冬のあいだに暖炉が焚かれ、そのあいだに煙突に溜まった煤を春になってきれいにするのが、煙突掃除人たちの仕事です。彼らの掃除によって煙突にふたたび風が通るようになり、家庭のなかの人間関係も風通しが良くなる、と言ったら調子良すぎるでしょうか。

ついでに帽子、とくにイギリス紳士の象徴とされる山高帽も煙突の変種かもしれません。ディズニー映画版ではジョージが投資に失敗して銀行の上役たちから一時休職を申し渡されるとき、その帽子に穴をあけられてしまい、さらにまた紳士の象徴である傘と背広も、ひっくり返されたり花を取られたりしますね。つまり帽子と傘と背広を台無しにされるということは、イギリス紳士の資格を失うということなのです。軍隊でも何か失敗を犯して降格されるときには肩章をはぎとられたりしますが、会社や銀行のような組織も同じで、服装や身の回りの品というシンボルは自分がその組織に属していることの証しです。会社と軍隊は基本的に同じ規律である階層秩序、つまりミリタリズムによって成り立っているのです。『メアリー・ポピンズ』で興味深いのは、ジョージがそうやって帽子に穴をあけられたりしたことで銀行の階層秩序から自由になって、会社組織からの追放が自らのトラウマから解放されていくきっかけになっていることです。ですから帽子に穴をあけられるということは、煙突の風通しが良くなることと同じであり、紳士の黒いコウモリ傘がひっくりかえって、風に乗ることのできる花を散りばめた傘に変わる、と言ってもいいかもしれません。

いずれにしろ、この「時にあわせて」の軽快なリズムに乗った華麗な踊りでは、メアリーの傘、そしてバートと煙突掃除人たちの箒が大事な小道具であることは一目瞭然です。山高帽と煙突、傘と箒とがこの踊りのなかで混じりあうことで、階級秩序が解きほぐされ、夫と妻の役割による差別が消え、大人と子どもの区別がなくなる。このようにまさに魔法をもたらすのですから、傘と箒はいわば魔術師の杖の代わりです。そしてその杖が、桜の枝からできていてもまったく不思議ではありません。風と命と魔法と木――『メアリー・ポピンズ』というミュージカルも意外に古典的な魔法の約束事にしたがっているのではないでしょうか。

## 5.「大人の夢」――魔法の放棄と乳母の教訓

さて、このミュージカルもしだいに終局に近づいてきました。最後に魔法について考えたいと思います。

「時にあわせて」で皆がひとしきり踊った後、煙突掃除人たちが去ると、銀行からジョージに呼び出しの電報がとどきます。経営者から投資の失敗をとがめられていた彼は、いよいよ失職が申し渡されることを覚悟し、悲観して家財を売ることを決心します。そのとき家政婦のブリル夫人があやまって花瓶を割ってしまいますが、その破片を片付けていたジョージは子ども時代に自分が集めていたガラクタを、壊れた花瓶のなかに発見します。そこで彼が自分の人生を振りかえって、ふたたび歌うのが「大人の夢」と「お砂糖ひと匙」で、これはジョージとバートの美しい二重唱です。ここでジョージは、自分もやはり夢を持っていた子どもであったこと、それはいったいどこに行ってしまったのかと回想します。そして彼を慰めてバートは「お砂糖ひと匙」の効用を説き、ジョージも納得して、彼らは握手をして別れます。

ジョージを励まそうと、ウィニフレッドも彼を追って銀行に出かけ、さらにメアリーと子どもたちも顛末を見届けようと銀行に出かけていきます。しかしジョージの予想に反して、彼の投資選択が銀行を破滅させるどころか富をもたらしていたことがわかり、一躍彼は英雄扱いを受けます。上役に、成功の秘訣はと聞かれたジョージは、メアリーから教えられた言葉、「スーパーカリフラジリスティックエクスピアリドーシャス（Supercalifragilisticexpialidocious）」を告げます。これは世界一長い単語として、メアリーが以前ジョージたちの家庭に持ちこんだものですが、意味はありませんし、どこの国の言語でもない、魔法の呪文のようなものです。この単語は、ジョージにとって長すぎて呂律が回らず、存在しないも同然だったのですが、いまや彼自身が自信をもって言えるようになったのですね。これまで意味もわからない、わかりたくもない、雑音《ノイズ》の連なりでしかなかったこの語が、銀行という会社組織から自由になって自分の生き方を考えることができるようになって、はじめて自分に関係のある言葉へと変化する。自分の人生に折り合いをつけて満足し、自らにできることをしようと決心することが言語表現の豊かさにつながる例でしょう。「取るに足りないもの、端金《はした》」という意味のある「二ペンス（タプンス）」が、鳩のエサ代となって人と人との貴重なつながりを作ることを思い出してください。「スーパー……」という単語もそうですが、まったく無駄のように思えたものも、見方を変えれば本当の幸せに繋がるかもしれない、というメッセージが『メアリー・ポピンズ』にはあるのではないでしょうか。

さて、苦境にある夫の立場を弁護しようと銀行までやってきたウィニフレッドでしたが、一転して夫が皆に賛嘆されているのでびっくりします。彼女が銀行の支配人にミス・アンドルーの名を告げると、この老人も「あの聖なる畏怖が」と言うのですから、この恐怖によって子どもたちを支配する乳母の悪名はかなり高かったのでしょう。こうしてジョージとウィニフレッドは、いまやお互いを信頼して、子どもたちとともに家に帰ります。メアリーは自分の仕事が終わったことを確信して、バンクス家を去ることにし、子どもたちもそれを認めます。けっして忘れないから、という彼女たちの声に送られたメアリー・ポピンズは、ふたたび風に乗って、「お砂糖ひと匙」が歌われるなか、観客の上を飛びさっていくのです。

さて、メアリー・ポピンズはたしかに魔法を操る乳母ですが、このミュージカルの後半では、ほとんど魔法が使われていないことに注意してください。ミス・アンドルーという自らの敵、というか陰画を追放してからは、メアリーはほぼ観察者の役割に徹しています。つまり、このミュージカルのハッピーエンドをもたらすのは、バンクス家の人びと自身の努力と、バートの応援なのです。『メアリー・ポピンズ』というミュージカルは、魔法の意味をどのように私たちに伝えようとしているのでしょうか?

魔法について考えるとき、皆さんにぜひ思い出していただきたい小説があります。アメリカ合州国の作家アーシュラ・K・ル・グインの連作『アースシー（Earthsea）物語』がそれです。（日本語の翻訳では『ゲド戦記』というタイトルで出版されていますが、ゲドは主人公の一人にすぎず、この小説の大事なテーマは戦争ではないので、ここでは原題に近い『アースシー物語』と呼んでおきます。）この全部で六つの小説からなる連作である『アースシー物語』は、現実と幻想という対立を超えた想像力による歴史でもあり、現実を踏まえた未来像でもあります。ここでは『アースシー物語』のくわしい話はできませんから、ご興味のある方はぜひ原作と、それから拙著の『ほんとうの「ゲド戦記」――英語原文で読む「アースシー物語」』（大修館書店）を読んでいただくこととして、魔法の話題だけにとどめたいと思います。

『アースシー物語』には多くの魔術師が登場します。アースシー世界を支える原理そのものが魔法であり、それは人間が生きていくうえでぶつかる問題の解決手段であるとともに、難題そのものです。ですからこの世界では、魔法が単なる方便として使われるのではなく、魔法を使うことの意義が、哲学的にも現実的にも深く問われていくのです。物語の主人公ゲドは、魔術師として奥義をきわめた人物ですが、彼は生涯を通して魔法を使うとはどういうことかに悩み続けます。ときには魔法の力によって悪と闘い、ときには魔法の使用を誤って自らを窮地に追い込む。そのような探求の人生を通して彼が最後に到達するのが、魔法とはそれを使わないでよくなったときにその目的を達する、という境地でした。魔法を現実逃避の手段として使ったり、他者を支配する便利な道具として利用するかぎり、いずれは自分が魔法の犠牲となって自滅してしまう。このことをゲドは自らの苦闘の人生から学び、魔術師としてというより、弱さも強さも応分にかかえた一人の普通の人間として生きる道を選ぶのです。

このような魔法に対する考え方は、私たちが『メアリー・ポピンズ』というミュージカルを考えるときにも、大きなヒントを与えてくれるように思います。メアリー・ポピンズはたしかに、「いわば完全で完璧な乳母」として魔法を使って難題を解決してきました。しかしミス・アンドルーと対決して以降（ミス・アンドルーの敗北も、メアリーの魔法の勝利というより、自らの魔法におぼれた結果でしょうが）、ふたたび風に乗って桜の木通りから去っていくまで、メアリーが魔法を使うことはありません。彼女は観察者として、バンクス家の人びとが自力で問題を解決し、他人の苦しみや哀しみを理解し、自分の過去と現在と和解するのを見守るだけです。言ってみれば、桜の木でできたメアリーの傘とバートの箒という魔法の杖は、問題をたちどころに解決してしまう万能の特効薬ではなく、ちょうどひと匙の砂糖が苦さをやわらげてくれるように、事態を少しずつ改善しようとする工夫の一つにすぎないのです。

終幕近く、ジョージとバートが互いを理解しあって歌う「大人の夢」は、たんに過去の夢を懐かしがって現在の不幸をなげく歌ではありません。たしかに若いころの夢は実現していないかもしれない。しかしだからといって魔法のように全てがたちどころにうまくいくわけではないことを知り、自分に現在できることをしていこう、そのためにはきっとメアリーの言うように「お砂糖ひと匙」が役に立つだろう。ひと匙の砂糖としての魔法――他者の苦しみに思いをはせ、自分で解決のために努力するにはそれで十分なのです。

魔法の「箒」ではなく魔法の「放棄」――これが『メアリー・ポピンズ』というミュージカルの

教えではないでしょうか。他者を力で教え諭そうとするのではなく、自分で道を発見する手助けをすること。同情ではなく、共感。搾取ではなく、交換。一方的な思い込みではなく、双方向的な交通。自己責任ではなく、責任の共有。このミュージカルは、父親ジョージが少年時代のトラウマから解放されることを契機として、バンクス家の人びと全員が、自らの悪夢からめざめて救済されることで終わります。たしかに夢を実現する道は一筋縄ではいかないかもしれません。でもその可能性は、風のようにいつもそこにないでしょうか。

「いわば完全に完璧な乳母」であったメアリー・ポピンズは去っていきました。しかし、すべての家庭や社会の問題が解決したわけではもちろんありません。私たち観客はメアリーとミス・アンドルーの来訪がもたらした苦い教訓を忘れることはないでしょうし、バートや煙突掃除人たちや、鳩のエサを売る老婆は今でも傍らで生活しているでしょう。もし金融グローバリゼーションや新自《ネオ》由主義的《リベラル》な市場原理主義が、猛威を振るって人びとの生活を脅かしている現状に対する何らかの異議申し立てが、『メアリー・ポピンズ』というミュージカルにあるのなら、それは私たち自身が自分たちの日常生活の現場から、ひと匙の砂糖という魔法を生かし続けようという思いに繋がっているに相違ありません。ネオリベラリズムによる破壊がもっとも如実に表れているのは、労働と教育の現場です。抑圧された玩具たちの復讐が世界のさまざまな場所で噴出しているとき、乳母が残していった教訓にこそ、私たちは耳を傾けるべきなのではないでしょうか。大人としての夢を忘れないためにも。

# Ⅱ 言語

第４章

# 『マイ・フェア・レディ』

## 言語帝国主義、あるいはジェントルマン／レディの資格

My Fair Lady

## 0. アクセントの帝国

この本の最初にも述べましたが、ミュージカルという二〇世紀の芸術形態の登場は、アメリカ合州国における中産階級の文化、およびそれを担う新しいメディアの発達と切り離すことができません。とすれば、経済的な繁栄と階級上昇をめざしヨーロッパ大陸から移住してきて、アメリカという新天地で成功を収め、中産階級の文化の担い手との自負を持つ多くのアメリカ人に、階級と言語をテーマとするミュージカルが歓迎されたのも自然なことでしょう。そしてこのことを考えるとき、恰好の題材となるのが、オードリー・ヘップバーンとレックス・ハリソンが共演した映画を通しても有名なミュージカル『マイ・フェア・レディ』です。ロンドンの貧しい花売りの娘が、言語学の教授に出会い、言葉や立ち居振る舞いのレッスンを受けて、レディへと変身するという、一種のシンデレラ・ストーリーとしても有名でしょう。ただこれを単なる「玉の輿物語」として観るだけでは、この名作の鑑賞としてもったいないのでは、というのがこの章の見立てです。この章では、心ときめく数々の名曲や、ウィットに富んだ歌詞の展開を楽しみながら、このミュージカルが深いところで抱える問題に迫っていきたいと思います。

このミュージカルは、イギリスの劇作家ジョージ・バーナード・ショーが執筆し、一九一三年に初演された戯曲『ピグマリオン』を原作としています。ショーは当時の階級差別や女性の社会的位置にとても批判的な作家でしたから、彼が書いた芝居を原作としながら、しかも重要なところで改変した点に、このミュージカルを「深読み」する面白さがあります。ミュージカルの作詞・脚本はアラン・ジェイ・ラーナー、作曲はフレデリック・ロウで、一九五六年にブロードウェイで初演されました（ロンドン初演は一九五八年）。それ以来、『ピグマリオン』を知らなくても『マイ・フェア・レディ』を知らない人はいないと言われるほど、このミュージカルは世界各地で上演されています。

私自身がいちばん最近観た上演は、二〇〇一年からのロンドン・ナショナル・シアターでのリバイバル上演です。演出はトレヴァー・ナン。彼はシェイクスピアからミュージカルまで、すぐれた公演を手がけてきた英国では現代屈指の演出家です。たとえば、彼が演出したシェイクスピアの『オセロ』や『ヴェニスの商人』の公演は、高い評価を得てヴィデオ化されており、シェイクスピア愛好家をうならせていますし、世界中を席巻した『レ・ミゼラブル』や『キャッツ』といったミュージカルの演出も、ナンが担当しました。この『マイ・フェア・レディ』の演出も、バーナード・ショーの原作にあった批判精神を受けつぐような批評性を持っており（このあたりについては後で詳しく考えます）、古典的な演劇に新しい光を当てることが上手な演出家の名に恥じない、きめ細やかな演出で楽しませてくれました。

このロンドン公演では、踊りの振り付けをしたのがマシュー・ブーンで、この人は男性だけの『白鳥の湖』を考案して有名になった人です。ブーンによる今回の振り付けもとても面白く、金属製のゴミ箱のふたを足につけて地面をたたきながらの群舞「ちっとばかり運がよけりゃ」とか、アスコット競馬場での上流階級の紳士淑女による人形のように様式的な踊りとか、なかなかに独創的です。配役は言語学者のヘンリー・ヒギンズ教授が、名優のジョナサン・プライス。彼にアクセントを直される花売り娘イライザ・ドゥーリトルが、テレビの人気女優マーティン・マックチェオン。彼女の父アルフレッド・ドゥーリトルがデニス・ウォーターマン、ヒュー・ピカリング大佐がニコラス・ル・プロヴォストと役者ぞろいで、近年では出色のミュージカル舞台の一つでした。

とくにこの舞台で印象に残っているのは、女性に甘えながらもそれを認めようとしないヒギンズの自己中心的な性格と、ヒギンズとの出会いを通して成長するにつれ、自らのアイデンティティの喪失を覚えていくイライザの苦悩という、二人の主人公の対照です。ジョナサン・プライスのヒギンズは、花売り娘イライザのコックニー訛りと言われるロンドン労働者階級の「汚れた発声」を直すことに、嗜虐的な喜びを味わうニヒルな男です。彼女が着飾って舞踏会で踊り、言語改造実験が華々しい成功をおさめても、素直に喜ぶというより、どうやら空虚な達成感しか残らないらしい。ヒギンズは自分がイライザに魅かれていくことをなかなか認めたがらないのですが、その一方で、マーティン・マックチェオンの演じたイライザは、誇りと機知を示す女性としてしだいに自立していきます。こうして二人の人生の軌跡は、交差しつつ、なかなか一致してくれない。また、イライザが成長するにつれ、男性たちに批判的な眼差しを向けていく過程は、彼女を恋するフレディ・アインスフォード＝ヒル（マーク・アンバース）との関係からも示されます。フレディは上流階級出身で見栄えもよく、金持ちの男性です。彼はうっとりするほど素晴らしい歌「君の住む街角（On the

Street Where You Live)」を私たちに聞かせますが、彼もまた自分のことしか考えられない男で、知性と感性において、とてもイライザの比ではありません。

『マイ・フェア・レディ』の主題は、言葉、より正確には、その発声の仕方、アクセントにあります。ですからこのミュージカルは、容易に異文化摩擦や人種差別といった厄介な問題を誘発する可能性を持っています。それにもかかわらず『マイ・フェア・レディ』が、「英語」を第一言語とする英米両国にとって、さらには英語がグローバルな言語となった現代においては、国境や文化を横断して、なぜこれほどまでに大きな魅力を持っているのでしょうか？ ショーの原作の題名となったピグマリオンですが、ギリシャ神話から取られたものです。ある男が女性の彫像に恋をしてしまい、人間になることを願う。その姿を見て、女神アフロディテが彫像に命を与えたという話です。この神話から派生して、男性が年下の女性を教育して自分の理想の人に仕立て上げるというのが、「ピグマリオン的な望み」ということになり、さまざまな芸術作品のモチーフともなってきました。『マイ・フェア・レディ』もこの「ピグマリオン物語」の伝統に棹差しながら、ミュージカルという二〇世紀の芸術様式にふさわしい独自の解釈を施そうとしています。西洋社会のなかで、小説や舞台芸術などさまざまな形で描かれてきたこの主題を、二〇世紀半ばに作られたこのミュージカルは、どのように修正し、強化し、あるいは解体するのでしょうか？ 英語という、支配階級の道具を自由に操れることが、どのような主体の形成に役立つのでしょうか？ こうした問いをめぐって、『マイ・フェア・レディ』というミュージカルは、時代をまたいで、階級と言語と身体の問題を浮かびあがらせ続けています。

このミュージカルで興味をひくのは、人のしゃべる言語、すなわち人声が楽曲と結びつくことで、主人公たちの身体の変容を見せる、という絶妙な「音」と「像」との関係です。つまり、アクセントが「汚い」かどうかは、聞く人の出自や育ちによるのですが、それが音楽を伴うことで、誰にでも「美しく」聞こえるものへと変化する。それがさらに歌や踊りを通して、発声している人の言語と身体のハーモニーをもたらすので、私たち観客は聴覚と視覚とが調和する快感を得るのです。さらにこのミュージカルでは、そのような声や演技に関わる美学を、社会における力関係や歴史への洞察がしっかりと支えています。たとえば、人の発声をひとこと聞いただけで話者の出身地を正確に言い当てることができるという音声学者ヘンリー・ヒギンズの素養は、世界中のイギリス植民地から集められた情報を基にしています。まさに、さまざまなアクセントにアクセスできる帝国のネットワークを英国が掌握しているおかげで、英国人は学者になったり、他者を教育したりできるわけです。

世界中の言語を判別できると豪語するヒギンズの知識を支えているのは、出自と言語能力が結びついているという考え方です。そうした考え方と深い関係にあるのが、言語素材を解析するのは話者自身でなく、先進国の上流階級の白人男性学者だという、傲慢な客観主義です。ヒギンズ教授の被験者となる、ロンドンのコヴェント・ガーデンで働く花売り娘イライザは、家族や出身地域からひきついだアクセントをヒギンズ教授に矯正される報酬として、経済的な安定と、英国およびヨーロッパの貴族層へのアクセス権を獲得します。この学者と被験者との関係は、後者の前者への一方的な依存とされています。さらにその関係の底には、ヒギンズの女性一般に対する嫌悪と恐れがあります。このミュージカルは、そうした支配関係がイライザの自立によって変化していくさまを描きます。それまでの教師と生徒という安定した関係が、生徒の言語運用能力の拡張によって、男女の情愛に転じてしまうのです。

このようにちょっと考えただけでも、『マイ・フェア・レディ』には、言語というもっとも人間に身近な表現手段の考察を通して、近代世界を彩っているさまざまな政治や文化の力学を考える素材に溢れています。この複雑にからまった力関係の糸を、場面を追いながら、少しずつ解きほぐしていくことにしましょう。

## 1.「なぜ英国人にはできない？」——英語教育と植民地主義

ヘンリー・ヒギンズとイライザ・ドゥーリトルが最初に出会うのは、ロンドンのコヴェント・ガーデンです。コヴェント・ガーデンは現在ではオペラハウスが脇にあって、瀟洒なカフェや店がならぶ観光客のメッカになっていますが、このミュージカルの舞台となった二〇世紀はじめには、オペラハウスと青果市場とが共存する場所でした。そこは高級な娯楽を楽しみに来た上流階級の人々と、市場の喧騒のなかで働く労働者階級の人々とが混交する、文化や言語の坩堝だったわけです。最初の場面で、オペラが終わってタクシーをつかまえようとする貴族階級のフレディ・アインスフォード＝ヒルと、花売り娘のイライザとがぶつかって、イライザの抱えていた籠から花が飛びちります。フレディは後ほど、イライザとアスコット競馬場で再会して恋に落ちていくわけですが、このミュージカルは、最初から異なる身体と言語の衝突をとても具体的に描いているわけです。そのような出会いを、皮肉な視線で観察してコメントするのがヒギンズで、このミュージカルは最初の場面からフレディ、イライザ、ヒギンズという三者の関係（それはいずれ三角関係に発展します）を、空間的に提示しているのです。

こうした異なる言語や身体の関係を、教育にからめて展開するのが、ヒギンズによる最初の歌「なぜイギリス人にはできない？（Why Can't The English?）」です。この歌からは、イギリスの文化をめぐる興味深いさまざまな発想を引き出すことができます。まず誰でも引っかかるのは、"English"という単語の不思議さではないでしょうか。「英語」と「英国」と「英国人」をすべて意味することのできる"English"は、言語と国家と国民との三位一体とも言うべき事態を象徴する単語です。この語は名詞と形容詞とのあいだを融通無碍に往復しながら、「英語」をしゃべるのは「英国」に住んでいる人間にとって当然のことであって、「英国人」とは「英語」をしゃべる人のことだという、同語反復的な信念を表明しているかのようです。

しかし少し考えれば、いくつもの疑問が湧いてきます。英国には英語以外の言語をしゃべる英国人はいないのか？　英国以外の国で、英語をしゃべる人間は英国人とは見なされないのか？　ジャマイカ生まれで、インド人の教師から英語で教育を受け、英国人よりも英語らしい英語をしゃべっていまナイジェリアに住んでいる人は、いったい何人なのか？　英語の英語らしいアクセントとは、誰がいつごろ決めたのか？ なとなど……。そもそも「英語」とは何でしょう？　英語が現在話されているような形に近くなったのは、たかだか五百年前ぐらいのことにすぎません。それは英語にかぎらず、どこの国の言語でも似たような事情です。自分と同じ言語を話す国民と同じ国家に自分が属していると想像されたり、地域が一つのまとまった言語共同体として意識されたりするようになったのは、近代以降のことにすぎません。そして、そのときたまたま支配層にあった人々の使っていた言語が「標準語」とされ、それ以外の言語を「方言」とか「俗語」として二次的な位置に周縁化してきたのが、国家言語の歴史なのです。それ以前の時代には、それぞれの地域でそれぞれの人々がその土地で通用する言葉を使い続けていたのですから、そのときには「国家の言語」という発想そのものが存在しなかったでしょう。たとえば、近代以前のヨーロッパでは「あなたは何人ですか?」という質問自体が意味をなしませんでした。「ある一つの国家の人々は、決まった一つの言語をしゃべり、その人たちだけがその国の人々として認められる」、などという考え方はありようもなかったのです。

今こうして日本語で「英語」と言っていますが、この呼び名も考えてみればおかしい。日本語では、「フランス語」、「ドイツ語」、「中国語」、「日本語」と、普通は国の名前に語がつくのが、国民国家の言語ということになっています。(かつては仏語とか独語とか呼んでいたりもしましたが。)でも英語だけは、イギリス語とか英国語、と日本語であまり言いませんね。さらに地理を考えると、今の英国には長年の植民地征服や融合の結果、イングランド、スコットランド、ウェールズ、北アイルランドがあってそれが連合王国(正式名称はUnited Kingdom of Great Britain、つまり大ブリテン連合王国)をなしています。(ついでに言うと、サッカーのワールドカップで、この四地域にそれぞれ代表参加資格があるのは、たとえサッカーというスポーツの発祥地とはいえ、どう考えても連合王国に有利な、不公平な制度としか思えません。この例でいけば、それぞれの国が、地域ごとに代表を送ってもいいことになりますから。）この四地域には、それぞれ独自の文化や歴史、そして言語があります。今でもたとえばウェールズでは、ウェールズ語が学校で必修ですし、ほとんどの人がイギリス語とウェールズ語の二言語話者《バイリンガル》です。ウェールズに旅行すれば、地名も二つの言語で書かれていますし、駅のアナウンスもイギリス語とウェールズ語の両方で流れます。ともかく歴史のなかで、支配勢力となったイングランドの言葉が「英語」として、この四つの地域を束ねた国家の標準語となったのですから、英語も正確にはイングランド語と呼ぶべきでしょう。イングランドを築いたのはアングル民族ですから、たとえばジャーナリストで著作家の本多勝一さんのような人は、「アングル語」というのが正しいと主張しています。しかしそれが「英語」と呼ばれることによって、何か特別な印象を与えることは避けられません。イギリス一国にとどまらない「国際語」というか、普遍的な響きが出てきてしまうからです。しかもイギリスによる植民地征服の結果、世界の多くの国々で、この言葉が公式言語の一つとされてきた歴史があります。また二〇世紀になって、世界の覇権国となったアメリカ合州国の勢力が他の国を圧倒するようになると、「英語」もアメリカ英語として、さらなる影響力を振るうようになりました。（たとえば日本の「英会話教室」で教えられているのは、それ自体独特の歴史とアクセントと文法を持つ「アメリカ英語」ですね。）さらに近年では、コンピューター技術の言語が英語になったため、それはますます多くの人々にとって必須の言語になっています。『マイ・フェア・レディ』を考えるときには、まずこの「英語」の特別な位置を踏まえておく必要があると思います。

さて「なぜイギリス人にはできない？」という、この歌のなかで、ヒギンズが前提としている言語観は、国家の支配階級の使う言葉が「正しい」言語であって、支配階級はその言語を被支配階級に教える義務があるという、言語と階級とによって人間のあるべき姿が決まるという、いわば言語本質主義です。イギリスには英語をしゃべる英国人しかおらず、ノルウェーにはノルウェー人・ノルウェー語、ギリシャにはギリシャ人・ギリシャ語、フランスにはフランス人・フランス語しかない、とここでは歌われるわけです。これらヨーロッパ諸国の場合は、国と国民と国語の関係が比較的明白ですが、続くアラビア語やヘブライ語の場合に国家が出てこないのは、ヒギンズの狭隘な西欧中心主義と、かなりいい加減な知識を示唆するものかもしれません。

ヒギンズは、友人のピカリング大佐（彼はヒギンズに比べればたしかに温厚で、相対主義的な考え方もできるようですが、英語と英国人の至上の価値を疑わないという意味では、もう一人の植民地主義者であることに変わりはないでしょう）とともにイライザを見つけ、彼女の発音を聞いて「これほど汚らわしくて、気がめいる音を出す女は、どこにもいる権利がない、生きる価値もない」と嫌悪をあらわにします。さらにこの歌が興味深いのは、一方で英国人ヒギンズの自己中心的な性格を私たちが観察できるとともに、ヒギンズが英国の国民教育と植民地教育の欠陥を批判してもいるということです。つまり他の国民や民族は子どもたちにきちんとしたしゃべり方を教えているのに、英国人だけはその教育をしていない。スコットランドやアイルランドなまりの英語を聞くと「泣けてくるほど」で、アメリカにいたっては「もう何年も英語が使われていない」、というわけです。つまりイギリスは植民地征服によって英語を世界に広めたが、結果的に英語が多様化して「適正な（proper）」なものではなくなってしまったというのです。ここでは、とくに「ブリティッシュ」と今は普通に言われる連合王国（イングランド、スコットランド、ウェールズ、北アイルランド）の観客ならば、こうした歌を（もちろん英語で！）聞けば、アメリカ合州国やオーストラリアの人たちの「英語」を自分たちのものより劣ったものとして笑うかもしれませんし、アメリカ合州国の観客も自虐的な喜びを覚えるかもしれません。ただし、英国による植民地支配の結果、「英語」が国家の公式言語の一つとなったインドやナイジェリアや南アフリカの人々がどう思うかは、これはちょっとわかりません。

英語が「適正な」ものでなくなるということは当然のことで、英語が英国の植民地支配によって世界の諸地域に広まれば、それぞれの土地独特のアクセントによって修正され、改変されることは避けられません。そもそも「英国人の標準英語」自体が、ノルマン人やサクソン人やアングロ人など、多くの混交した民族の言葉を混ぜ合わせて出来上がってきたわけで、もとから「標準」などというものがありえたはずはありません。「標準」とか、「基準」とか、「普通」とかは、そこからはずれる「異常」や「劣等」とかを発明することで、自己の言語や習慣や文化を、他者のそれより優れたものと考えたい自己中心主義の表れにすぎないのです。もちろんここで「正しい英語」を教えるのは「英国人の男」であって、そうでない女性や異人種は矯正されるべき対象だということが、ヒギンズにとっては大事なのです。このように「なぜイギリス人にはできない？」という歌は、自分勝手で自国中心の考え方しかできないヒギンスの性格を明らかにすることによって、私たちに、植民地主義と帝国主義の重要な武器である英語教育に対する疑いを植えつけるのです。

こうしてこのミュージカルはのっけから、一方でヘンリー・ヒギンズ教授がかなりひねくれたエゴイストであるという印象を与え、他方で言語をめぐる文化的力学を私たちに考えさせます。そして、彼が「英語の殺人者」と呼ぶ、ロンドン東部の労働者がしゃべるコックニー訛りが、きわめて活力に満ちた言語であることを、続くイライザたちの「すてきじゃない？（Wouldn't It Be Lovely?）」という歌や、イライザの父親アルフレッドらが歌って踊る「ちっとばかり運がよけりゃ（With A Little Bit Of Luck）」が証明してしまう、というきわめて皮肉な展開になるのです。ここで目立つのは、観察者として学識ぶったコメントを不平たらたら述べ立てるしかない学者ヒギンズと、はじけるような言語と身体の力を協同して見せつける労働者たちの対比です。そしてそのことは、言語教育という営みの持つ邪《よこしま》な欲望が、下層階級の言語と身体の征服へと向けられていく様を私たちに想像させるのです。

## 2.「僕は普通の男」――下層への憧れ

ヒギンズはロンドンの労働者階級のコックニー訛りや、イギリスによる植民地の外国人訛りの英語を「汚らわしい」と言って、軽蔑しています。しかし同時に彼は、そのような英語の収集と分析によって、職業上の名声を獲得しているわけで、いわばそうした多様なアクセントに寄生している存在です。彼自身はそのようなアクセントを分類したり表面的に真似したりすることはできても、それを使って生きることはできません。音声学者とは、あくまでも他者の言語への寄生者なのです。

そしてあらゆる寄生者がそうであるように、ヒギンズにもそうした自分のものではない言語や身体に対する抑えがたい憧れがあります。

ヒギンズの発想には、二つの盲点があると言っていいでしょう。一つは、「正しい英語の発音」なるものなど実際には存在せず、たまたま現在の支配階級のアクセントがそう見なされているに過ぎない、という事実に対する歴史感覚の欠如。もう一つは、彼が嫌悪していると言う「汚れた英語の音」の魅力に、じつは彼自身が深く囚われてしまっている自覚の欠如。ヒギンズの抱えるこうした矛盾は、「女を自分の生活のなかに入れたらえらいことになる」と繰り返される「僕は普通の男(I'm An Ordinary Man)」という歌で、自己弁護とともに示唆されています。

「普通」とか「標準」とか「正常」という概念は、他者を「普通以下で異常で逸脱している」と見なす自己中心主義に基づいています。この歌で暴露されるのも、「普通」とヒギンズが言うことが、女性と労働者と外国人に対する偏見にもとづいた優越感であるとともに、他者に対する不安と、自分に対する自信の無さの表明でもあるということです。彼が「上流で寛容で思慮深い」という自分を強調すればするほど、他者の介入に対して自らの安全が侵されることを恐れていることが明らかになってしまいます。ですから「僕はけっして一人の女も自分の生活のなかには入れないぞ!」という彼の最後の宣言も、実は女性のほうで自分を相手にしてくれていないのではないかという不安と、もしかしたらいつか、こんな欲求に従ってくれる従順で思い通りになる女性が、自分の生活に入ってきてくれないだろうか、というきわめて自分勝手な望みとを含んでいるのです。ヒギンズは独身主義を誇りにしているように見えますが、女性に侵害されない生活を何が何でも守りたいという彼の信条の裏には、女性と外国人と労働者階級に魅かれる無意識があるのです。

とすればヒギンズにとって、イライザほど理想の女性はいないように思えます。英語をまともにしゃべれない、女としてのたしなみもまったくない、言葉も服装も汚い、経済的にまったく自分に依存せざるをえない、年齢も知識も収入も資格も家族関係も、すべてにおいて自分に劣る(と彼が考える)娘。そのような女を自分の望みどおりの上流階級の女性に作りあげることほど、満足できることがあるでしょうか。そこでヒギンズは、イライザに自分の家に来て発声を変える訓練をしてくれれば、報酬も与えるし、上流階級への手引きもしてあげる、という条件を持ちかけて、イライザもそれを承諾するのです。こうしてヒギンズ家に住み込むことになったイライザは、そこで初めてお風呂に入ります。たぶんそれまで彼女は、顔や手を洗う習慣もほとんどなかったのでしょう(このことは、このミュージカルの最後のイライザの台詞の伏線になりますが、それはまた後ほど)。

ヒギンズがそうやって作りあげようとしているのは、出自が上流階級の婦人ではなく、英語のアクセントと立ち居振る舞いを真似できる速成のニセモノ淑女です。ヒギンズは、イライザ自身が属している階級の変化や、女性としての成長や、社会的な自立にはまったく関心がありません。彼は、まるで自分の価値を認めようとしない英国上流社会に対する復讐でもあるかのように、紳士や淑女たちに対して心理的に優位に立って嘲笑しようとします。自信がないからこそ大言壮語する——自分や自分の周りを見ても、とくに男がそうですね。ヒギンズは強がりの外見の下にそんな弱さと不安とをかかえた男なのですが、自分が真のジェントルマンとして自立する代わりに、イライザというニセのレディを創造しようとするのです——まるで怪物を作ることで、自らの能力を認めてもらおうとした、フランケンシュタイン博士のように。

このミュージカルが面白いのは、皆の予想に反して、イライザが本物のレディになってしまうことです。それによってヒギンズの「成功」が、彼の「失敗」を暴露してしまうことにもなります。さらにこの実験の成功は、紳士や淑女をもとに作られている上流社会なるものの虚構をも暴いてしまいます。そのような嘘に対抗できるものがあるとすれば、それは人間同士の愛情や友情にほかならないでしょう。もしそうならば、『マイ・フェア・レディ』はどんな形で、この友愛という貴重で困難な問題に迫ろうとするのでしょうか。ヒギンズとイライザの関係の変容に注目しながら考えていきましょう。

## 3. 「一晩中でも踊れたのに」――解放と抑圧

イライザは、ヒギンズによって新たな発声法を植えつけられたことで、これまで知らなかった上流階級の世界に目を開かれます。彼女にとって、ヒギンズから持ちかけられた、しばらく彼の家に滞在してアクセントの矯正をする、という話は最初、ちょっとした幸運であり、報酬を伴う契約にすぎませんでした。ところが、声の出し方を変えることで、自分自身の人生が変わる可能性に目覚めるのです。そして自らの言語と身体が変化することは、自分と他者との関係を変えていくことに他なりません。花売りをしていたときには自分に目もくれなかった上流階級の人々が、彼らの社交場であるアスコット競馬場や舞踏会に彼女が登場すると、一転して羨望の眼差しで見つめるように、発声と振る舞いの変化が、他者の憧れと関心の焦点に自分を変えてしまったのです。

ヒギンズは、そのように変わっていくイライザについていくことができません。むしろ彼は、彼女の急激な変化に戸惑い、ことさら彼女を自らの実験材料にとどめておこうとするかのようです。当然そんなヒギンズにイライザは反発します。彼女の歌「今に見てろ（Just You Wait）」には、そうした彼女の反抗心と、しかし反面ヒギンズに魅かれる気持ちとが混在しています。表面上はことさらにコックニー訛りを強調して、ヒギンズへの復讐を誓う歌のようですが、彼女が恨み節を奏でれば奏でるほど、言語改造によって生まれた新しい人生の展望に驚きとまどう彼女の心がにじみ出ているようです。彼女はこの歌を生来の訛りなしでも、いまや歌うことができてしまうのです。いったい自分のアイデンティティはどこに行ってしまったのか？　人は誰かに魅かれるとき、自分自身を見直さずにいられません。そのような逡巡と悩みとが、自分の成長を理解しようともしないヒギンズに対する怒りとして噴出しているのです。

厳しい訓練の結果、新しい発声法を獲得したときの喜びは、彼女にとって勿論かけがえのないものです。「スペインの雨（The Rain In Spain）」と「一晩中でも踊れたのに（I Could Have Danced All Night）」という二つの歌には、イライザのそんな喜びが表現されています。イライザとヒギンズとピカリングの三者による歌と踊り「スペインの雨」は、言語の発声がいかようにでも操作できるものであることを、笑いとともに伝える傑作な歌です。同時にこの歌の楽しさは、そのような言語の人工性の発見によって、階級や出自を超えた新たな人間関係が開かれていくことにあるのです。

そしてイライザが、言語の変化による精神の解放をからだ全体で表現する「一晩中でも踊れたのに」――『マイ・フェア・レディ』のなかでもっとも有名な曲であろう、この歌は普通「踊り明かそう」と日本語に訳されているようですが、あまり正確な翻訳とは言えません。イライザが一人で深夜踊りながら繰り返す"I Could Have Danced All Night"は、文法用語で言う「仮定法過去形」ですから、直訳すると「私は一晩中でも踊ることができたはずですが」という意味で、つまり、「現実にはできなかったのだけれども、できたかもしれないのに」という、可能性とか願望とか悔恨とかを示す言い方です。つまりここで彼女が、からだの奥底から弾け出すような喜びを表明しながら示唆しているのは、「もし許されるのなら一晩中だって踊っていられたのに、それは実際には許されなかった」という、彼女のなかに存在する解放への欲求と、抑圧への反発とが混じりあった感情なのです。発声訓練を通して新しい身体のあり方に目覚めようとしているイライザが、その喜びを満たされなかった想像や希望でしか表せないこと――ここに、この美しい歌を作ったミュージカル作者たちの、いまだに女性を出身や職業によって差別する社会への批評があると思います。自分の幸福な現在が、夢のような仮定法過去でしかないというイライザの認識には、すでに成熟した女性として自立を獲得しようとしている彼女の、自分の運命へと向けた複雑な眼差しの一端があるのではないでしょうか。

## 4. 「あなたなしで」――女性の自立と階級の差異

イライザは当初、多くの点でヒギンズに依存していたのですが、言葉のアクセントを変えただけで自分に次々にひれ伏す「上流階級」の男たちの姿にふれて、階級社会の実相に目覚めていきます。新しい発声法を獲得したイライザはまた、父親のアルフレッドからも距離を取るようになるので、ヒギンズやピカリングはある意味で代わりの父親の役割を担っているとも言えるでしょう。イライザにはどうやら母親はいないようですが、彼女は代わりにヒギンズの家で働くピアース夫人やヒギンズの母親と、真心のこもった関係を築いていきます。

このミュージカルで上流社会を代表するのは、イライザを恋してやまないフレディ・アインスフォード＝ヒルです。彼は、このミュージカルの最初の場面で、花売り娘のイライザとぶつかりました。その後、アスコット競馬場で発声法を変えた彼女と再会するのですが、フレディはそれがかつての花売り娘だとは気がつかずに、彼女に夢中になります。そして彼女が住むヒギンズ家を訪れて、あの美しい歌「君の住む街角」を歌うのです。ところがフレディは、イライザが歌うように（「わたしに見せて（Show Me）」）、歌や詩で彼女をたたえることはできても、なかなか愛情を形にすることができない。ここには言葉以外に愛情を表現する手段があるのか、という難しい問題があります。言葉の使い方を変えることによって、新しい人生を開こうとしたイライザ自身は、どうなのでしょうか？　彼女が本当に愛しているのは、フレディなのか、それともヒギンズ教授なのか、あるいはいまのところはどんな男にも愛情を感じることはできないのか？　仮にイライザが誰かを愛したとして、それを彼女はどうやって表現するのだろうか？　こうした疑問が、このミュージカルの見どころになっていくことでしょう。

原作であるバーナード・ショーの『ピグマリオン』では、結局イライザはフレディと結婚するのですが、そこでも彼女の幸福が約束されているわけではまったくありません。『マイ・フェア・レディ』は、ハッピーエンドに終わる多くのミュージカルの約束事にしたがって、どのようにイライザをフレディではなくヒギンズと結びあわせようとするのか――それが愛情とは何か、それはどのような言葉と身体による表現なのか、という上の質問に繋がるのです。イライザとヒギンズは、大人として互いを理解し愛情をはぐくむことができるのでしょうか？　上流階級の見せかけに対して、二人が共通して批判的姿勢を保ちうることは、いったいどのような絆を二人にもたらすことができるのか？――言語と階級の差異を男女の愛情が超える可能性が、『マイ・フェア・レディ』というミュージカルに含まれているとすれば、それを現代の観客に納得できるようなかたちで上演するのはなかなかに大変なことです。そもそも形として「見せる」ことのできる愛情とは何なのでしょうか？　ここにイライザとヒギンズとが演じる最後の場面の妙味があるのですが、あまり結論は急がないことにして、まずはイライザが、ヒギンズから完全に自立するさまを見ておきましょう。

ヨーロッパの貴族たちが集まる舞踏会で、イライザを上流階級のレディとして紹介することに見事に成功したヒギンズやピカリングは、イライザのことはそっちのけで自分たちの功績を称えあいます。一方イライザは、自分の成しとげたことに興奮し、喜びながらも、そのことをどうヒギンズに感謝したらいいかもわかりません。なにより自分の変化がいったいどんな人生の可能性に結びつくのかわからないイライザは、そのような悩みにまったく無関心なヒギンズのもとを飛び出してしまいます。自分の成功に酔うヒギンズには、そのような彼女の行動が女の身勝手としてしか理解できません。そんなヒギンズに面と向かってイライザが、あなたにはもう用はない、と完全にコックニー訛りの消えた「標準英語」で歌うのが「あなたなしで（Without You）」という歌です。

この歌の面白さは、イライザがヒギンズによって教えられたさまざまな知識を列挙して、それはあなたなしでも存在する、と宣言することです。ヒギンズは「君の頭のなかにある観念や口にする単語で、私が教えなかったものなどない」と言うのですが、それに対してイライザは英国の天気や習慣、地名や名所旧跡、文学者や「スペインの雨」、自然現象や住民の心理までも列挙して、そんなことはあなたがいなくても実在すると主張するのです。ここには記号と、その記号が指示する対象との関係に関する興味深い考察があります。発声訓練や使う単語の変化によって、自分の身体や他人との関係、言葉によって指示される対象までもが変わってしまうように思われるのは、記号と指示対象との関係が、文化や状況によっていくらでも変わりうる恣意的なものにすぎないからです。いま「アメ」という単語を聞いて、それが「雨」なのか「飴」なのか、それとも「アメリカ」なのか、「甘い」の崩れた形なのかは、状況によって判断するしかありませんし、その音が伝えようとする対象物は、何語を使っているのか、どんな時代なのか、誰が誰に向かってどこで喋っているのか、などさまざまな要素によって変化しうるものです。ですからヒギンズがイライザに対して、「君の喋る単語のすべては私が教えてやったものだ」と言うとき、彼はイライザの存在自体が自分の創造物であるという（ピグマリオン的な）幻想に憑かれているのですが、それに対してイライザが、「あなたなどいなくても、雨は降る」と応えるとき、彼女は単語と指示対象との状況によっていくらでも変化しうる制御不可能な関係に、はからずも触れているのです。そこにあるのは、発声法や単語そのものではなく、それをどんな関係のなかで用いるのか、ということです。たとえ「愛している」と相手に言ったところで、それが具体的な行いによって確かめられないかぎり、関係として実ることはないという、ありふれてはいても、とても大切な事実があるのです。

いずれにしろ、こうしてヒギンズの学者らしい自尊心も、イライザによって崩されます。学者や批評家は、言ってみれば他人の業績や世界の出来事に頼る寄生虫のような生き物です。しかも教師の宿命と言うべきでしょうか、生徒が知識を獲得してしまえば、先生は成長した彼女の卒業を見送るほかありません。ただヒギンズの場合は、自分の教師としての優位な立場を失いたくないし、なにより自分中心にしか物事を考えられないので、「地球はあなたなんかいなくても回っている」と、当然の真理をイライザから告げられても納得できないのです。劣勢になったヒギンズは、イライザを「ついに君は一人前の女になった、それも俺がやったことだ」と言うのですが、そんな彼をイライザは「もう二度とお会いしませんから」と冷たくあしらって去っていってしまいます。

ヒギンズの自己中心主義は単なるエゴイズムというより、女性差別に根があるだけに深刻です。やや横道にそれますが、先日ベトナムで新種のトカゲが発見されたというニュースをテレビでやっていました。『ナショナル・ジオグラフィック』という科学雑誌に発表されたらしいですが、このトカゲはベトナムのある地域では昔から普通に食べられていたものが、最近になってそれが「新種」であると発見されたそうです。地元の人にとっては食料になるくらいなじみのトカゲだったものを、「新種」と呼ぶというのも、学問的発見なるものの歪みを表していて、おかしなものですね。

たぶんそれはヒギンズ教授の「音声学的発見」にも共通するもので、彼は世界中の発音を（しかもそれが「英語」のみというところが、帝国主義的偏見の最たるものですね）収集したり、発見したり、分析したり、分類したりしているらしいけれども、それらの発声はすべて現地の人々が普通に生活で使っているものですから、そのような人々から見れば「新種」とか「発見」とかいう発想は馬鹿げた妄想にしかすぎません。植民地主義的人類学が「原始社会」なるものを発見してきたのに似ています。そのような人類学は対象となる社会にけっして、学者自らが生きている時代と同じ、同時代性を認めないからこそ、「原始」とか「未開」とか「純粋」とか「野蛮」とかいった観念をそうした社会に貼りつけてきたのです。「学問的な客観性」なるものは、ときにこうした対象に対する差別、つねにそれは自分より劣った「異人種、女性、子ども、過去、他所」のものであるという発想に陥りがちなのです。

それはともかくこのトカゲですが、面白いことにこのトカゲにはユニークな特徴があって、メスの個体しかいないそうです。途中でオスから変性するということではなく、もともとメスだけ。ただしそれほど珍しい存在ではなく、トカゲ全種のうち約一％は単性生殖で繁殖できるらしい。つまり子孫を生殖させるためにオスとメスの性的つながりを必要としないのですね。メスが自発的に排卵して、遺伝情報がまったく同じ子を産むということです。ところで「メス」というのも「オス」の対極としての呼び名にすぎませんから、単性生殖の場合はそもそも雌も雄もない。子どもを産むのがメスの役割と決めつけているところに、すでに異性主義があるわけでしょうから。ただ動物の進化ということを考えると、雌雄の役割分担ができたことで、その種が他の種に対して攻撃性や防御能力や共同体形成の可能性を獲得してきたということはあるかもしれません。もちろん進化というのは良いことばかりではなくて、そのような能力を獲得してしまったばかりに生存競争が激化して、地球の生物は滅亡への道を歩み始めたのかもしれません。このように考えてくると、人間というのは動物的に退化しているような気がしませんか？　交尾をしないと子孫を残せないのですから。もともと自然界では、子孫を殖やすためにはオスとメスの交尾が必ずしも絶対条件ではないのです。私たちは雄雌の結びつきが自然界の掟のように思い習わされていますが、それは人間の異性愛信仰と家父長制度が勝手に考え出した理屈にすぎなくて、つまり簡単に言えば「男」なんてものは本来いらないのだ、ということになります。これはヒギンズのみならず、私を含めた男族にとって、つねに踏まえておくべき認識でしょう。ギリシャ神話の「ピグマリオン」では、もともと「女」の像に命を吹き込んだのは、女神アフロディテだったのですが、それが西洋社会で流通する「ピグマリオン伝説」になると、男が女を作るという信念に変わってしまったのですから。

もしイライザがフレディかヒギンズか、二人のどちらかを選ばなければならないとしたなら、どちらがよりふさわしいのでしょうか。（もちろんこれはドラマとしての話ですから、現実にはイライザのような女性はどちらも選ばないでしょう。）ショーの『ピグマリオン』ではフレディが選ばれ、ミュージカル『マイ・フェア・レディ』では、かろうじてヒギンズが選ばれるらしい――そこには作られた時代の違いもあるでしょうし、台詞演劇とミュージカルというジャンルの差異や、観客層の相違もあるでしょう。いずれにしろ、イライザとヒギンズを結びつけるには、かなりの無理、というか演劇的な力技が必要のようです。それを『マイ・フェア・レディ』という、多くの人に愛されているミュージカルはいったいどのように成しとげようとするのでしょうか？

## 5.「忘れられないあの顔」――声とスリッパ

さて、水と油のように見えるヒギンズとイライザがどうやって結ばれるのか、あるいは結ばれるのかもしれないという希望を観客に残して劇を終えるのかが、このミュージカルで最後で最大の興味となります。まずこの作品では最後の歌となる、ヒギンズが歌うイライザへの思いを吐露した「忘れられないあの顔（I've Grown Accustomed To Her Face）」を検討してみましょう。ここでもヒギンズは、自分の生活の一部となっていた彼女を懐かしく思い出しながらも、自己中心的な自分の態度はほとんど反省していません。「フレディなんかと結婚してもみじめになり、また貧乏な花売りの生活に戻るだけだ、そんなイライザが憐れみを請うてやってきても追い出してやる」、と言うのですから。それと同時に、自分の許を去ったイライザの様子が彼の脳裏を離れません――「それでも彼女の顔が忘れられない、その所作や癖や気分が、一緒に暮らして、もうまるで習慣や空気のように自分にはなじみの存在になってしまったのだから」というわけです。

さてここからは、ロンドン・ナショナル・シアター公演の情景を思い出しながら、それを自分なりに解釈しなおして書くことにします。歌い終わったヒギンズは、蓄音器でかつてレッスン中に録音したイライザのコックニー訛りの声を聞いています。自分を捨てて家を出ていってしまったイライザの行動、彼女を喪失したことに傷ついて、頭を手のなかに埋め、ほとんど涙にくれながら。そんなヒギンズを、彼に気づかれずにそっと部屋に入ってきたイライザが、じっと見つめます。彼女の瞳のなかにあるのは、男に対する勝利感というより、ユーモアを含んだ慈愛の眼差しのように見えます。蓄音機のスイッチを切ったイライザは、ヒギンズがひそかに愛していた元のアクセントを含ませながら、静かに語りかけます、「ここに来る前に顔と手を洗ったよ、ほんと」と。これはコックニーとも上流階級の訛りとも言えない、まさに彼女自身の肉声です。まるでその声自体が、ヒギンズへの最大の贈り物であり、友愛のしるしであるかのように。その声を聞いて、彼女の思いを心の底深く受けとめたヒギンズは、戻ってきてくれたイライザに抱きつきたい気持ちを抑え、わざと椅子に反りかえって言います、涙まじりのかすれた声で――「イライザ、いったい俺の上履き《スリッパ》はどこなんだ？」と。これが『マイ・フェア・レディ』を締めくくる最後の台詞になります。

男性の自立と誇りの象徴でもある上履きの所在は、つねに服従すべき召使や女性に命令して探させるものです。それがここではとても重要な意味を持っているので、少し場面を戻って、説明したほうがいいでしょう。そもそもイライザがヒギンズ家を出て行くきっかけとなったのも、上履きが原因でした。舞踏会のあとに一人で不安にくれて泣いているところに、ヒギンズが上履きを探しにやってきます。彼女の不安な様子にも気づかないことに腹を立てたイライザは、彼の上履きを投げつけて、口げんかののちに出て行ってしまうのです。母親の家で二人は再会しますが、そこでイライザはどんな態度をとられてもいいけれども無視されるのだけは嫌だと言います。帰ってこいと誘うヒギンズに、寂しければ自分の「声」の録音を聞けばいいと彼女は言います。ところがヒギンズは「あれにはきみの心は入っていない」と言うのです。そこで別れた二人が再び出会うのが、先ほどの最後の場面なのです。

つまり、上履きは、この一連のやりとりのシンボルになっているのです。ですからヒギンズの「俺の上履き《スリッパ》はどこなんだ?」という言葉は、ケンカ別れの原因となった台詞をもう一度言うことで、もう二度と無視はしないからということと、再び上履きを投げつけてもいい、ということを言っているのではないでしょうか。ここでの「スリッパ」は、紳士の履き物という意味から、二人だけの新たな意味が加わっているのではないでしょうか。つまり、ここで新たに生まれているのは、スリッパを投げてもいいという「フェア」な関係です。「マイ・フェア・レディ」の「フェア」の意味が、「美しい」から「対等の」という意味へと変化したのです。そのことを理解したイライザは、その場に立ちどまりながら、温かい微笑でヒギンズを見つめ続けて、舞台の幕が下ります。

もしスリッパを投げあうような「フェア」な関係こそが、「形」として示すことのできる愛情であるとすれば、ここに私たちは、バーナード・ショーが二〇世紀初頭に原作『ピグマリオン』で示そうとした階級差別への問いかけに対する、二〇世紀後半の中産階級からの一つの答えと、その答えをさらに深めようとした二一世紀初頭の舞台演出の試みを読みとることができるのかもしれません。そう考えると『マイ・フェア・レディ』という皮肉な題名は、「私の」という所有意識と、「美しい」という美意識と、「レディ」という階級概念とをともに解体する契機を含んでいるとも主張できるでしょう。「私の、美しい、淑女」という言い方のなかには、「レディ」が「私」のものであって、「美しい」かどうかを判断するのもまずは自分なのだ、という男性中心的な驕りがあるのですが、本当に「レディ」になってしまったイライザは、もはや自分の所有物ではありえない、という苦い認識もこの皮肉なタイトルには含まれているからです。だからヒギンズにとっては、イライザが「マイ・フェア・ガール」でいてくれたほうが、ずっと自分の優位を主張するには都合がよかったのかもしれません。そんな男たちの思惑とは関係なく、ヒギンズ家の家政を司るピアース夫人や、ヒギンズの母親ミセス・ヒギンズが、彼女を階級や出自とは関わりなく、本物の「レディ」として認めていくところも本作の見逃せないポイントと言えるでしょう。

「英語を自分たちのようにしゃべるようにと私が教育した、美しい女性は、自分の欲望のままとなるはずだ」、という男性の身勝手な偏見から、どれだけ自由になれるのか、ということ――ショーが世紀の初めには、イライザとフレディとの不幸な結婚という逆説的な形でしか示せなかった、階級差別や言語帝国主義への批判をふくんだ、この問いへの答えを、二〇世紀半ばのアメリカ合州国の中産階級の楽天性が自信をもって先に一歩おし進めたからこそ、二一世紀の私たちでも納得できる、ロンドン公演が示したような解釈がありえるのではないでしょうか。『マイ・フェア・レディ』の初演からすでに半世紀を経て、いまだに植民地主義もジェンダーや階級による差別も残存する、そしてある意味では強化されつつさえある時代に生きる私たちは、「私の美しい淑女」という、問題山積のタイトルを持つミュージカルを、私たち自身の時代と社会の文化遺産としてどのように引き継いでいけるのでしょうか？　この『マイ・フェア・レディ』から、愛情の具体的なありかた、さらには、より平等な人間同士の関係を、どう想像できるのでしょうか？　ロンドン公演が示す、二人のひそかな友愛の絆に支えられた幕切れは、私たち自身に、こうした大きな宿題を残さずにはおかないでしょう。

ロンドン公演の最後で、ヒギンズとの「フェア」な関係を受け入れて、彼に植えつけられた「正しい英語」をあえてしゃべらない、イライザの笑みを含んだ視線は、言語とその発声が階級と出自を明らかにしながら固定するような、アクセントの帝国の構造を、しなやかに批判する契機を提供するものです。一世紀前にバーナード・ショーは、フレディと結婚したイライザの不幸な行く末を、観客に想像させていました。それに対して、その半世紀後に作られたミュージカル『マイ・フェア・レディ』における「ハッピーエンド」は、ショーの冷徹なリアリズムに対して、対等《フェア》な男女関係がすでに築かれていると信じたい、アメリカ合州国中産階級の平等幻想の産物でした。そしてその幻想は、アメリカ合州国自体の植民地的出自（アメリカは先住民の虐殺と奴隷の搾取、そして移民労働によって築かれた国です）を押し隠す、美しく華麗な歌と踊りを通して、ミュージカルとして結実したのです。そして今、二一世紀のはじめに生きる私たちにとって、まさに同時代の『マイ・フェア・レディ』は、終幕における一人の女性の静かで曖昧な微笑によって、男性と女性との、上流階級と労働者階級との「フェア」な関係が、いまだに舞台上の幻想でしかないことを考えさせます。中産階級が消費する娯楽としてのミュージカルが、もし私たち観客の同時代に対する批判精神を鍛える可能性を持つとすれば、それは私たち自身がイライザのこの微笑を、どれだけ自らへの友愛のしるしとして受けとめられるかにかかっているのではないでしょうか。

第5章

# 『ウエスト・サイド・ストーリー』

## 人種主義、あるいは記号の専制

West Side Story

## 0. 四世紀後の恋愛至上主義

世界でもっとも有名な恋愛悲劇というと、シェイクスピアが一六世紀末に書いた『ロミオとジュリエット』をあげる人が多いのではないでしょうか。ヴェローナという閉鎖的な都市を支配する、モンタギュー家とキャピュレット家という二つの家の宿怨と争い（その理由は「古くからの」という以外に劇では明示されていないのですが、ギャングやマフィアの抗争のようなものでしょう）。友情と愛情をめぐる若者たちのせめぎあい（とくに男性たちの女性への憧れや恐れ）。親と子どもの世代の世界観の違い（親からすれば、自業自得ですが、自分が決めてやった相手を選ばないどころか、敵の子どもと勝手に結婚したはてに自殺してしまうという救われない話です）。そして二人の男女の宿命的な恋愛と死。このように生と死、運命と闘争、自己と他者との関係をめぐる幻想と現実に迫る作品として、この劇ほど登場人物たちの過激な行動を数時間に凝縮して描いたものはないと言えます。

『ロミオとジュリエット』においてもっとも有名な出来事は、主人公が劇の最後に死ぬことがシェイクスピア悲劇の定義という点から言っても、主人公二人の自殺でしょう。しかし、『ロミオとジュリエット』でより注目すべきなのは、二人の死よりもむしろ彼と彼女との出会いにあります。

敵同士が同席する舞踏会で初めて会い、一目でふかい恋に落ちてしまったこと、それこそが彼らの死を決定づけているからです。いったいこの二人は互いのどこにそれほど魅かれたのでしょうか？

これに答えるために、『ロミオとジュリエット』という劇における恋愛のあり方について考えてみましょう。まずこの劇における恋愛が強力なのは、恋愛に関してかなり斬新な発想をしているからです。つまりそれは、恋人たちが恋愛をするのではなく、恋愛が恋人を作るという事実の発見です。そして、恋人が作られるのは、彼ら彼女らが無慈悲な運命に妨害されたと認識した時だ、とされます。この恋愛の革命的とも言える性格ゆえに、ロミオとジュリエットは恋することによって、より孤独になっていきます。ここからいわば、恋愛絶対思想、というか恋愛ファシズムと言ってもいいような、恋人たちだけに理解できる思想と実践が生まれるのです。

このような恋愛至上主義においては、距離が恋愛感情を増幅します。恋人たちにとっては、相手のいる場所だけが世界なのです。さらにこのような恋愛は、暴力が基本原理であるような社会のなかで花開きます。『ロミオとジュリエット』で、モンタギュー家とキャピュレット家の存立を支えているのは、鏡のような暴力構造であって、ほとんどの登場人物がそのなかに囚われています。とくにモンタギュー家のロミオと、キャピュレット家でジュリエットの従兄弟であるティボルトとの鏡像的な対立関係に、第三項であるジュリエットが介入することで、悲劇が導かれるのです。またヴェローナを支配する両家には、男たちに共通する男尊女卑によって男同士の絆が支えられる、ときにホモソーシャルとも呼ばれるような関係が強固に存在してもいます。

またこの劇の主人公たちは、時間に二面性があると認識しています。恋愛と死、暴力と平穏、現在と未来、此岸と彼岸といったように、二つに引き裂かれた時間の感覚が、悲劇を生むと言ってもいいでしょう。いわば偶然をつねに必然と考えてしまうような感性が、恋人たちの時間を過激に速めてしまうのです。さらには、この劇がヴェローナという城壁に囲まれた閉鎖的な町を舞台としていることが重要です。ロミオはジュリエットの住むヴェローナだけが世界であって、そこから追放されるのは死ぬのと同じだと言いますが、このような都会の閉鎖性が、恋人たちのたがいの身体への激しい渇きにつながります。都市とは、自己と他者とが過激に出会う空間であって、登場人物たちは自らの住む都市だけが世界であると考えているのです。

ジュリエットは親から強制されたパリスとの結婚を避けるために、周りの人には死んだと思わせる眠り薬を飲むのですが、そのことをロミオに伝える手紙が不幸にも届かなかったために、誤解が生まれます。ヴェローナから追放されたロミオはマンチュアに行きますが、そこはヴェローナまで馬でたった数時間の距離なので、ジュリエットが死んでしまったという知らせを信じたロミオは、早馬を飛ばしてジュリエットの墓所に駆けつけることができます。しかし恋人たちの意識が、その数時間の距離を悠久のものに変えてしまうのです。ここに恋愛をめぐる距離の長さが示唆されています。『ロミオとジュリエット』は、現代に舞台を移して上演されることも多い劇ですが、車やコンピューターが登場するような上演に接すると、どうしてジュリエットは電話やメイルでひとことロミオに、「心配しないで、薬を飲んでも死んだふりをするだけだから、後で迎えに来てね」と言っておかないのかな、などと観客が余計なことを考えてしまう恐れさえあります。実際の距離ではなく、距離の感覚が恋愛を創造するとすれば、携帯電話が発達した現代では、ジュリエットとロミオのような絶対的な恋愛はますます不可能になりつつあるのかもしれません。

さて、このようにさまざまな局面で二つの対立項を激しく向きあわせて燃焼させる『ロミオとジュリエット』は、まさに恋愛悲劇の代名詞として、古今東西さまざまに書きかえられ、翻案されてきました。そして『ロミオとジュリエット』に基づいて、時代と場所を二〇世紀のニューヨークの下町に移したミュージカルが、この章で扱う『ウエスト・サイド・ストーリー』です。このミュージカルは、アーサー・ローレンツの脚本、レナード・バーンスタインの音楽、スティーヴン・ソンドハイムの歌詞、そしてジェローム・ロビンズの演出と振り付けによって、一九五七年にニューヨークのブロードウェイで初演されました。その後一九六一年に、ロバート・ワイズとジェローム・ロビンズの共同監督によって映画にもなりました。

何よりこのミュージカルを不朽のものとしているのは、若者たちの希望と絶望、闘争と和解を、ときに囁き、ときに咆哮するように表出したバーンスタインの華麗な音楽と、躍動する俳優たちのダンスで表現したロビンズの振り付けであることを否定する人はいないでしょう。私が二〇〇八年に観たのもロンドンのサドラー・ウェルズ劇場で上演された世界巡演の一つで、それはロビンズによる初演五〇周年を記念する公演でした。そこでも時や場所を超えて、このミュージカルが持っている力を味わうことができました。

しかしもちろん、そこには時代の違いがあります。『ウエスト・サイド・ストーリー』は、一九五〇年代末、ニューヨークのダウンタウンにおける、アメリカ合州国生まれの「白人」の若者たちの集団「ジェッツ」と、プエルトリコから移民してきた「有色人」の若者グループ「シャークス」

との抗争を背景に展開されます。三五〇年の時をへだてて、二〇世紀なかばに翻案されミュージカルとなった『ロミオとジュリエット』物語を、さらにそれから半世紀を経て、二一世紀はじめに観るというのはどのような体験でしょう？　五〇年が経てば、ニューヨークでも他の都市でも、人種や民族、経済をめぐる階層関係は大きく変化しています。それにもかかわらず、初演当時と同じようなインパクトをもって、二一世紀初頭の現在に蘇生させることは、きわめて難しいことだと思います。今回の記念公演は、ロンドンだけでなく、パリでも東京でも北京でも上演されました。ただ、その高価なチケット代も影響してか、客席の大部分をお金や時間に余裕のある観客層が占め、昔、自分の観た舞台や映画の経験を反芻していたようです。ロビンズの下で以前、仕事をしていたジョエイ・マクニーリイによる、今回の演出と振り付けが、どれだけ「起源にある真正な」ロビンズのそれに近いかが、それこそ今回の舞台の出来を判断する基準にされてしまうことも避けられなかったでしょう。その点で今回の上演は、かなりの「真正さ」を獲得しているのでは、という印象を私自身は持ちました。

しかし同時に私には次のような疑問も湧いてきたのです——劇を観るという体験が、今を生きる私たち自身の体験とのすりあわせによって、はじめて充実したものとなり、観劇体験とは映像に記録された過去の上演の反復でも、博物館に陳列された遺物でもない。とするならば、「記念上演」であるからには、そこに半世紀後の現代の私たちの身体と感性に訴える、何らかの再解釈が必要ではなかったか、と。「再演」が意味のあるものとなるためには、元の公演の「正確な再現」（そんなことが可能であるとして）を目指すよりも、「再現」という営みが必然的にはらむ歪曲やズレを、私たち観客に意識させるものとなるべきなのでは？　つまり、一九五〇年代末のニューヨークが、現在の世界の都市と、その様相を異にしているとするなら、五〇年後の今日、『ウエスト・サイド・ストーリー』を再演するとは、やはりその半世紀のあいだに起きた、人間関係の変化に関わる抗争の歴史を、何らかの形で私たち自身が反省する機会になるべきではないでしょうか。どんな「古典劇」も今の役者が演じ、今の観客が観るかぎり、それは避けがたく「現代劇」になります。『ウエスト・サイド・ストーリー』はある意味で今も昔も変わらない社会の力学を扱っていますから、それだけに今観ても、得るところの多いミュージカルです。人種差別と貧困による若者のギャング化（ナイフが拳銃に、ダンスがヒップホップやラップに変わっただけで）、若者のぶつけどころのないエネルギー、犠牲を強いられる女性たち、そして弱い者イジメをする警察——「自由の国アメリカ」の不自由さは今も昔も変わっていないのです。たとえ人種の設定は変わっても、そこには時代を超えた普遍性が確かにあります。このミュージカルが今でも色褪せない要因は、振り付けや音楽の素晴らしさだけでなく、このように私たち自身の今を考えるときのヒントを与えてくれるからだと思います。

二一世紀の今、このミュージカルを考えるということは、五〇年前に『ロミオとジュリエット』が『ウエスト・サイド・ストーリー』として翻案されたさいに、シェイクスピアの原作のなかにすでにあった、恋愛を支えているさまざまな対立関係、暴力や時間や場所にかかわる過激なせめぎあいが、どう現代化され、ニューヨークという都市空間に移入されたかをあらためて問いなおすことでもあります。『ウエスト・サイド・ストーリー』は、『ロミオとジュリエット』の恋愛至上主義をどのようなかたちで解体し、また再構築したのか？　恋愛悲劇がミュージカルとして再生されたとき、その暴力性が時代を超えて引き継がれたとすれば、ミュージカルの約束事とも言える恋愛喜劇の性格は、どのような形で変化しながら生かされたのか？　初演の演出でも映画化においても制作の中心となり、そして半世紀後の記念公演でもいまだに大きな影響力を及ぼしているジェローム・ロビンズの踊りは、恋愛をどのように表現したのだろうか？　そして、バーンスタインとソンドハイムという二人の傑出した音楽家が共作した楽曲は、このミュージカルの恋愛絶対思想をどのように規定しているのか？

このようなことを考えながらロンドンでの舞台を観ていた私は、原作の『ロミオとジュリエット』をめぐる、恋人たちの運命的な出会いを可能にした最大の条件は何だったのか、という疑問に帰りつきました。さらにそれを三五〇年後にあらたに甦らせた『ウエスト・サイド・ストーリー』では、彼女たちの運命の出会いがどのように再表象されているのか、と。私たちの身体を底からゆさぶる『ウエスト・サイド・ストーリー』の歌と踊りを楽しみながら、この章ではこうしたことを考えていきたいと思います。

## 1.「今宵こそ」――名前の力

『ウエスト・サイド・ストーリー』は、制作された時代と同じ、一九五〇年代なかばのニューヨークを舞台に、二群の民族的出自が違う十代のストリートギャングたちの抗争を描きます。一方にシャークスというプエルトリコ移民の若者たちがおり、他方に彼らに敵意をいだく白人労働者階級の若者たちジェッツがいる、という構図です。カリブ海に散らばる大アンティル諸島のうち、東端の島であるプエルトリコは、米西戦争の結果、一八九九年にスペインからアメリカ合州国に割譲され、それ以来、アメリカ合州国に経済も文化も軍事も従属する部分の多い地域です。プエルトリコからアメリカ合州国に移住した多くの人々が、搾取の構造のなかで、貧しい生活を強いられてきました。二一世紀の今でも、プエルトリコは米国の自治領として、そのような構図から脱しきれておらず、多くのプエルトリコ移民がアメリカ合州国内の「都市下層民」と見なされて暮らしているのが現状です。

このミュージカルでは、まずシャークスとジェッツの街路の支配をめぐる闘争が、警察権力によって抑えられると同時に支えられていることが示されています。『ロミオとジュリエット』においても、ヴェローナ大公の権威が、対抗する両家の抗争を抑えるようでいながら実は維持していたように、ニューヨークにおける人種の違いを背景とした若者たちの争いも、警察権力による抑圧によって二項対立が維持されているのです。言いかえれば、政治権力も警察権力も、つねに武力抗争を肥やしにして太ることができる、ということです。『ウエスト・サイド・ストーリー』でこうした権威を代表しているのは、ニューヨーク市警察のシュランク署長とクルプキ警部です。彼らは、自分たちと同じ「白人」と見なしている、ジェッツのほうにより親近感を感じており、移民であるシャークスを蔑んでいます。このような差別感情は、とくに言語の差に表れます。スペイン語訛りのあるアメリカ英語をしゃべる自分たちを見下す警官たちに反発して、「いまの言葉をスペイン語に翻訳してくれ」とシャークスたちが言うところなどに、人種の差が言語の差として感知されていることが示されています。

ついでに言うと、このミュージカルには、アフリカ系黒人は一人も登場しませんが、そこに一九五〇年代におけるニューヨーク表象の典型を見ることができるかもしれません。現在であれば、黒人人口のいないニューヨークなど、もちろん想像できないわけですが、半世紀前には、実際には多数存在していたはずの黒人人口を消去して人種問題を語ることが可能だったわけです。

ジェッツのリーダーであるリフは、シャークスのリーダーであるベルナルドに、その夜に開かれるダンス集会で勝負しようと告げます。リフは自分の親友であるトニーをダンスパーティに誘います。トニーはジェッツの協同設立者でしたが、すでにジェッツから足を洗って、彼らの親代わりとも言うべき温厚なドックのドラッグストアで真面目に働いています。トニーは、両親がアイルランドとポーランド出身とされているので、リフたち移民の子どもたちとは同じ「白人」でも、親の出身地が違う設定になっています。トニーはダンスへの誘いには応じますが、若者集団同士の闘いなどよりも、ましな未来が自分たちを待っていることを信じている青年です。

一方で、プエルトリコから到着したばかりのベルナルドの妹マリアが、ベルナルドの恋人であるアニータに、今夜のダンスパーティに着ていくドレスを作ってもらったところです。マリアの両親は、シャークスのメンバーであるチノをマリアの将来の夫として決めています。

さて、その夜のダンスパーティで、トニーがマリアと出会い、一目で恋に落ちることによって、

『ロミオとジュリエット』的な筋書きが始まります。さらに、このパーティでは、ジェッツとシャークスとのあいだで挑戦状が交わされ、トニーが働いているドックの店で闘いの協議をしようとの取り決めがなされます。

トニーとマリアという、異人種同士で、しかも敵と見なして争いあう若者たちに囲まれた二人は、どのように運命的な恋愛に落ちるのでしょうか？　ここで重要なのは、二人の恋人たちの出会いの瞬間に、彼女たち二人以外の世界が静止して、消滅してしまうということです。つまり二人にとって、自分たち以外のすべて、友人たちも親も社会も、人種も民族も地理も、世界も時間も空間も、すべては後景にしりぞき、自分たち二人だけが浮かびあがる。恋愛とは、それほど絶対の出来事なのです。でも実際には、たとえ心から愛しあう二人であっても、その周りを社会の力関係が取り囲んでおり、むしろ恋愛感情や誰かを好きになるという出来事自体が、そのような力学の必然の結果にすぎません。だからこそ逆に私たちは、ロミオやジュリエット、マリアやトニーのような出会いを「運命的」と考えたがり、そのような出会いに憧れるのではないでしょうか。よって、あらゆる「ロミオとジュリエット」たちのドラマ上の出会いは、私たち観客に世界の常識を一時的に忘れるという、劇の約束事にしたがうことを要求します。『ウエスト・サイド・ストーリー』の舞台においても、この出会いの場面では、シャークスとジェッツの男女の集団がはげしくマンボを踊って競いあうなか、マリアとトニーとを囲む空間だけが独立して、そこだけくっきりと私たちの目に見えてきます。そのような絶対的な孤立がつねに恋愛には必要なのです。

『ウエスト・サイド・ストーリー』におけるマリアとトニーの出会いは、このように他世界の消去という『ロミオとジュリエット』的パターンをなぞりながらも、同時にこの二人が、違う言語圏から来たことを私たちに意識させます。プエルトリコ出身であるマリアの母語はスペイン語です。これはカリブ海諸島の一つであるプエルトリコが、一五世紀末のコロンブスたちの到着以来、スペインの植民地支配下にあったことの結果ですが、一方でいまアメリカに移住したスペイン語を話す人々にとっては、今度はスペイン語を母語とする民族の誇りがあるでしょう。もとの言語を奪った征服者の言語であるスペイン語が、いまの人々にとっては英語に対抗する母語として機能しているわけです。そのような事情で、マリアのアメリカ英語はたどたどしく、それを母語とするトニーが言う単語を繰り返したり、英語ではジョークなど言えないと、トニーに答えたりします。

ここで、マリアとトニーの恋愛の絶対性を、二人の名前へのこだわりから考えてみましょう。マリアという名前を聞いたトニーは、彼女への思慕をこめて「マリア（Maria）」を歌います。これはトニー役の俳優にとって、もっとも力量をためされるショーストッパーの一つでしょう。トニーは「マリア」という名前を「これまで聞いたことのないほどの美しい名前」として、崇高なまでの独唱として歌いあげます。なぜ彼は、これほどまでに彼女の名前に魅かれるのでしょう？　そこには、「マリア」というカトリック・キリスト教の典型的な聖女像を、プエルトリコ移民の女性に投影したトニーの異文化との遭遇があるのではないでしょうか。しかしこの歌は、移民の国アメリカにとっては当然のことである、異民族の共存状態を私たち観客に意識させながら、同時に忘れさせる効果を持っています。二人の出会いによって、人種間の摩擦が意識されるとともに、それが恋愛によって超えられていくという希望が私たち観客のなかに芽生えるからです。マリアという一つの名前が、恋愛至上主義を通して、人種主義《レイシズム》を超越する望みを私たちに喚起する――ここにこそ、『ウエスト・サイド・ストーリー』が『ロミオとジュリエット』から引き継いだ絶対的恋愛を、人種主義の文脈のなかに導入した意味があるのではないでしょうか。

さらにこの名前へのこだわりが、マリアによっても反復されることが重要です。「マリア」を熱唱した後で、マリアが両親と住む家のバルコニーの外にやってきたトニーは、窓辺にマリアの姿を認めます。家のなかから、マリアの父親が彼女を「マルカ」と呼ぶ声が聞こえ、それを聞いたトニーが「マルカって?」と聞くと、「お父さんが私を呼ぶときの愛称なの」とマリアは答えます。ここですでに互いの名前へのこだわりが顕著なのですが、彼女たちが互いの名前を繰り返し呼び、熱烈に愛を誓いながら歌うのが、「今宵こそ（Tonight）」です。この有名なラブソングが終わって帰っていこうとするトニーに、マリアは呼びかけて、「トニーというのはなんという名前?」と聞きます。そしてトニーが「アントン」と答えると、マリアはその名前の響きをスペイン語で反復しながら、「愛している」と伝え、それにトニーも同様に応えます。アントンとマリアという二つの名前の交換と、アメリカ英語とプエルトリコ・スペイン語という、アメリカ合州国では上下関係を伴う人種主義にもつながる異言語の共存が、ここでは恋人たちの数語で示されます。二人の恋愛を決定的なものとしたのは、このような名前の政治学なのです。

本名を教えることは、自分のいちばん大切な一部分を相手に分け与えることです。それは、信頼と友情がなければできることでありません。名前が異言語を介して共有されるこの場面にこそ、『ウエスト・サイド・ストーリー』の作者たちが、人種間摩擦のうずまく二〇世紀なかばの移民都市ニューヨークにおいて、『ロミオとジュリエット』を書き直した最大の意義が存在するのではないでしょうか。

ここで比較のために、シェイクスピアの原作を参照してみましょう。有名な「バルコニー・シーン」で、ロミオとジュリエットは愛を確認しますが、ここでジュリエットが明言するのは、ロミオという名前よりも、彼自身の存在の重要性です。ジュリエットはこう言います、「バラはそう呼ばなくても同じ香りがする、それと同じで、ロミオはその名前にかかわらず、彼そのものであり続ける」。私たち人間は、言語を通してしか実体を感知できない動物です。何かを名づけることによって、その何かが存在感を持つように、愛しているという動詞と相手の名前が結びつくことによってのみ、恋愛が成立する。ある意味で、ジュリエットのこの台詞は、そのような言葉による肉体の支配に対する疑いと反抗です。言葉なんていらない、あなたさえいれば、というのですから。しかしその「あなた」の存在も、やはり名前によって代理表象されるしかない。私たちは、実体とか現実とか言われるものが存在することを疑っていませんが、それらも名称のような言葉をつうじて複製されたかぎりにおいて、私たちにとっての「現実」となるのです。あらゆる出来事は、記号というコピーを通してしか事実たりえないのです。

記号学では、あらゆる記号が（言語記号に限らず、身振りや絵図なども含め）、その記号の喚起する音のイメージであるシニフィアンと、その記号の意味内容であるシニフィエとの二つの要素から成り立っていると考えます。たとえば「アカ」という単語に出会ったり、その色を見たりすると、頭に「アカ」という音声が思い浮かぶ、これがシニフィアンです。それにともなって、「止まれ」とか、「危険」とか、「共産主義者」とか、「日の丸」とかいった、赤色にまつわる意味が思い浮かぶ、これがシニフィエです。このシニフィエとシニフィアンとの結びつきは、必ずしも一定ではなく、文化や状況によって、聞く人や見る人の状況によって変化します。このことを記号の意味の恣意性と言います。たとえばいま私たちは「アカ」を「赤」と考えて話をしたのですが、それが「垢」である可能性だってありますね。またここで私たちは、日本語という言語の枠内で了解しているわけですから、日本語を解しない人には、「アカ」がまったく違った複数の意味を持ちうるでしょう。このように名前に代表される指示記号と、その指示対象との関係は、不変でも普遍でもなく、その時その場の都合に従って、つまり恣意的に決まっているのです。とすれば、『ロミオとジュリエット』におけるジュリエットの「名前なんて実体にくらべれば」という問いかけは、言語表象による具体的対象の支配に対する反抗であると同時に、そのような支配のなかでしか、恋愛も暴力も友情も歴史もありえない人間社会のありかたを、するどく突いたものと言えるでしょう。この意味でジュリエットの台詞は、記号の恣意性という表象の問題の根幹にふれています。彼女は名前よりも身体を重視する恋愛の力によって、記号の支配から逃れようとするのです。それに対して『ウエスト・サイド・ストーリー』で、互いの名前の交換によって一気に恋愛感情が高まるマリアとトニーの場合はどうでしょうか？　ここには、ジュリエットが抱いたような記号支配に対する疑いはありません。その代わり二人は、あくまで恋愛の絶対性に頼ろうとするかのようです。

さらに、『ウエスト・サイド・ストーリー』における、記号の政治性について考えてみましょう。ニューヨークというポストコロニアルな都市における民族性、つまりエスニシティの対抗を主題とした『ウエスト・サイド・ストーリー』においては、人々の心理や思考を規定しているのが、名前や民族や宗教といった記号にほかならず、若者たちの悲劇もそうした記号の暴力の結果なのではないでしょうか。一方で『ロミオとジュリエット』が、恋愛そのものの暴走による悲劇だとすれば、『ウエスト・サイド・ストーリー』は、記号の専制がひきおこす悲劇なのではなかろうか——このことを以下の節で、さらに探っていきたいと思います。

## 2. 「アメリカ」——移民のナショナリズム

マリアとトニーが恋に落ちる一方で、シャークスとジェッツの若者たちは、男も女も人種的な対立に囚われています。アメリカ合州国は移民の国、人種の坩堝などと言われますが、移民の到着順序、そしてどこからやってきたかによって、到着後の社会階層が決まってきました。移民たちは後からアメリカに到着すればするほど、生活面で不利になることが多くなります。そのぶん、自分たちの民族性にこだわり、結束することで、文化や言語を軸としたナショナルな共同体を築こうとするのです。

『ウエスト・サイド・ストーリー』も、プエルトリコ移民の若者たちを主人公とすることによって、アメリカ合州国における人種主義《レイシズム》の問題に取り組もうとします。プエルトリコ移民の経済的窮状は、植民地支配の結果なのですが、このミュージカルで彼らが敵とするのは、ニューヨークの白人労働者階級の若者たちです。アメリカ合州国とはひと言で言ってしまえば、もともとヨーロッパからの移民が先住民を殺害し、アフリカからの黒人奴隷を酷使して作った国ですが、そうした移民の中身も一様ではありません。このミュージカルが舞台とする一九五〇年代のニューヨークには、白人とは言っても、南欧や東欧からの多くの貧しい移民層が生活しており、過酷な労働に従事していました。当然そこには、プエルトリコを始めとした二〇世紀になって流入してきた「人種」の違う人々との、仕事や住居の奪い合い、文化の違いによる緊張が生まれます。

人種を意味する英単語は〝race〟ですが、この語が英語に導入されたのは一五八〇年頃と言われています。もともとは「共通の出自」といった意味だったこの語が、ヨーロッパ人から見た他人種を意味するようになったのは、一五世紀末のコロンブスたちによる「アメリカ発見」をはじめとする大航海時代、異世界遭遇、植民地征服にいたる西ヨーロッパ列強の世界拡張の時代でした。たとえば、ヨーロッパ世界と異世界との出会いをテーマとしたシェイクスピアの最後期の作品『テンペスト』のなかで、ミラノ大公の娘ミランダが、自分たちが漂着した島の先住民キャリバンに対して、この単語を使って次のように言います――「でもお前のような邪悪な人種（vile race）は、言葉は学んでも、良い性質（good natures）がけっして身にならない」。彼女は、「獣のように訳のわからないたわごとを言っていたお前を憐れんで、言葉を教えてやったのに、その恩をまったく感じていない」とキャリバンを非難しますが、「訳のわからないたわごと」と彼女が呼ぶキャリバンの先住民言語が、彼女には訳がわからなくても、一つの言語であって、自分が教えてやったというヨーロッパの言語だけが意味の通る立派な言語だという自己中心主義に、ここでミランダはまったく気づいていません。そのような彼女が使う「人種」とは、「邪悪な」キャリバンにだけ当てはまるカテゴリーで、それは自分たちが保持している「良い性質」とはけっしてなじまないのだというわけです。ここには人種主義への根本的な思い込みがあります。すなわち、人種の優劣を判断するのは、つねに優等な自分たちヨーロッパ白人であり、邪悪であるとか良質であるとかいった人種の性格は、けっして変わることがないのだという信念です。

こうして「人種」という概念は、ヨーロッパによる植民地主義によって世界中に伝播し、さらにそれによって経済的搾取や軍事征服、暴力的な支配を正当化するために、一九世紀には「科学」の裏付けさえ求めるようになりました。いわく、ヨーロッパ人種は脳の容積が一番大きいから優秀だ、東洋人は目が細いのでずるがしこい……といった具合です。私たちはともすれば、まるで「人種」なるものが自然や神から与えられたもののごとくに想像してしまいがちですが、実はさまざまな差別や階層や不平等を正当化したり説明したりするために、人種という差異のカテゴリーが後から捏造されるのであって、この順序を取り違えてはなりません。

つまり「人種」などというのは、白人を頂点とする階層構造を維持するために考え出された虚構にすぎません。しかし、それが似非科学であり文化が作り出した嘘だとしても、肌の色による差別は厳然として社会のなかに存在します。ですから「人種」などは虚構だから存在しないのだと主張するだけでは、人種差別を生み出すレイシズムはなくなりません。ここで大事なのは、なぜ、どのようにして、そのような差別が作り出されるのかを、さまざまな歴史や政治状況に基づいて考察することです。そうした意味でも、『ウエスト・サイド・ストーリー』が題材とする、プエルトリコ系移民とヨーロッパからの白人移民の若者同士の闘争を、「人種」差別や経済格差が複層化して起きる事例として考えることは大切な作業でしょう。

シャークスの若者たちが、後にしてきた祖国プエルトリコと、移民してきたアメリカ合州国とを比較して歌い踊る「アメリカ」は、さまざまな矛盾や自己確認の葛藤のなかにあっても、明るく生きて行こうとする若者の（ともすれば暴力にいってしまう）エネルギーに溢れた曲で、彼ら彼女らの躍動する身体がすばらしいナンバーです。しかし、そのような移民の若者たちの明るさやたくましさにもかかわらず、この歌には、人種主義によっていかに差別や不平等が正当化されるかも示唆されています。すでに述べたように「人種」などというものは存在しないのですが、それが民族とか国家とかにずらされ、あたかも同一のものであるかのように考えられることによって、ナショナリズムが強化されるのです。この歌のなかでもプエルトリコとアメリカが、いくつかのステレオタイプによって比較されますが、それは結局、植民地や自治領に対するアメリカの優等性を確認し、支配や搾取を正当化するものでしかありません。シャークスの若者たちが、自分たちをプエルトリコ人として自己確認すればするほど、一方でそれを受け入れる移民の国アメリカに対する肯定的な幻想は増強され、他方でそのなかで少数民族として苦悩する自分たちの運命が避けがたいものに思われていきます。このような出自や言語の違いによる文化の本質化――自然で変えられない所与のものであるとされること――が、まさに人種主義の罠なのです。

## 3. 「いつかどこかに私たちだけの場所が」――恋愛とユートピア

トニーはシャークスとジェッツとの闘いに関与するつもりはありませんでしたが、マリアからそれを止めるようにと頼まれたので、愛するマリアのために介入することにします。それが悲劇の原因となるわけですから、最初からマリアとトニーは他の若者たちのことなど放っておいて、二人だけの世界に逃避してしまえばよかったのかもしれません。恋愛はこのような独善主義の側面を持っているのですが、『ウエスト・サイド・ストーリー』では、トニーもマリアも恋すると同時に、人種主義の犠牲となります。いわば、このミュージカルは、恋愛の絶対性が、社会的偏見や人種差別によって敗れてしまう様を描いていると言えるかもしれません。

トニーがリフとベルナルドのナイフによる決闘を止めようとしたために、リフがベルナルドによって、ベルナルドがトニーによって殺されるという悲惨な結果になります。その知らせは最初、マリアの許婚《いいなずけ》とされているチノによってもたらされるのですが、やがてトニーがそのことをマリアに告げに自らやってきます。二人は運命の変転を嘆くのですが、やがてその嘆きは抱擁に変わります。マリアとトニーはきわめて自分勝手で、二人だけの世界に生きています。そこに他者の「死」が訪れたために彼女たちは「熱」を求めるのです、まるで人の温もりだけが「死」の影から逃れる唯一の方法だ、とでも言うように。あらゆる「ロミオとジュリエット」的物語がそうであるように、恋人たちは全世界が消滅しても、自分だけに忠実な絶対主義者です。しかし現実には、恋人たちとて社会の力学からは離れられないわけですから、至上の恋愛はつねにユートピア幻想を伴います。

どこか誰も知らないところに逃げだしてそこで暮らそうと、二人は「いつかどこかに私たちだけの場所が（Somewhere, There's A Place For Us）」と歌いますが、この歌にもこうした幻想が色濃くにじみ出ています。

恋愛とユートピアとの関係を考えることで、『ウエスト・サイド・ストーリー』にとって、ダンスがどうして不可欠なのかもわかってきます。今でもこのミュージカルの観劇イメージを決定づけているのは、ジェローム・ロビンズによる演出と振り付けであり、このミュージカルを不滅の大衆娯楽作品としてきました。それほどまでに華麗な若者たちのストリートダンスと『ウエスト・サイド・ストーリー』とは切り離せないのですが、たぶんそれは、暴力をダンスで表現し、愛情を美しいアリアで歌わせることだけが、私たち観客にこの作品を差別の現実に直面させながらも、同時に娯楽として享受させることを可能にしているからではないでしょうか。そう考えれば、この「いつかどこかに……」という歌も、作者たちが人種融和への願いをこめたものに聞こえてきます。歌いながら、マリアとトニーは平和で偏見のない暮らしを夢見ます。五〇周年記念公演では、この場面で二人の願いを象徴するように、揃いの白い服を着た男女が、幻想的な群舞を踊ります、肌の色や出自にも左右されない世界を彼らの身体が描くように。むろんそうした夢は、すぐに現実によって粉々に破壊されてしまうのですが。一方に、恋人たちの名前に主導された恋愛至上主義。他方に、肌の色や国家のような民族的指標による分断の暴力と差別。記号の専制に支配された多民族《マルティエスニック》の混交する現代都市の若者たちにとって、理想のユートピアは踊りと歌のなかにしか存在しないのです。

## 4．「あんな男」――人種主義の束縛

マリアとトニーが恋仲であることを知ったアニータは、「あんな男（A Boy Like That）」という歌で、「私たち女は自分と同じ種類の男と一緒になるべきだ」と歌います。しかし、アニータはマリアとトニーが深く愛し合っていることを知って、二人の恋愛に人種間の軋轢を超えるものを見い出します。だからこそ彼女は、恋人であったベルナルドの死を乗りこえて、マリアのためにたった一人で、ジェッツが屯《たむろ》するドックの店に出かけていくのです。しかし彼女のその勇気に、ジェッツの男たちは、ひどい虐待をもって報います。アニータは、ショールやベルトをはぎ取られ、床に押し倒されてしまいます、そのときにドックが帰ってきます。彼女はジェッツの若者たちを「アメリカ野郎」と罵り、さらに怒りのあまり、マリアがチノによって殺されたと嘘もついて、ドックの店を出ていきます。

「アメリカ野郎」などと言われても、ジェッツの「白人」たちも移民の子孫ですから、肌の色が多少プエルトリコ人よりは白いとはいえ、暮らす状況にそれほど変わりがあるわけではありません。国家と国家、民族と民族、文化と文化、宗教と宗教、肌の色と肌の色……こうした見えやすい印同士の対立が捏造されることによって、人々の間を分断し、友情や愛の可能性をつぶすのが人種主義の本性なのです。

『ウエスト・サイド・ストーリー』は、マリアとアントンという記号を持つ、二人の若者のかけがえのない恋愛から劇的な生命を得ています。しかしそれは同時に、プエルトリコとアメリカ、有色と白色、男と女、警察と犯罪といった社会の分断を画策する記号の暴力によっても支配されています。つまりこのミュージカルは、恋愛至上主義を可能にする名前と、人種主義を増幅し社会の不平等を隠蔽する記号との、表象の闘いを描いているのです。さらに、このような人種による分断から実際に利益を得ている特権階層や既得権を持つ人々が、メディアや芸術を支配することで、こうした不平等が隠蔽され、差別が容認されていきます。『ウエスト・サイド・ストーリー』でも、人種主義ゆえの経済的な格差や肌の色による差別が繰り返し描かれますが、このミュージカルの目覚ましいところは、そのような暴力からけっして目をそむけていないことではないでしょうか。

## 5. 「私にも憎悪がある」——若者たちの叛乱

『ウエスト・サイド・ストーリー』の最終場は、チノによってマリアが殺されてしまったと信じたトニーが、絶望のあまり自分も殺してくれるようにと、チノを探すところから始まります。しかしトニーは生きていたマリアと出会い、彼らはお互いの名前を呼び合います、ちょうど初めて出会ってお互いの気持ちを確認したときのように。しかし喜びのなかで互いの胸に飛び込もうとした瞬間、その抱擁をチノの銃弾が引き裂き、撃たれたトニーはマリアの腕のなかで息を引き取ります。

彼女の歌う「いつかどこかに……」をかすかに聞きながら。

ここからの場面は、『ロミオとジュリエット』の終幕と比較しても、きわめて興味深い独創にあふれています。まずマリアがチノから拳銃をとりあげ、それをシャークス、ジェッツの若者たち皆に向ける――「私にも憎悪がある」と叫びながら。いったい何発の銃弾があれば、自分も含めた若者たちを皆殺しにできるのか、そのような残虐な行為によってしか、トニーの死をあがなう道はない、とでも言うかのように。しかし結局マリアは、拳銃の引き金を引くことができません。それは彼女が弱いからでも勇気がないからでもなく、暴力の連鎖の無益さを彼女が悟るからです。さらにその場に国家権力の代表である警察が到着するのですが、トニーの死体に近寄ろうとする彼らに対して、マリアは「さわらないで」と激しく拒絶し、警部たちも引きさがります。愛する人の不合理で非道な死を前にして、このマリアの態度はだれも寄せつけないほど高潔です。おそらくマリアのこの姿にこそ、『ウエスト・サイド・ストーリー』の作者たちによる人種主義を克服するための道筋にむけたメッセージが秘められているに違いありません。

シェイクスピアの『ロミオとジュリエット』では、恋人たちはともに亡くなり、最後をしめくくるのは支配権力の代名詞であるヴェローナ大公です。たとえ恋人たちの死によって憎みあってきたモンタギュー、キャピュレット両家の和解がもたらされたとしても、そもそも若者たちの愛や友情を破壊してきた家父長制度や国家主義は温存され、強化さえされるのではないか――そんな行く末を予想させる『ロミオとジュリエット』に対して、『ウエスト・サイド・ストーリー』の終局はより革新的です。マリアの高貴で孤高な態度に触発されて、ジェッツとシャークスの若者たちがトニーの死体に静かに手を差しのべます。そして彼らの誇り高い連帯の姿勢に、警察権力は近づくすべがない。たしかに「いつかどこか」でという恋人たちのユートピアは、見果てぬ夢に終わったかもしれません。でも、人種主義克服の道筋はたしかに見えてきている。生き残ったマリアたちは、そのようなかすかな希望を私たちに感じさせないでしょうか。

最初に述べたように、恋人たちにとってもっとも重大な出来事は、彼ら彼女らが出会ってしまった、という事実にあります。しかしその出会いを、運命として感知し、恋愛として完成させるためには、名前のような記号を通して互いの身体や存在を名指しながら、同時に人種主義のような記号の暴力と闘う、そんな両面的な賭けが避けられません。『ウエスト・サイド・ストーリー』の最後で、トニーの亡骸を前にマリアは自殺せず、記号の支配するこの世界で生きのびる選択をします。マリアのサバイバルが輝くのは、ジュリエットとロミオとは異なり、二〇世紀のマリアとアントンにとっては、友愛が二人だけのユートピアではなく、五〇年後の今日、いまだに差別がうずまく社会のなかで私たちも共有すべき現実の目標だからではないでしょうか。

第6章

# 『キス・ミー・ケイト』

## 植民地主義、あるいは引用の政治学

Kiss Me
Kate

## 0．じゃじゃ馬の調教

シェイクスピア演劇をミュージカルとして改作した作品として、悲劇的な結末を持つ『ウエスト・サイド・ストーリー』を前章で考えましたが、この章では同じくシェイクスピアが書いた喜劇『じゃじゃ馬ならし』を原作とする『キス・ミー・ケイト』を見てみたいと思います。『ウエスト・サイド・ストーリー』と『キス・ミー・ケイト』の違いは、単に悲劇と喜劇ということに留まらず、さまざまな点で興味深いことがあります。まず、どちらも恋愛をテーマにしていますが、そのアプローチの仕方が正反対とも言えるほど異なります。『ウエスト・サイド・ストーリー』の場合は、恋愛至上主義とも言えるほど、恋愛が人間関係のなかで大きな比重を持つだけでなく、社会の変革にもつながるような価値観を与えられているのに対して、『キス・ミー・ケイト』の場合は、いったい本当に愛しているのか、それとも言葉の上のお遊びなのかが曖昧で、恋愛という営みや考えそのものに疑問符が突きつけられています。

第二に、『ウエスト・サイド・ストーリー』の場合は、『ロミオとジュリエット』の筋書きにある程度従いながら、時代と場所を変えています。つまり現代の「ロミオとジュリエット」物語になっているわけです。それに対して、『キス・ミー・ケイト』の場合は、『じゃじゃ馬ならし』を、劇中劇にして演じるという入れ子構造になっていますから、たしかにミュージカル自体の設定は二〇世紀のアメリカ合州国なのですが、時代と場所はそれほど重要ではありません。

第三に、『ウエスト・サイド・ストーリー』はあくまで現代の（つまり作品制作当時である一九五〇年代の）ニューヨークの社会を背景にしています。それに対して、『キス・ミー・ケイト』の場合は、一応アメリカ合州国の町に設定されてはいますが、劇場という、普遍的な場所を舞台とすることで、世界中のどこでも通用しそうな主題が展開されています。つまり『キス・ミー・ケイト』は、一見単純そうに見えながら、その実かなり複雑で手の込んだ演劇的仕掛けが施されているミュージカルなのです。ですから、『ウエスト・サイド・ストーリー』の場合は、たとえ『ロミオとジュリエット』を知らなくても十分に楽しめますが、かりにシェイクスピアの『じゃじゃ馬ならし』という芝居をまったく知らなければ、『キス・ミー・ケイト』を理解するのは困難、とは言わないまでも、作品鑑賞の楽しみはかなり減ってしまうのではないでしょうか。その意味で、もしかするとこの『キス・ミー・ケイト』という、『じゃじゃ馬ならし』のなかの台詞をそのまま題名にした作品は、かなり教養のある、大人のための、通好みのミュージカルなのかもしれません。

さて、『キス・ミー・ケイト』が利用する、シェイクスピアの喜劇『じゃじゃ馬ならし』は、かなり問題含みの作品です。まずそのことから考えていきましょう。現在四〇近くの作品が残っているシェイクスピアの演劇は、創作当時の、つまり一六世紀末と一七世紀初頭のヨーロッパとイギリスにおける文化の力学、そのもとでの差別や偏見や人間同士の力関係ともちろん無縁ではありません。ですからそこには、人種偏見や女性差別、家父長制度の暴力といった、今の時代ではあってはならないとされていることがしばしば出てきます。あらゆる芸術に共通して言えることですが、暴力や差別を描くこと自体がいけないわけではなく、それが誰のために、どの視点から、どのように描かれるのかが肝心なのです。また、今の時代でも、そのような暴力がまったく根絶したわけではなく、その意味でもシェイクスピアの演劇が時代を超えて、現代に問いかけるものは多いと言えるでしょう。さらに、演劇は役者と観客との相互作用を基盤とする、つねに現在性の芸術媒体、つまり、今ここに生きる身体と言語による表現ですから、小説のような他の言語芸術に比べると、表現の開放度や解釈の幅が格段に広いものです。ですから演出家や役者の技量によって、テクストを現代的に再解釈することは自由で、また必要なことでもあります。現代の代表的な演劇様式の一つであるミュージカルが、繰り返しシェイクスピア演劇を改作してきたことも、元の物語の面白さだけでなく、古典劇が今ここに生きている役者や観客によってつねに現代に甦ることの証左と言えるのではないでしょうか。

ところで『じゃじゃ馬ならし』という戯曲ほど、現代の観客にとって居心地の悪くなるシェイクスピア喜劇もあまりないと思います。なんと言ってもこの劇のあらすじは、金が目当ての結婚を望む男が、女性に対する暴力を否定せず、相手の気持ちも考えずに自分の妻とした女を徹底的にいじめぬいて、最後には男嫌いを公言していた彼女から、全面的な屈服を引き出す劇なのですから。もちろんその「屈服」の度合いや、そこにいたる過程にさまざまな演出の工夫を凝らすことで、「男性の一方的な勝利」に終わらない上演は可能です。実際そのような内容ゆえに、現代の『じゃじゃ馬ならし』上演では、演出の仕方によって、今の観客に不快な思いをさせない工夫が凝らされたり、問題のありかをきちんと指摘して考えさせたりすることが、しばしば試みられます。いくつか例を挙げれば、求婚者のペトルーキオによって「じゃじゃ馬」として「調教」されるキャサリン（ケイト）を、家父長制度における強権的な父親の支配のもとで自由な精神の発露を阻害されてきた（実は臆病な）女性として描き、彼女がペトルーキオとの出会いによって、男性に対するトラウマから「解放」される、といった、いわば精神分析的な解釈。あるいは劇全体を、ペトルーキオの女性支配妄想が白昼夢として実現されたものとしてとらえ、彼がケイトの母親のような慈愛によって癒されるという、男性救済的な筋書き。いずれにしろ、ケイトとペトルーキオとがさまざまな曲折を経て、恋人として互いを人間的に信頼するペアとして成長することで、「男が女を暴力的に支配し、女もそれを受け入れる」という、現代人にとっては受けいれがたい筋を回避する戦略が、おおむね取られてきたと言えるのではないでしょうか。

もう一つ興味深い、というか厄介なことは、シェイクスピアの原作自体が（ミュージカル『キス・ミー・ケイト』と同様に）、「劇中劇」の体裁をとっていることです。つまり、外枠に、酔いつぶれた男を寝ている間に貴族に仕立て上げ、彼に自分の高貴な生まれと生活を忘れてしまったのだと思い込ませる、という劇があり、眼が覚めたその男に、余興として見せる劇が『じゃじゃ馬ならし』と呼ばれる、ペトルーキオとケイトが主人公の劇であるという、かなり複雑な形をとっています。ここで扱う『キス・ミー・ケイト』は、『じゃじゃ馬ならし』という劇中劇をなかに含みこんだシェイクスピアの『じゃじゃ馬ならし』を、さらに劇中劇として利用するという、いわば三重の操作を行っているのです。その仕掛けの意義については後で詳しく考えますが、先にやや結論めいたことを言ってしまえば、シェイクスピアの原作が劇中劇の仕掛けを用いることによって、「恋愛」という幻想を問い直す試みだったとすれば、『キス・ミー・ケイト』はさらにそれを劇中劇として使うことによって、「恋愛」の虚構性を徹底的に暴こうとしているのではないか、というのが、この章で検討してみたいことです。

『キス・ミー・ケイト』では、主人公の男女が、『じゃじゃ馬ならし』を舞台で演じている役者であると設定されています。このような演劇内演劇の仕掛けが、今の時代に「恋愛」なるものは可能なのかという問いを深めるのに、どう役立っているのか、それを以下で考えます。「じゃじゃ馬の調教」という、今の私たちにはとても受け入れられそうもない主題を、このミュージカルがどう調理することで、極上の喜劇に仕立て上げているのか、そのことをいくつかの場面に注目することで見ていきましょう。

## 1.「愛におぼれて」——劇中劇の舞台裏

『キス・ミー・ケイト』は、脚本をサム・スペヴァックとベラ・スペヴァックが書き、コール・ポーターが作曲と作詞を担当して、一九四八年にブロードウェイで初演されました。まずこのミュージカルの外枠となる、筋書きを整理しましょう。主人公の男フレッドは、アメリカ合州国で

「正統なシェイクスピア俳優」を自負している俳優で、田舎の劇団の座長でもあります。その劇団が『じゃじゃ馬ならし』を演じる準備をしているところ、その上演の模様とその間の舞台裏、そして劇中劇である『じゃじゃ馬ならし』の終了と、ミュージカル自体の終了というかたちで作品が成り立っています。この劇団による『じゃじゃ馬ならし』の配役ですが、その主人公で「じゃじゃ馬の調教」を請け負うペトルーキオ役にフレッド、彼に「調教されるじゃじゃ馬」であるキャサリン（ケイト）役に、かつてのフレッドの妻で今は離婚したリリー、『じゃじゃ馬ならし』のなかのもう一組の恋人たちであるビアンカ（ケイトの妹）と彼女の求婚者の一人で最後に彼女を射止めるルーセンショーに、劇団員であるロイスとビリー、ということになります。『キス・ミー・ケイト』の主な登場人物としては、このほかにリリーの現在の恋人であるハリソン（彼はロイスとも深い仲であるらしく、さらに訳がわからなくなりそうなことに、ロイスはフレッドとも関係があるか、少なくとも色目を使われているので、ロイスには少なくとも合計三人の恋人がいることになります――これはシェイクスピアの『じゃじゃ馬ならし』のビアンカに三人の求婚者がいるので数を合わせたのかもしれません）、それにビリーが博打で負った借金を受け取りにきた二人のギャングたち、といった顔ぶれです。ですから、『キス・ミー・ケイト』のなかで劇中劇として上演されるシェイクスピアの『じゃじゃ馬ならし』の配役としては、最小限の人たちだけが、『キス・ミー・ケイト』の登場人物となっているということになります。このように説明すると、ミュージカル『キス・ミー・ケイト』がシェイクスピアの喜劇『じゃじゃ馬ならし』を利用する仕方は、きわめておざなりで単純で深みがないように思われるかもしれませんが、実はその単純さが、『キス・ミー・ケイト』の主な標的である「恋愛という虚構」を暴くのにうまく機能しているのでは——と、そのことを順次、考えていきましょう。

さて、『キス・ミー・ケイト』の主人公である、『じゃじゃ馬ならし』でペトルーキオを演じるフレッドに戻りましょう。彼が自分を田舎町のしがない劇場で公演するどさまわり役者ではなく、「正統なシェイクスピア俳優」であることを自負していると言いました。シェイクスピアはもともと一六—一七世紀英国の産物ですから、二〇世紀のアメリカ合州国において、それを上演するということはさまざまな文化の移行をともないます。「同じ英語なのだから大した違いはないだろう」とお考えになるかもしれませんが、アメリカ合州国は、ある意味でイギリスの文化と歴史の正統な継承者と自認しながら、その国民が話す言葉や作りあげた文化は、当然のことながら、さまざまな点でイギリスのそれとは大きく異なります。だからこそかえって、シェイクスピア演劇に多くのアメリカ人がイギリスらしさの原点を求めて、イギリス人よりもイギリス英語らしいアクセントで、シェイクスピアの台詞を発声することで、彼我の距離を埋めようとしたのかもしれません。そもそも、シェイクスピアを翻訳してアジアやアフリカで上演することと、原文のままにアメリカ合州国で上演することに、文化翻訳という点において、それほどの差はないのではないでしょうか。

それはともかく、『キス・ミー・ケイト』のフレッドも、自分がシェイクスピアの台詞を「イギリス人らしく」語れることを誇りにするような俳優です。しかし彼はボルティモアという町の劇場で演じる二流の役者にすぎませんから、彼の「本物である」という自負はつねに「現実には無名の役者」という劣等感の裏返しでもあります。強がって見せる男ほど実は弱い——このいろいろな場合に通用する事実が、シェイクスピアの原作『じゃじゃ馬ならし』におけるペトルーキオから、ミュージカル『キス・ミー・ケイト』のフレッドがひきついだ、一つの鍵となる主題であることを覚えておきましょう。

フレッドは大した俳優ではないにもかかわらず、自尊心と支配欲だけは強い男です。ですから、別れた妻のリリーのことがいまだに思い切れないし、同時にロイスのことを誘惑しようとしたりします。フレッドが満たしたいのは身体の欲望ではなく、「女性が自分になびく」という自尊心を満足させるためです。その意味でフレッドと彼が演じるペトルーキオはやはり似ています。一方は自尊心ゆえに女性を口説き、他方は自尊心ゆえに女性の財産を理由に結婚する。どちらも自尊心のために、一対一の恋愛という対決の場には立たないのです。恋愛に対するこの真剣さの欠如、これが『キス・ミー・ケイト』の主調になっているのです。

さて、『キス・ミー・ケイト』のもう一人の主人公である、リリーのほうはどうでしょうか？彼女の職業も俳優で、フレッドの妻でしたが、彼とは一年前に離婚しています。その彼女が別れた元の夫であるフレッドにどんな思いをいだいているのか、そしてその思いの真偽のほどが、このミュージカルの興味の一つになります。リリーは気まぐれな性格のせいか、希望する映画の配役もなかなか得られず、別れた夫とこの劇場で仕方なく共演することになります。（これもシェイクスピア演劇をアメリカ合州国に移入したときの文化翻訳の一例です。イギリスでは舞台俳優、とくにシェイクスピア演劇の主役をつとめられる俳優こそが伝統的に本物と見なされてきたのに対して、アメリカ合州国では大衆の人気を得る映画俳優のほうが格上であると多くの人が考えているからです。）彼女はアメリカ合州国陸軍の将軍にして、金持ちで大統領候補のハリソン・ハウエルとつきあっており、彼との結婚も考えているのですが、どうやらフレッドのことがいまだに思い切れないらしい。リリーは感情的な起伏が激しく、自尊心と支配欲ではフレッドに勝るとも劣りません。彼女はハリソンという婚約者のことを、ことあるごとに自慢します。それなのに、フレッドのことがどうもあきらめ切れないようで、フレッドに甘い言葉をかけられると、たちまち舞い上がってしまいます。ということは、リリーが金や地位ではなく、フレッドという心から愛する本当の恋人に結局は身をささげる、という純愛物語を期待する向きもあるかもしれませんが、どうやら『キス・ミー・ケイト』はそう単純ではないようです。いったい、こんな欠点だらけのフレッドとリリーという二人に、どのような「恋愛」が可能なのか、それがこのミュージカルの核になります。

なぜリリーはフレッドを完全に捨てきれないのでしょうか？　ここで、結婚と恋愛との違い、とくに財産や社会的地位といった現実原則に支えられた前者と、他者への信頼や自尊心といった幻想に支えられた後者との違いを考えてみましょう。実際のところ、観客はこのミュージカルを楽しみながら、一方でいずれはフレッドとリリーが和解して結びつくことを予想し期待しながら、他方で彼女たちの恋愛が幾重もの虚構に支えられていることを一瞬たりとも忘れることはありません。というか、それが「虚構」であるからこそ、私たちはその奥に彼らの恋愛の「真実」を信じることができるのではないでしょうか。ここに恋愛を主題とするこのミュージカルが含む逆説があります。そしてその逆説を通して、私たちは実生活と演劇との距離を、つねに意識していられるのです。

このような逆説と落差を意識させるのに、コール・ポーターの歌詞と曲ほどふさわしいものはありません。たとえば、リリーとフレッドの恋愛を象徴する歌である「愛におぼれて（So In Love）」

は、フレッドとリリーのきわめて危うい結びつきを考えると、あきらかに場違いなほど叙情的で美しい歌です。しかしその美しさや叙情は、それが嘘に過ぎないという覚めた意識に支えられてもいます。とくにこの歌は、フレッドから花を贈られたリリーが、彼の愛の証拠と思い込んで歌うのですが、それは誤解にすぎません。リリーは芝居の開演前に、自分の好きだった花のブーケをフレッドからもらって、たちまち有頂天になってしまうわけですが、実はこの花束は、彼女に宛てられたものではありませんでした。フレッドは、劇中劇である『じゃじゃ馬ならし』のなかで、ケイトの妹であるビアンカ（彼女はケイトと正反対におとなしい女性という設定になっていますが、シェイクスピアの原作でもそれが見かけに過ぎないことがしだいに明らかになります）を演じる、もう一人の女優ロイスを誘惑しようとして、こともあろうにリリーのお好みの花を届けようと思っていたところが、付き人が間違えてリリーに届けてしまったものです。ここには何重もの嘘や誤解や間違いがあります。花の誤配はもちろんですが、女は同じ花が好きなはずだというフレッドの思い込み、自分はまだフレッドに愛されているはずだというリリーの確信、一つの贈り物によって過去の誤りが修復されてしまうという望み、誰かに愛されれば自分も愛し返せるのだという理想……。まさにこうした誤解の積み重ねこそが、恋愛を成立させているのではないでしょうか。

ポーターの歌は、恋愛のかけがえなさを表現すると同時に、その危うさをも気づかせます。このような恋愛に対する信仰と批評という二面性が、このミュージカルの核心にはあるのではないでしょうか。それをここでは「虚構への覚めた眼差し」と呼んでおきましょう。しかもこの恋愛に一見、誠心誠意没入するかのような歌は、この場面のリリー、そして後のフレッド、そのどちらの場合も独唱であって、けっして他の恋愛ミュージカルにおけるように二重唱で歌われることはありません。ここにも、恋愛とは結局一人の孤独な人間の妄想の産物なのだ、という作者の批評心があるのではないでしょうか。

さて、フレッドが花束に添えておいたカードには、リリーではなくロイスの宛名が記されているわけですから、誤配を知ったフレッドは必死にそのカードを取り返そうとします。しかしその試みも失敗、リリーは「大切に取っておいて後で読むから」とドレスの胸元にしまってしまいます。そしてそのカードを彼女は、劇中劇『じゃじゃ馬ならし』が始まり、ケイトとして舞台に登場する直前に読んでしまい、怒り心頭に発したまま舞台に出てきます。『じゃじゃ馬ならし』でのペトルーキオとケイトとの最初の出会いは、互いが互いをののしりあう対決の場面ですから、劇中劇の舞台の外の現実と、舞台上の虚構とが見事に重なり合うことになり、舞台上で二人が散らす火花が白熱の度合いを増す——このような具合に、男と女が対決するシェイクスピアの喜劇の力学が外枠をなすミュージカルによって、さらに喜劇的に増幅させられていく、そうした二重の虚構による作劇術が、私たちを楽しませてくれるのです。

## 2.「パデュアに来たのは金持ち女と結婚するため」——結婚と財産

劇中劇の仕掛けと恋愛幻想とが、思い込みや誤解の積み重ねによってたがいに増幅される『キス・ミー・ケイト』というミュージカル。すでに述べたように、その魅力はなんと言っても、コール・ポーターによる楽曲の美しさと、ウィットあふれる歌詞との見事な結合にあります。そのことをさらに検証していきましょう。

劇中劇の『じゃじゃ馬ならし』のなかで、フレッドが扮したペトルーキオとビアンカの求婚者である男たちが歌う「パデュアに来たのは金持ち女と結婚するため（I've Come To Wive It Wealthily In Padua）」には、財産と名声の保持のために妻を求める男たちの露骨な欲望が全面展開されています。そこには、男女の位置のちがいや金銭上の格差をはっきりさせておきたいという男たちの気持ちがあるのですが、同時にこの歌の辛辣な諧謔は、それを歌う男たちが、恋愛や結婚には何の幻想も抱いていないことを伝えます。結婚の目的が、彼女の父親の財産を引き継ぐことだという、かなり元も子もない事情が、ポーターのひねりの効いた歌によって、露悪的に表明されているのです。『キス・ミー・ケイト』は、抜群の作劇術と音楽と台詞によって、観客にもこの露悪趣味を共有するようにと誘います。そして観客も、このミュージカルを言語の遊びとして楽しみながら、同時に、恋愛や結婚に関する幻想を覚めた眼差しで観察するのです。

『じゃじゃ馬ならし』のペトルーキオは、反抗するケイトと無理やり結婚式を挙げ、祝宴も行わずに、力づくで自宅に連れ去ろうとするときに、「彼女はおれの財産だ」と叫んで、誰にも手を触れさせまいとします。これはいわば、女性の資本化によって維持される家父長制度の本質をついた言葉です。ペトルーキオは、男女相互の情愛や、女性に対する優しさにはまったく無縁の男で、自分が結婚相手と決めたケイトが、金持ちの跡取り娘でありさえすれば、彼女の容貌や気質などはまったく問題にならないと公言します。「あばた面だろうが年増だろうがじゃじゃ馬だろうが、まったく気にならない、金さえあれば」、というわけです。ケイトをもらってくれる相手が見つからなければ、妹のビアンカも嫁にやれない、と彼女たちの父親が言うものですから、姉にくらべればずっとしとやかに見えるビアンカの求婚者たちは、なんとかケイトを手なずけて結婚してくれる相手を探していたところに、ペトルーキオが渡りに船と登場してくれたわけです。男たちの本音を表す「パデュアに来たのは金持ち女と結婚するため」という歌には、パデュアという家父長制度の支配する社会のなかで、いかに父親と夫が娘や妻を自分の持ち物としてしか考えていないか、金持ちの親を持つ女性を獲得することがそのような制度の維持にいかに重要なことであるか、といったイデオロギー的な問題のありかが指し示されている、と言うことがたしかにできるでしょう。しかし同時にこの歌では、女性に対してそのような態度しか取れない男たちの傲慢と愚かさを、彼ら自身が公言しているわけですから、観客がそんな男たちの態度を笑うことを通して批評性を獲得できる道も用意されているのです。こうした歌が私たちにひきおこす笑いには、心の底で恋愛の虚構性に気づいている私たちの現実感覚と、さらには私たちを翻弄する恋愛感情への復讐の喜びさえもがあるのではないでしょうか。その意味で『キス・ミー・ケイト』は、『ウエスト・サイド・ストーリー』とは正反対に、「恋愛に絶望した中高年」のためのミュージカルなのかもしれません。

『キス・ミー・ケイト』は、『じゃじゃ馬ならし』からの台詞の引用から成り立っているミュージカルである、と言っても過言ではありません。「劇中劇」という趣向がそもそも、引用、あるいは利用、ないしは翻訳の一つです。このように「引用」を作劇術として活用することによって、何が起きるのでしょうか？　それは一言で言うと、「引用の政治学」、すなわち、元のテクストにある単語や語句を端的に、ときに元の文脈と切り離して引用することで、元のテクストにあった思想や状況を、誇張しながら同時に解きほぐすという作用です。恋愛という男女の崇高な営みとされるものが、実は支配的権力を支える虚構にすぎないことを『じゃじゃ馬ならし』という元のシェイクスピア演劇は示唆してもいたのですが、そのような男性中心社会の「底意」を象徴する台詞をことさら引用することによって、その力関係が認められると同時に突き放されてしまう。相対化とか距離化とか言ってもいいかもしれません。社会に存在する、このような差別や支配構造を指摘することは、もちろん大事です。しかしそれを解決するのに、糾弾するだけでは対立構造は乗り越えられません。芸術や思想の役目は、そうした事実に向き合うことにあるわけですが、『キス・ミー・ケイト』は、それを正面からではなく、搦め手から行おうとしているのではないでしょうか。『キス・ミー・ケイト』というミュージカルが、引用という仕掛けによって行うのも、そんな一風変わった社会批評の試みなのです。

## 3.「私の流儀であなたを愛させて」――恋愛と虚構

男女の恋愛に関してもう一つ大事なことは、比較できるような他者が存在することです。ですから恋愛とは徹底して社会的な力関係の産物です。もしかりに絶海の孤島で男と女が一組だけ存在するとして、その二人の間に仮に肉体関係があったとしても、その関係を「恋愛」と呼べるでしょうか？『キス・ミー・ケイト』の場合も二組のカップルが存在することで、恋愛という幻想が成立しています。ここでのフレッドとリリーの対照項は、同じ劇団の俳優で、『じゃじゃ馬ならし』においてもう一組の恋人であるルーセンショーとビアンカを演じる、ビリーとロイスのカップルです。

ビリーは、芸術的才能のある若者のようですが、自立した青年とはいいがたく、賭け事にも目がないようです。劇団の公演がはじまる直前にも、ギャンブルで一万ポンドをすってしまい、元締めのギャングに借用証をフレッドの名前で渡してきてしまうようなタイプで、そのせいでフレッドがギャングたちから借金の返済を迫られることになります。しかしビリーは単にだらしがないというわけではなく、理想に燃える青年でもあって、詩才にも演劇的才能にも恵まれているようです。

ロイスのほうはと言えば、さまざまな男性とつきあいがあるようで、ビリーだけでなく、なんとリリーと結婚を予定しているハリソンとも何らかの関係があったらしい。またフレッドのアプローチにもけっして嫌な顔をしません。どうも自分を好きになってくれる男性なら、誰とでも付き合おうという性格のようです。しかもそのことをロイスはけっして自慢するでもなく、悪びれるでもなく、あくまで自然体でいる、そこが彼女の不思議な魅力になっています。その点で、なかなか自分の欲望を正直に認められないリリーとは違って、ロイスのある意味での潔さは、このミュージカルの自由さ、あるいは本音の暴露と調性が合っています。そのようにいろいろな男性を誘惑しては相手を乗り換えるようなロイスですが、どうやらビリーとのあいだにはそれなりに「真率な」恋愛関係がある、と一応は判断してもよさそうです。それはなぜかというと、おそらくビリーとロイスとが恋愛の虚構性を受け入れ、そのルールの下にゲームとしての恋愛を楽しんでいるからではないでしょうか。

恋愛というテーマに関して、『じゃじゃ馬ならし』と『キス・ミー・ケイト』との大きな違いは何かというと、前者が家族制度にもとづく恋愛の虚構性から脱出して真実の恋愛の発見へという道筋をたどるのに対して、後者ではあくまで恋愛の虚構性が支配的で、そのゲームのルールを受け入れることでしか登場人物たちは一定の満足を得られないというところにあると思われます。これはどちらが恋愛の真実に近いか、という問題ではなく、おそらく恋愛という人間同士の営みが、もともとこのような虚構と真実との二面性を含んでいるので、こうした二種類のアプローチを可能にするということではないでしょうか。二組の恋人たちに即して整理すれば、シェイクスピアの『じゃじゃ馬ならし』では、誰もが恋愛などとは無縁だと考えていたペトルーキオとケイトの二人が、実は恋愛の真実に達し、それに比べると愛し合っていたように見えたルーセンショーとビアンカの二人の恋愛が嘘であったことが暴露される、という流れがあります。一方、『キス・ミー・ケイト』では、逆に（ルーセンショーとビアンカを演じている）ビリーとロイスのペアのほうが納得して実践している、恋愛という虚と実の間にあるゲームを、（ペトルーキオとケイトを演じている）フレッドとリリーが受け入れていく、という流れになるのではないでしょうか。

ビリーとロイスとの恋愛の主導権を握っているのは、あきらかにロイスです。彼女は少なくともこのミュージカルの主要な男性登場人物である三人の男たち、フレッド、ビリー、ハリソンのそれぞれとなんらかの感情や肉体の関係を結んでいます。先ほども述べましたが、このことは『キス・ミー・ケイト』が基にしている、『じゃじゃ馬ならし』の登場人物のあり方と関係があるのかもしれません。すなわち、『じゃじゃ馬ならし』に出てくるビアンカの求婚者三人の男たちの特徴は、それぞれ「見た目＝ルーセンショー」「財力＝グレミオ」「音楽の才能＝ホーテンショー」に分かれています。これは考えようによっては、『キス・ミー・ケイト』のなかでビアンカを演じるロイスが関係のある三人の男たちの特徴、「見た目＝フレッド」「財力＝ハリソン」「音楽の才能＝ビリー」という区別に符合します。それがどれだけ説得力のある符号であるかはあまり重要ではないでしょう。大事なのは、『キス・ミー・ケイト』というミュージカルが、かなり無理をしてまで、劇中劇にあわせて劇の現実のほうを進行させようとする、「劇中劇中劇」とも言うべきもので、それを観客も了解して楽しんでいる、ということです。

ロイスが三人の男たちを相手にしながら、適度な距離を持って楽しんでいられるのは、彼女が恋愛の名手か、はたまた自立した大人の女性だからでしょう。ロイスは性格も身体表現も含めて、自分のチャームポイントをわかっていて、しかもそれを魅力的に見せることのできる、ある意味でスマートな女性です。彼女は貞淑で大人しそうに見えながら、その実、小悪魔的に男を振り回す女性です。そもそも「性的な魅力」とか、「美しい肉体」などというものは、見る人の主観にすぎません。ロイスは自分の見せ方を知っているので、『じゃじゃ馬ならし』のビアンカというブリッコを演じるのにふさわしいだけでなく、実生活でもさらにそれに輪をかけたプレイガールを演じているのです。ここでも原作を引用して、自分の性格を形づくってしまうという、現実に対する演劇の優位があるのではないでしょうか。

そんなロイスに比べると、ビリーは子どもというか、彼女のことを愛しながら、その愛情の表現の仕方がわからないような男性に見えます。でも彼には詩や歌の才能があるので、彼女にささげる歌を作ることもできる。でもロイスを愛していると告げるはずの歌が、彼女に直接宛てたものではなく、「ビアンカ」というタイトルの、劇の相手役であるビアンカを称える歌であるところが、いかにも私たちに恋愛の虚構性を意識させるコール・ポーターらしい、すぐれた手並みではないでしょうか。

ロイスは自分のプレイガールぶりを非難するビリーに対して、「私の流儀で愛させて（Always True To You In My Fashion）」という唄を歌います。これは「私が関係のある男たちのなかであなたが一番なのだから、色々と問題はあるかもしれないけれど、私の好きなようにさせて頂戴」という、ロイスらしい素敵な唄です。おそらくロイスが魅力的なのは、この歌を歌えてしまうという、彼女の持つ「虚構性」のゆえでしょう。そして虚構こそが恋愛を支えているのです。ここで「流儀」と日本語に訳した"fashion"という単語は、ファッション・ショーのファッションですから、要するに「恰好、見かけ、流行、物真似」という意味です。つまり時代や力関係によって、いくらでも変わりうる成り行きのことです。このミュージカルが繰り返し行う「引用」も、こうしたファッションの一つの形式です。ロイスは、恋愛も引用行為の一つであること、ファッションの一部であることを良く知っているからこそ、恋愛の名手でありうるのでしょう。「正直な恋愛」というのは「しょっぱいチョコレート」というのと同じで、「正直」である「恋愛」など、この世のなかには存在しません。恋愛は虚構であるという永遠の教えを、この「私の流儀」を大事にするミュージカルは伝えているのです。

江戸時代中期の浄瑠璃・歌舞伎作者で、「日本のシェイクスピア」などと言われることもある近松門左衛門（彼が活躍したのは一七世紀から一八世紀にかけてですから、シェイクスピアよりおよそ百年後ということになります）が唱えたという芸術論に、「虚実皮膜」というのがあります。芸の真実は虚構と現実の微妙なはざまにあるとするのが、この論です。このことは、『キス・ミー・ケイト』における、恋愛をはじめとする人間関係の描かれ方にも、当てはまるような気がします。恋愛はたしかに嘘や思い込みにもとづくものかもしれない。しかしそのことに正直になって、それでも自分と相手の生き方に誠実であろうとするとき、現実に新たな関係が築かれていく。そしてそのことを一番明らかにしてくれるのが、詩であったり歌であったり演劇であったりする、そういうことではないでしょうか。恋愛至上主義ではなく、恋愛相対主義――それがこのミュージカルの思想なのです。

## 4．「シェイクスピアを磨きあげよう」――引用と翻訳

『キス・ミー・ケイト』は、主筋とは関係のないさまざまな遊びにあふれており、それが大きな魅力ともなっているミュージカルです。たとえば、第二幕の最初に役者や裏方たちが劇場の裏で歌って踊る「暑くてかなわねえ（Too Dam Hot）」。ボルティモアはアメリカ合州国東部メリーランド州の大西洋に面した港町ですが、夏にはかなりの暑さになるのでしょうか……それとも劇場の設備がそれほどよくないので、劇場内にいると暑くてたまらないのかもしれません。いずれにしろ、この曲は、しがない劇団暮らしを続ける男女の鬱屈したやりきれなさと、しかし他方で、いつかは

有名になって大舞台で演じたり、大きな仕事ができるかもしれないという若者たちの希望も感じられる歌と踊りです。いずれにしろ私たち観客にとっては、劇場のスタッフにすぎない無名の若者たちが、たかが暑苦しさを口実として、華麗なダンスを展開してくれるのですから、歓迎すべきお遊びの一つであることは間違いありません。

このような遊びのなかの最たる曲が、劇場に侵入した二人組のギャングが歌う「シェイクスピアを磨きあげよう（Brush Up Your Shakespeare）」でしょう。彼らはビリーが賭博で負けた金を取り立てようとやってきたのですが、ビリーが自分でなくフレッドの名前で借用証を書いたものですから、フレッドを相手に金を請求します。それをフレッドは断るどころか、かえってリリーを公演に参加させる妙策として利用しようとします。つまり、自分が金を返せる唯一の方策は、『じゃじゃ馬ならし』の公演を成功させて興行収入を得ることだというわけです。そこで、ギャングたちもそれに協力することになり、リリーが（自分にではなくロイスに花を贈ったりする）フレッドの信義のなさに怒って、芝居から降りようとするのを、舞台上の役者にまで扮して止める役まで請け負います。ギャングは、アメリカ合州国の裏社会を代表するような人物像です。ところが『キス・ミー・ケイト』では、そんなギャングたちが主役たち顔負けの歌と踊りを披露するのですから、まるで裏と表がひっくり返るような快感を得ることができるのです。彼らはまさに変幻自在な活躍ぶりを示します――ミュージカルの外枠の芝居の主筋であるフレッドとリリーの痴話喧嘩に外から介入する。彼女たちが主役を演じる劇中劇の『じゃじゃ馬ならし』にも突然、端役として登場して、ペトルーキオの使用人としてリリーを守る、というか、リリーを人質として捕らえて離さない。フレッドに請求していた借金のほうは、ギャングのボスが死んだからもう帳消しだとあっさりあきらめてしまう。さらには、芝居の筋とはまったく何の関係もない、シェイクスピアを茶化したようなざれ唄を、黒いスーツを着て山高帽をかぶり、ステッキを持って歌い踊り、観客の拍手喝采を浴びる。つまり、彼らギャングこそは、このミュージカルの真髄とも言える、遊びの権化、自由な登場と諧謔精神を体現する存在なのです。

実際この歌は、シェイクスピアの作品を縦横無尽に引用しながら、地口と世間知を披露するシニカルな楽しさにあふれています。世界中の多くの人が、たとえシェイクスピアの芝居を一度も観たり読んだりしたことがなくても、有名な作品のタイトルや登場人物の名前は聞いたことがあるでしょう。ギャングたちはこの歌を、そのような私たちの「平均的な教養」の程度を見透かすかのように、それを揶揄しながら、ちょっぴりと自己反省もまじえて歌います。さらに重要なことは、彼らが舞台上で何度も何度も、この同じ歌を繰り返し歌うことです。退場したかと思えば、また登場し、同じ歌と踊りを繰り返す。そしてそれを観客も心から楽しむ。引用のマジック、と言ってもいいと思います。しかしどうでしょうか、もしこうやってざれ唄になって繰り返し歌われる歌が、シェイクスピアを基にしていなかったら、これほどギャングたちの歌と踊りを楽しむことができるでしょうか。シェイクスピアがパロディの題材になっているからこそ、この歌と踊りを安心して楽しむことができるではないでしょうか。

このような娯楽を支えている、ここでの鍵、それはなにかというと――植民地主義です。植民地支配は、引用や翻訳が頻繁に行われる場です。もちろん植民地支配には、言語の軽視、土地の搾取、文化の抹殺、住民の虐待、といった血なまぐさい暴力や差別がつきまとっていたのですが、どんな支配も一方的ではありえず、引用や翻訳を通した、支配する側とされる側双方での社会の相互変容がありました。端的に言って、植民地主義を支えてきた教育制度やメディアがあったからこそ、シェイクスピアの劇の題名や台詞の一節も、国境を越えて国際化してきたのです。シェイクスピア演劇が世界中でさまざまな形に翻案されて上演されてきたとか、いろいろな言語の教科書に使われてきたとかいった歴史と、シェイクスピアが大英帝国という、かつては世界中に植民地を所持して、経済と文化の支配を行ってきた国の象徴であることは切り離せません。私たちの常識もこのような歴史の産物だからこそ、私たちはこの「シェイクスピアを磨きあげよう」というナンバーを楽しむことができているのです。

たとえば、いまだにイギリスでは「孤島のレコード鑑賞」という、有名人のゲストが自分の経歴を語りながら、自らの好きな音楽をいくつかかけてもらうラジオの人気番組があります。そこでは番組の最後にゲストが、一曲だけ選ぶとしたらどの音楽を選ぶか、そしてさらに、孤島に流されたとしたら、聖書とシェイクスピア全集は必ず持っていってよろしいとして、他に一つだけ文明の利器として何がご所望ですか、と聞かれます。つまりそれほど、その信憑性や英国中心主義はともかくとして、シェイクスピアはイギリス人にとって、イギリスどころか人類全体の文化遺産を象徴するものとされているのですね。さらに「孤島」というのは、たとえば『ロビンソン・クルーソー』物語がその典型ですが、ヨーロッパの拡張する植民地主義が生み出してきた想像のトポスにほかなりません。なぜなら到着した、あるいは漂着した土地が、孤島、すなわち無人島で、しかもそこは気候温暖で、有益な動植物に満ちているとすれば、これほど都合のいいことはなく、到着者は好き勝手ができるからです。しかし現実には、そんな島や場所は滅多にあるはずもなく、だからこそ「ユートピア＝無可有郷＝どこにもない理想の土地」という幻想が歴史を通じて生き延びてきたのでしょう。ほとんどの島や土地には、すでに先住民が住んでおり、その独自の言語や文化や歴史があり、それなりに厳しい気候や、人の生活を脅かす動物や植物が生息しています。植民者はそれらを征服したり、撲滅したり、交渉したりすることで生きのびてきました。このように「シェイクスピア」と「孤島」とは、ヨーロッパ植民地主義の象徴であり、その拡張する文化的な権力の要でもあったのです。

『キス・ミー・ケイト』というミュージカルが、シェイクスピアを引用・翻訳して作られた場所にして、かつまたその舞台でもあるアメリカ合州国をその一部とする大陸も、もともとはコロンブスをはじめとするヨーロッパの航海者や商人や植民者たちが、富を求めて「インド」をめざした過程で偶然に「発見」された土地でした。「インディオ」とか「インディアン」といった先住民に対する呼び名も、インドに到着したと信じたコロンブスの誤解に基づくものです。もちろんそこには、多様な言語と文化を持つ先住民が多数住んでいたのですから、そんな総称で彼らを呼ぶこと自体きわめて乱暴ですし、むろん「発見」などというのも、ヨーロッパ側から見た手前勝手な歴史の捏造にすぎません。それでもこの大陸は、それまでヨーロッパ人がまったく知らなかった地勢や天候や動植物や民族・文明に満ちていたので、彼らとしてはその驚きを「発見」と呼ぶほかなかったことも事実でしょう。こうしてアメリカは、「人の住んでいない、ヨーロッパ文明に侵されていない、ユートピアとしての孤島」として理想化されると同時に、熾烈な植民地争奪の場となりました。かくして「アメリカ」は、スペイン、ポルトガル、フランス、オランダ、イギリスといった列強のあいだで支配権が争われ、先住民を排除することによって作り上げられたのです。このように植民地主義の文脈で考えてみれば、「シェイクスピアを磨きあげよう」という一見無邪気な誘いは、そのなかに禍々しい暴力や権力拡張の歴史を秘めていると言えるかもしれません。原典を引用し、自らの都合にあわせて再利用するこの歌の試みは、シェイクスピアからミュージカルへ、イギリスからアメリカ合州国へ、舞台俳優からギャングへといった、『キス・ミー・ケイト』が旨とする文化翻訳という行いにとって、必須のものなのです。

言いかえれば、それは「引用」と「翻訳」が、恋愛について考えるときのキイワードにもなる、ということです。劇場に侵入して、舞台上の役さえ務めてしまう二人組のギャングが、「シェイクスピア」を肴にして踊り歌うといった、芝居の本筋とはまったく関係がない遊びが、どうして恋愛というこのミュージカルの主題に関係があるのでしょうか？　そうした遊戯は、私たちが観ているのが「虚構のお芝居」であるとの印象を強めることで、観客が安心して観るための趣向になっているとも考えられます。そうした枠組みがあるからこそ、私たちはこの『じゃじゃ馬ならし』という居心地の悪い作品を、『キス・ミー・ケイト』というハッピーエンドが約束されたミュージカルにおける「引用」にすぎないものとして、「翻訳」を通して楽しむことができているのです。

シェイクスピアの作品名を散りばめて、パロディと地口にあふれた「シェイクスピアを磨きあげよう」は、「シェイクスピアを引用すれば女にもてる！」というフレーズの繰り返しによって、シェイクスピアという英国文化の遺産と、恋愛という人間の欲求とを強引に直結させてしまいます。虚構を分かち合うことが、演劇と恋愛の本質であることをまるで言いあてるかのように。

## 5.「どうして女ってそんなに単純なの」――模倣される欲望

シェイクスピア演劇の引用と、男女の恋愛とに共通する虚構性――劇中劇という仕掛けによってこのミュージカルは、恋愛という営みが、実は過去の恋愛の言語的引用、すなわち他者の欲望の模倣によって成り立っていることを明かしてしまいます。恋愛とは自分も他のカップルのように愛し、愛されたい、という過去の歴史や現在の他者から学んだ結果なのです。だからこそ「アントニーとクレオパトラ」が、「ロミオとジュリエット」が、「お初と徳兵衛」が、「トリスタンとイゾルデ」が、恋する男女の典型とされて、何度も参照され引用されるのではないでしょうか。

『じゃじゃ馬ならし』という劇には、もともとこのような恋愛に関する懐疑主義が含まれていました――ルーセンショーとビアンカのような理想的に見えるカップルはどちらかが騙されていて、本当に信頼し合える愛情関係はペトルーキオとケイトという意外な組み合わせのなかに見つかる、というメッセージを通して。『キス・ミー・ケイト』というミュージカルは、そのような懐疑主義をさらに押し進めて、恋愛が自尊心と思い込みと物真似によって成り立っていることを、遊びと笑いを通して暴いてしまうのです。

このことが『キス・ミー・ケイト』という一見、無害な恋愛喜劇ミュージカルに毒をはらんだ文化批評の可能性を付与します。たとえば、舞台上でペトルーキオを演じるフレッドにとって、欲望の対象である女性は誰でもよい。彼は実生活においては気の弱い二流の役者に過ぎないのですが、ペトルーキオというきわめてマッチョな男を演じて女性を虐待しながらも、その女性に最終的に愛される役柄を全うすることによって、恋愛（という虚構）を成就させることができます。リリーはと言えば、自意識が強く、俳優としても女性としても自分に自信がなく、つねに誰かから注目されたり賛嘆されたりしていないと不安です。そんな彼女にとって、他人を心から愛することはきわめて難しいことでしょう。しかしその不可能と思えた行為を、演劇的虚構が可能としたのです。ケイトという女性を演じることがリリーに恋愛を成しとげさせ、人を愛するという逆転劇を可能にするのですから。

かくして、終幕近くにリリーが歌う「どうして女ってそんなに単純なの（I Am Ashamed That Women Are So Simple）」は、きわめて「虚実皮膜」で、批評性に富んだ歌にならざるを得ません。この歌は『じゃじゃ馬ならし』の最後で、ケイトが他の女性たち（劇場の観客を含めて）に向かって、「男性はあなたのご主人様なのですから従わなくてはいけません」と素直さと服従を説く台詞を引用し、かつ翻訳したものです。現代の観客にとって居心地の悪い劇である『じゃじゃ馬ならし』は、とくにこの最後のケイトの台詞をどう観客が納得するように演じるかが、役者と演出家の腕の見せどころともなってきました。『キス・ミー・ケイト』においてもこの歌は、そのような恋愛にまつわる困難、ジェンダー間の不平等、家族制度の暴力、といった文化の力学に対する、一つの解答になっています。リリーはこの唄を歌うことによって、ケイトという虚構の人物を通して、はじめて恋愛ゲームの規則を自分で作り出し、それによって自信と満足を得る道を発見するのですから。ですから「単純」なのは、女だけでなく、男もそうであり、そもそも恋愛とはたがいの単純さを受け入れる寛容と、虚構を虚構として認めることで、嘘と真との「皮膜＝間《あわい》」を共有する努力によって成り立つものです。『じゃじゃ馬ならし』の居心地の悪さを、恋愛という虚構を受け入れることによって、演劇からミュージカルへ、イギリスからアメリカ合州国へ、一六世紀末から二〇世紀半ばへと翻訳した『キス・ミー・ケイト』は、そのような大人の余裕によって、恋愛という共同幻想を肯定します。たとえその幻想が、植民地主義の暴力に支えられた引用の政治学を棚に上げておくことでもたらされる、中産階級の余裕によって可能となるものであるとしても。

# Ⅲ 身体

第7章

# 『ラ・マンチャの男』

## ヒロイズム、あるいは歴史の相対性

Man of
La Mancha

## 0. 私は私？

西洋近代文学の遺産として、『ハムレット』と『ドン・キホーテ』があることを否定する人はいないでしょう。この二作品は、シェイクスピアとセルバンテスという一六〜七世紀に生きた同時代人によって、近代の黎明期に産み出されました。共通する特徴は、「自分とは何か」というアイデンティティをめぐる問いを、自分とは異なるものを演じることを通して探ろうとする姿勢です。このことは文学と人間、創作と社会との関係を考えるうえで多くのことを示唆します。つまりどちらの作品も、演技を通して現実と虚構との関係を検証しようとするからです。ハムレットは、自分の父の殺害の真相をそれに似た場面を旅役者たちに演じさせることで探ろうとします。それは「真実」を演劇という「虚偽」によって明らかにする試みです。それに対して、ドン・キホーテは、騎士道小説というフィクションのなかに埋没するあまり、日常の事実に背を向け、壮大な嘘を自らの身体をもって演じることで、歴史の真実に到達しようとするのです。

ミュージカル『ラ・マンチャの男』は、『ドン・キホーテ』が含んでいる、近代における人間の自己認知という難問を、セルバンテス自身が置かれていた政治状況のなかに移しかえた「演劇内演劇」の傑作です。脚本デイル・ワッサーマン、音楽ミッチ・リイ、歌詞ジョー・ダリオン。初演は一九六五年にアルバート・マールの演出、アルバート・シェルダンの制作により、ブロードウェイで行われ、五年以上にわたるロングランを記録しました。一九七二年には、ピーター・オトゥールとソフィア・ローレンの主演で、アーサー・ヒラー監督によって映画化され、今でももっとも人気あるミュージカル演目の一つになっています。

脚本を書いたワッサーマンは、この劇を一九五〇年代終わりにテレビドラマとして執筆していました。彼の発想は、セルバンテスが『ドン・キホーテ』という小説を着想したのが、セビリアの監獄に囚われていた時期であるという逸話に基づいています。セルバンテスは、この偉大な小説を書いただけでなく、詩人でもあり、軍人でもあって、海賊に囚われ奴隷として売られたこともあるという数奇な経歴の持ち主でした。さらに彼は収税吏をしていたこともあり、その宗教的信条ゆえにカトリック教会から破門され、投獄されて、異端審問所の取調べを受けた経験もあります。そして何より彼は、シェイクスピアと同じく、生粋の演劇人であって、劇作家、役者、演出家として活動していました。

『ラ・マンチャの男』を、世界中でさまざまな言語で演じられる人気ミュージカル作品にしたのは、この演劇人としてのセルバンテスの生き方と精神に注目した、ワッサーマンの着想だけではありません。その発想にふさわしく、手のこんだ演劇構造をわかりやすく提示するために、ダリオンがストレートに意味が伝わり、心の底に届く力強い歌詞を書き、そしてリイが一度聴いたら忘れられない名曲をたくさん作曲しました。しかしこのミュージカルは、単に愛唱される楽曲の集合には留まりません。そこには、私たちが近代人として、社会や他者との関係において迫られる、「私とは何か？」という重大な問いかけが横たわっているからです。

セルバンテスの小説でも、そしてまた『ラ・マンチャの男』でもそうですが、主人公のドン・キホーテという人間は、なにより自らの身体と言語によって、他者や世界のイメージを構築し、そのなかでの自分の位置を確認しようとして苦闘し続ける存在です。彼は、どれほど敵が強大で勝つ見込みがまったくなくても闘いを挑みますし、負けても負けても闘い続けます。その意味で彼はまさに英雄《ヒーロー》なのですが、けっして勝利することのない、その闘いは悲劇の様相を色濃く帯びます。『ラ・マンチャの男』は、そのような男の人生を通して、真のヒロイズムとは何かと問いかけていきます。その答えが、最後に「私は私なのだ」と認めることで与えられる――ミュージカルをしめくくる、こうした自己の肯定は圧巻です。そこに至るまでの主人公たちの道筋を、数々の名曲とともにたどっていきましょう。

## 1.「なんでも同じ」――牢獄の劇中劇

『ラ・マンチャの男』の独創性は、その「演劇内演劇」という構造にあります。前の章で扱った『キス・ミー・ケイト』も、シェイクスピアの『じゃじゃ馬ならし』を下敷きにしている、演劇内演劇と言えないことはありません。しかし『キス・ミー・ケイト』の場合は、前章で論じましたように、『じゃじゃ馬ならし』からの引用で成り立っている劇で、力点はあくまで外枠の劇のほうにあります。つまり、シェイクスピアの劇を演じている役者たちの恋愛とか人間関係とかが私たちの興味の中心となるので、『じゃじゃ馬ならし』の筋はそれに利用される限りにおいて、興味を引くだけです。

それに対して『ラ・マンチャの男』の場合は、「演劇内演劇」として演じられる内側の劇のほうに比重が置かれています。その意味で『キス・ミー・ケイト』とは、構造は似ていても力のベクトルの方向が逆であると言えるかもしれません。しかも『キス・ミー・ケイト』の場合は、劇場で役者たちが『じゃじゃ馬ならし』を演じている、という設定が明らかにされていますから、外枠の劇と内側の劇との区別を観客が間違えることはありません。それに対して『ラ・マンチャの男』は、外側の劇と内側の劇との境界が曖昧であることに特徴があります。しかも観客の関心は、明らかに内側の劇、すなわちドン・キホーテの人生の物語に向けられています。『ラ・マンチャの男』を観ながら私たちは、外側と内側の両方の劇の観客として参加するのですが、登場人物への感情移入は、外側から内側へと向かって強まるような劇的仕掛けになっているのです。このことについては、後ほど詳しく考えましょう。

『ラ・マンチャの男』は、『ドン・キホーテ』の作者であるセルバンテスが、牢獄に囚われているところから始まります。この牢獄のシーンが、『ラ・マンチャの男』という演劇内演劇の、外枠の劇を形づくることになります。セルバンテスはその自由主義的な思想のゆえに、抑圧的な政権と教会権力によって告訴されている、という設定で、これはある程度、セルバンテス自身の体験に基づいたことでもあります。この牢獄は、さまざまな理由によって捕囚となっている人々が、多数押し込められている集合監獄です。つまりこの牢屋は、思想犯からコソ泥、娼婦から殺人犯、無実の人から重罪人まで、善悪が雑多に入り混じっている場所なのです。

当初、投獄された劇作家セルバンテスは、殺人犯、盗賊、娼婦などに囲まれて、すべての所持品を奪われそうになります。しかし彼はどんな持ち物よりも、そして命よりも『ドン・キホーテ』の脚本を守ろうとします。いったいどんな価値がそのような紙の束にあるのか、そのことが囚人たちの興味を引き、彼ら彼女らを役者および観客として、そこに書かれた言葉を演技によって現実としていくという奇想が生まれます。まるで実社会の縮図のような、さまざまな人間たちが寄り集まっている牢獄のなかで、劇を演じてみよう、という発想がごく自然に生まれ、そのことを観客も受け入れるのです。（実際に今でも、監獄で劇を演じるという試みは多いですし、監獄を舞台とする演劇作品も少なくありません。たぶん、牢獄という場所が、そこに囚われている人々にとって、日常と非日常との境界領域という意味で、劇場と似た意味を持っているからかもしれません。）こうして劇を演じるという行為が、劇作家自身だけでなく、囚人たちの自己認識をも変えていくのです。

この演劇が人間を変えるという理想を、センチメンタリズムとして片付けるのは易しいでしょう。しかし『ラ・マンチャの男』の上演に接したとき、どうにも否定しがたいのは、このミュージカルが持つヒロイズムと自己犠牲の精神の力です。それを私たちに伝えるのにもっとも有効な手段が、すでに言及した折り重なる劇中劇構造であり、そこに観客を自在に導きながら同時に距離をもって冷静に眺めさせる音楽の力です。私たち観客はこの劇的仕掛けによって、劇の登場人物たちを多方面から観察することが可能になり、批判と同化を繰り返すことになります。そのことはまた、私たち自身が世界のなかにおかれた演劇性をも認識することにつながるでしょう。劇の構造によってもたらされる距離感が、感傷を排した冷静な観察をもたらすと同時に、観客の情動による参加を可能にするのです。

『ラ・マンチャの男』の主人公は、この牢獄に囚われた劇作家セルバンテスであり、かつ彼自身が演じる劇の主役である、アロンソ・キハーナということになります。キハーナは、世のなかの不正にいきどおり、自ら遍歴の騎士ドン・キホーテとなって、世間の悪と闘おうとする人物です。ですからここには、セルバンテスが自分の信念を託したキハーナという紳士がおり、さらにキハーナが理想とした騎士ドン・キホーテがいる、という仮託構造があるのです。セルバンテスは、自分の信条ゆえに官憲に捕らえられた思想犯ですから、社会の変革をめざしており、現実の権力関係のなかで最底辺に属するように見える、牢屋の住人こそがその変革の主体であると信じているような人物です。そのような信念に基づいて、彼はこの牢屋という空間で、囚人たちを観客であるとともに役者として使いながら、自分の創作した劇を演じて見せようとします。暗く陰鬱で、外界と隔絶され、汚穢《おわい》の吹き溜まりのような牢獄が、劇場に転化する——演劇という人間の想像力の産物が、演じる者と観る者とを勇気づけ、不正に満ちた社会を変える場となりうるという思いを彼は抱いています。『ラ・マンチャの男』という作品が観客の心をつかんで離さないのは、まずもって主人公のこの確信の強さのゆえです。

主人公の固い信念を支えているのが、このミュージカルの複雑な劇構造であることを、何度でも強調しておかなくてはなりません。それは多層的な劇中劇構造を成しており、その構造によって、この作品は観客の注意を惹きつけることに成功するだけでなく、観客の劇への主体的参加を誘うのです。この複雑な劇中劇構造によって、少なくとも三つの「現実」の重なりに、観客はつねに意識的であるようにと促されています。一つめは、最初に観客の目の前で展開される、作家セルバンテスと牢獄の囚人たちの状況です。これを、このミュージカルの観客が目視する「現在」の出来事と言ってもいいと思います。二つめは、次にその囚人たちが牢獄のなかで演じる、スペインの田舎紳士アロンソ・キハーナの日常です。これは劇中劇としては一つめのものに当たり、観客にとっては、いわば「過去」に属する歴史の表象ということになるでしょう。そして三つめに、キハーナが妄想のなかで行為する英雄ドン・キホーテの物語の次元があります。これはさらにもう一つの内側の、二番目の劇中劇と言ってもよく、観客が想像することのできる「未来」の姿とも言えます。ですから、『ラ・マンチャの男』は、セルバンテスが書いて演じる劇の主人公アロンソ・キハーナが想像のなかで演じるドン・キホーテの物語であると同時に、真の英雄ドン・キホーテを必要とする非凡な田舎騎士アロンソ・キハーナの人生を描くことで人々に勇気をもたらそうとする劇作家セルバンテスを描いた劇でもあるという、言ってみれば、「反転可能な劇中劇中劇」なのです。『ラ・マンチャの男』を観る私たちは、入れ子状態で重なりあった複数の「現実」が交錯し、時間が過去と現在と未来をまたぎ越し、場所がこちらとあちらを往還することに、つねに注意するように仕向けられています。こうして、役者と観客（舞台のなかと外の双方の）の想像力を介した共同作業によって、一つのたしかなヴィジョンが、英雄の生き様という光景が具体化してきます。演劇がいま作られている現在の時間が、過去と未来に対する新たな視野を切り開くという、劇場という空間がはじめて可能にするような、想像力の営みがここに展開されるのです。

このような演劇内演劇内演劇の枠組みを支えているのは、一つの視点が即座に異なる視点から見直され、批判されるという相対主義です。たとえば、セルバンテスがアロンソ・キハーナを演じ始めるところで歌われる「ラ・マンチャの男、われこそドン・キホーテ（Man Of La Mancha（I, Don Quixote））」が、「なんでも同じ（It's All The Same）」という歌によって引きつがれる仕方が、そのような相対主義を見事に表しています。主人公によって歌われる前者は、このミュージカルの構造と主題を代表する歌として、セルバンテス／アロンソ・キハーナ／ドン・キホーテという彼の劇的存在の三重性を串刺しにします。この歌のなかで、牢獄に囚われた劇作家が、その想像力によって作り上げたアロンソ・キハーナという人物をまず演技しながら、手短に彼の生涯を紹介します。つまりここで彼は、自分の創作した劇の登場人物であると同時に、劇の状況を説明するナレーターという二重の役割を担っているのです。主観と客観とを併せ持つこと、とも言いかえられるでしょう。ですからそれを観る私たちも、セルバンテスとアロンソ・キハーナという二重写しになった人物を目撃することになるわけですから、没入しながら目覚めているという、微妙な感覚を味わいます。ところがそのように曖昧な観客の意識を、一気に最も内側の（上で述べた「三番目」の）劇世界のなかに解き放つのが、「私は私だ、ラ・マンチャのドン・キホーテだ」という、呪文のような宣言なのです。こうして一瞬にして、「劇中劇中劇」の登場人物になりきった（セルバンテスが演じているアロンソ・キハーナが妄想を現実化して演じる）ドン・キホーテとともに、私たち観客は壮大にして不条理な、この「英雄」の地平へと一気に上昇することになるのです。ですからこの曲は、空間的にも時間的にも、人間の想像力が及ぶかぎりの果てしない広がりを持ちます。この広がりのゆえに、誰も、この三重のアイデンティティを持つ人物のヒロイズムを、単に冷たく突きはなしたり、笑って済ますことができなくなるのです。それがこの歌を、『ラ・マンチャの男』というミュージカルのテーマソングにしている理由です。つまりそれは、英雄とは何かという問いを、「それは私だ」と答えることによって、しかもその私はあなたでもあると肯定することによって、個人から集団へと広げようとする宣言《マニフェスト》だからです。

それに対して「なんでも同じ」という歌は、牢獄のなかにセルバンテスとともにいた一人の女性が、ドン・キホーテを演じるアロンソ・キハーナが遍歴の途中で立ち寄った宿屋にいた娼婦アルドンサを演じることで生まれてくる歌です。ですから、先ほどの「ラ・マンチャの男、われこそドン・キホーテ」がいくつかの演劇的次元を横断する歌であるのに対し、「なんでも同じ」という、この厭世観に満ちた歌は、ドン・キホーテの物語のなかにすでにしっかりと根を下ろしています。ですからこの歌には、一つの現実しかなく、そのことがアルドンサを絶望させるのです。現実がここにあるものでしかなく、そこに希望が感じられないとしたら、「なんでも同じ」とあきらめるほかに何ができるでしょうか。このように、「ラ・マンチャの男、われこそドン・キホーテ」と「なんでも同じ」という、この二人の主要登場人物によって歌われる歌は、ともに自分が何ものかを述べた歌ですが、一方が多次元的で開放的、他方が一次元的で閉鎖的、という対照をなしています。アルドンサによれば、夢も理想も想像力も今の現実のみじめさの前では、けっして変革力を持ち得ない――主人公の男性的ヒロイズムが、一人の女性の現実認識によって相対化されているのです。
このような複数の「現実と理想」のせめぎあいが、このミュージカルを動かす原動力となっています。そしてそのことは、セルバンテス／アロンソ・キハーナ／ドン・キホーテが交渉する主要人物の一人、囚人女／アルドンサ／ドルシネアという女性の表象において、もっとも露わとなるでしょう。そのことを次節で見ていきましょう。

## 2.「ドルシネア」――行動する相対主義

すでに述べましたように、『ラ・マンチャの男』は少なくとも三重の劇構造を持つことによって、観客に冷静な距離感覚と情熱的な参加の両方を同時にもたらします。そのことを登場人物の上から、もっともよく表しているのが、主人公セルバンテスの演じるアロンソ・キハーナが想像の上で同化するドン・キホーテと、彼が、妄想上の「理想の淑女」ドルシネアと思い込む酒場の娼婦アルドンサを演じる囚人女、という一組の男女です。ここでは、彼が彼女を称えて歌う「ドルシネア(Dulcinea)」を取り上げて、この劇の多重構造をさらに掘り下げていきましょう。この歌は、心に残る歌の多い『ラ・マンチャの男』のなかでも、とりわけ美しい歌ですが、同時にそれを捧げられる女性にとっては、とても残酷な歌です。この曲の旋律と理想を描いた内容が美しければ美しいほど、現実との格差が見えてきます。つまり、この歌を比類なきものとしているのは、この理想と現実、悲劇と喜劇、希望と絶望、ヒロイズムとシニシズムとのギャップなのです。

ドルシネアというのは、冒険を求めて遍歴する騎士ドン・キホーテが、理想の女性としてその誠をささげる淑女の名前です。しかし彼女はドン・キホーテの物語に登場する人物にすぎず、ドン・キホーテを演じる田舎紳士アロンソ・キハーナの妄想のなかにしか存在しません。理想として賛嘆されればされるほど、現実との距離は広がり、キハーナが実際に出会っている酒場の娼婦アルドンサの焦燥と怒りをかきたて、さらには彼女を演じている囚人女の戸惑いを深めることになるのです。

この歌も、前の節で考察した、相対主義に基づく劇構造の一例となります。つまり、ドン・キホーテになりきったキハーナが、まずドルシネア姫を崇めて、極上の静けさにみちたセレナーデを歌います。しかし、それを聞いていた酒臭くて騒々しい宿屋の客たち（彼らを演じるのも牢獄内の男たちです）が、同じ旋律と歌詞を今度は違うリズムで、卑猥なバラッドとしてパロディにしてしまうのです。こうしてこの歌は、天上の理想と地上の現実に引き裂かれた、一人の女性の苦しみを映し出します。この歌を聴く私たちは、さまざまな思いに引き裂かれないでしょうか。一方で、騎士のヒロイズムに心を動かされながら、他方で、女性観客ならば、自分をアルドンサに重ねて、怒りと恐怖に身が凍るような思いをするかもしれませんし、男性観客ならば、ドン・キホーテの馬鹿馬鹿しさを笑って、アルドンサを嘲る群衆たちの側に自分もいると思ってしまうかもしれません。このような宙吊りにされた意識状態が、相対性の感覚をもたらします。そして、そこから生まれる距離感が、観客に傍観者としての安心を与えながらも、同時に自分がこの残酷な現実に介入できていないという、居心地の悪さをも抱かせるのです。

「ドルシネア」という歌がいかに美しかろうとも、アロンソ・キハーナがドン・キホーテに同化した妄想のなかで、宿屋の召使で娼婦でもあるアルドンサを、高貴な生まれの姫君ドルシネアと誤解した結果にすぎません。そのことは、あとでアルドンサ自身が歌う「アルドンサ」という歌にあきらかです。彼女はそこで、自分を「ドルシネア」として理想化することほど残酷なことはない、それは自分の日常や感情、怒りや生への意思さえも奪ってしまうことだ、と訴えます。しかし、ストーリーをやや先取りしてしまうことになりますが、さらに後になって終幕近くで、死の床にあるアロンソ・キハーナを訪ねたアルドンサは、なんとかして彼に、彼女のもう一つの名前「ドルシネア」を思い起こさせようとします。「ドルシネア」というのは、たしかに架空の記号、内実を持たない空虚な名前にすぎません。しかしアルドンサは、「ドルシネア」という記号だけが、彼女がこれまでの自分の人生のなかで、唯一価値あるものであるかのように振舞っているのです。それが彼女の生の証しであり、これからも生き続けていくための勇気の源泉でもあるかのように。

私が『ラ・マンチャの男』のこの場面で思い浮かべるのは、シェイクスピアの『リア王』における、リアとコーディリアという父娘の再会です。この劇ではブリテンの王であるリアが、三人の娘たちに財産と国土を分け与えて、自分は称号だけを保持し、安楽に暮らそうとします。姉娘二人は甘い言葉でリアを喜ばせるのですが、末娘のコーディリアはそれが言えずに、リアの怒りを買い追放されてしまう。ところが姉娘たちはリアの老後の世話をするどころか、頑迷な彼を迷惑がって、その従者の数を減らし、とうとう嵐の吹きすさぶ荒野へと追いやってしまいます。悲嘆のあまり正気を失ってさまようリアを救うのが、フランスの女王となっていたコーディリアで、二人はドーヴァーの野で再会します。狂気の嵐からさめたリアは、自分を愛し続けていたコーディリアに許しを請います。それをコーディリアは、「お父さんを責める理由なんて私にはありません」と言って、父と娘が和解する、とても感動的な場面です。ただこの場面をさらに意義深いものとしているのは、その後の劇の展開で、『リア王』はこの再会と和解によるハッピーエンドではけっして終わらないことです。戦争の結果、捕らえられたリアとコーディリアが牢獄に送られ、コーディリアが殺されてしまい、それを嘆いたリアも絶望のなかで息絶える、というきわめて悲惨な結末をこの劇は迎えます。

『ラ・マンチャの男』の場合は、アルドンサが死の床にあるアロンソ・キハーナを訪ね、彼女の願いにしたがって、キハーナはアルドンサを、幻想のなかのドルシネアとして再び認知します。これによって、キハーナはあらゆる艱難と闘い続ける英雄ドン・キホーテとして、自らの死を全うすることができるのです。たとえば『ウエスト・サイド・ストーリー』では、マリアとトニーの、お互いの名乗りが愛情の確認となりましたが、『ラ・マンチャの男』では、ドン・キホーテとドルシネアという、それぞれの新しい名前の承認が、それぞれの希望を込めた人生の扉を開くことになります。そして、承認の行為を見守る証人として、サンチョがいるわけです。

そしてさらに、そのような劇中劇の結末が、牢獄のなかに住まう人々の連帯と希望を生み出していくことになります。つまり、演劇的虚構が現実の惨めさを克服する道筋を指し示しているのです。『リア王』におけるリアとコーディリアの再会、および最後の彼らの死と同様に、『ラ・マンチャの男』でも、アロンソ・キハーナとアルドンサの再会は感動をもたらし、かつキハーナの死も悲しみをもたらすのですが、劇中劇的な構造のゆえに、キハーナ／キホーテの役を演じているセルバンテス自身は生きていて、演劇の力をあらためて開示する、という結末を迎えることになります。ということは、『ラ・マンチャの男』は、『リア王』という悲劇を劇中劇という仕掛けによって、ミュージカルにふさわしい喜劇的な体裁に変換していると言えるかもしれません。

少し先に話が行きすぎました。アルドンサとドルシネアという、名前をめぐる問題に戻りましょう。一人の女の名前をめぐる、これら一連の歌を聞いた私たちが、ドン・キホーテの（そしてアロンソ・キハーナとセルバンテスの）想像を笑わないのは、演劇内演劇という複層の仕掛けを持つ約束事のなかで、主人公の尽きることのない憧憬のうちに彼女の名前を連呼する歌の単純さが、私たちの胸に響きわたるからでしょう。目の前のみすぼらしい身なりの女が、ドルシネア姫でなくてはならない――この一人の男のかたくなさに私たちは打たれるのです。どんな運動も一人の呼びかけから始まり、その信念が層をなして積み重なることによって、歴史が作られ、社会の不公平が正される――『ラ・マンチャの男』という作品を、劇構造の上でも、また思想としても支えているのは、相対主義です。しかしそれは、どちらに転んでもかまわないように、決着がつくまで安全な場所で見ていよう、という日和見主義ではありません。むしろそれは、理想が現実の闘いのなかからしか生まれないこと、そして理想を語らないことは非現実への逃避にすぎないことを、強く訴える行動への誘いなのです。『ラ・マンチャの男』は、歴史が上から与えられた変更不可能なものであるという絶対主義に抗う作品です。それは歴史が、最終的には勝者や権力者の独占物ではなく、矛盾と苦悩のただなかでも行動することをやめない人々のものでもあること、すなわち、歴史が相対主義の産物であることを主張します。歴史が相対的であるがゆえに、それを作る人々の希望の灯は消えることがない――このメッセージは、最後の節で見るように、「不可能ゆえに可能性をためすのだ」という「見果てぬ夢」という歌に結晶していくのです。

### 3.「本当にあの人のことが好きなんだ」――民衆の連帯

ここでさらに、ドン・キホーテをめぐるもう一人の重要な登場人物を取り上げましょう。言うまでもなく、ドン・キホーテの従者であるサンチョ・パンサです。アルドンサがドン・キホーテにとって、「騎士が誠をささげる姫君」という、他者にして同伴者だとすれば、サンチョは単に従者というだけでなく、セルバンテス、アロンソ・キハーナ、ドン・キホーテという三重の自己にとって、劇の上でも思想の面でも自己のアイデンティティを支える、もっとも身近な他者である、と言うことができるでしょう。セルバンテスの劇団における同胞に名前は与えられていませんが、彼が劇中劇において、アロンソ・キハーナの友人にして召使、そしてドン・キホーテの遍歴の同行者であるサンチョ・パンサを演じます。つまり、サンチョは階級においては従属者でありながらも、演劇的な三重構造（過去／現在／未来、歴史／出来事／物語、牢獄／劇場／街道……）を容易に縦断する人物であると言えます。その意味で彼は、この三重構造を支える柱であって、彼の存在があるからこそ、三重構造が破綻せずに、観客も複雑な劇中劇構造を受け入れていられるのです。そしてサンチョ・パンサがそのような安定した重心であるのは、彼がドン・キホーテに対して、けっして疑うことを知らない信頼と愛情を抱いているからです。彼がその小太りの全身から情感をほとばしらせて歌う、「本当にあの人のことが好きなんだ（I Really Like Him）」は、人と人とが信じあえる可能性を、無垢にそして直接に訴えかける曲になっています。

『ラ・マンチャの男』の自己と他者に対する信頼を、根底のところで支えているこの人物にはいくつかの特徴があります。一つは、彼がセルバンテスの劇団における役者であり、演出助手でもあって、その役割を最初から最後まで全うしていること。彼は牢獄のなかの劇中劇の上演を、セルバンテスのように言葉で表明することはそれほどなくても、目に見えやすい形で黙々とこなします。そのことによって、他の囚人たちの参加が促されるのであって、それはセルバンテスだけではとうてい不可能だったでしょう。第二に、アロンソ・キハーナの人生とドン・キホーテの物語が演じられる劇中劇において、彼が徹頭徹尾主人を疑うことを知らない忠実な友人であり続けること。それは階級的な従属関係をはるかに超えた、人間的な信頼と友情によるものです。サンチョとその主人との関係は、前者の「好きなんだ」という真率な感情に基づくことが、すべての観客に即座に納得されるたぐいの強い絆です。第三に、おそらくこれが『ラ・マンチャの男』という歴史の相対主義に支えられたミュージカルにおいて、もっとも重要な点ではないかと思いますが、サンチョがセルバンテス／アロンソ・キハーナ／ドン・キホーテをつねに心から愛しながらも、どこかで彼のヒロイズムや自己耽溺に対して覚めた視線を持っていることです。サンチョのすごいところは、主人の行動が妄想に基づいていることもわかっていながら、それを審判することなく、さりとて盲信することもなく、それをそのままに付き合っていることです。そこにあるのは、愛情に基づく適度な距離感であり、言葉だけではなく、必要とあれば命を賭して身体で関与するという覚悟です。そのようなサンチョの態度のおかげで、私たち観客は、このミュージカルの主人公に対して適度の距離をもって、同化と異化をほどよく繰り返しながら接することができるのではないでしょうか。その意味でサンチョは、『ラ・マンチャの男』が標榜する歴史の相対性をもっとも如実に代表する人物であり、偏見や主義にとらわれない理想的な観客にして、私たちの代表でもあると言うことができると思います。

なぜサンチョ・パンサが、『ラ・マンチャの男』というミュージカルにおいて、これほど重要なのでしょうか？　それはミュージカル『ラ・マンチャの男』と小説『ドン・キホーテ』との違いに関わります。前編が一六〇五年に、後編が一六一五年に刊行された、セルバンテスの小説『ドン・キホーテ』は、貴族を主人公としながら、その人生を民衆の視点から見直そうとした、スペイン国民文学の最初の精華の一つと言えるでしょう。つまり、それを読む時には、貴族と民衆という階層間の交渉という視点が欠かせません。その作品を下敷きにして作られた、二〇世紀の中産階級の観客のためのミュージカルである『ラ・マンチャの男』が、サンチョ・パンサという人物像を利用することで何を成し遂げようとするのか？――やや謎めいた問いかけですが、どういうことか、少しずつ説明していきましょう。

『ラ・マンチャの男』は、たしかにセルバンテスの小説『ドン・キホーテ』を踏まえていますから、ドン・キホーテという騎士の生きざま、すなわち貴族的な生活様式と価値観を中心にすえた作品です。その点では、アルドンサがいみじくも言うように、彼の他者に対する態度は「天上の理想を見せることによって、地上の生き物に残酷な仕打ちをする」ものであることも事実でしょう。たしかに彼は清廉潔白な人物ですが、相当な自己中心主義者で、風車と闘ったり、床屋の洗面器を騎士の兜として珍重したりと、まったく無益なことに情熱を捧げる「変人」です。しかし、つねに何よりも真の英雄たらんとするこの男が、自分の利益や欲望を一切犠牲にして他人のために尽くそうとしていることは、誰にも否定できません。彼はなんの贅沢も報酬も、賛美の言葉さえも求めておらず、その生活は清貧そのものです。その犠牲的精神は、ドルシネアのような理想の姫君だけでなく、ひろく世のなかの虐げられた弱者のために、つねに発揮される準備があります。であるからこそ、その生き方がたとえ現実にはほとんど成果を生むことなく、騎士の幻想は物語と夢のなかのものとして消え去るとしても、彼の人生の軌跡は、歴史の残り火として人々の心のなかで燃え続けるのです。

サンチョ・パンサが民衆の代表として、観客と主人公との媒介役を果たすのも、このドン・キホーテの理想主義に対する、落ち着いた眼差しのゆえです。サンチョは、アロンソ・キハーナとドン・キホーテの行動が誇大妄想であり、敗北を運命づけられていることをよく知っています。しかしそれでもなぜ彼が主人を見捨てないかというと、それはそのような人物のヒロイズムがすべてではないにしても、自分の小さな一歩が積み重なってやがては何万歩にもなるという日常生活の事実こそが、社会を前に進める原動力となりうることを信じているからではないでしょうか。その意味で、サンチョは主人以上にすぐれた革命家であり、巧妙な政治指導者かもしれません。そしてこのミュージカルの構造に即して、なにより重要なことはサンチョ自身がセルバンテスと同様、劇団の一員であって、演劇を演じることで人々の意識を覚醒するという仕事を行っていることです。ですから劇中劇や物語のなかでは、たしかにサンチョはアロンソ・キハーナとドン・キホーテの従者かもしれませんが、いちばん外枠にある牢獄のなかの現実においては、そのような主従関係は存在せず、彼はセルバンテスの盟友であり同輩です。この事実が、『ラ・マンチャの男』におけるサンチョの位置を貴重なものにしています。劇団という制作集団を現場の創造者とすることで、このミュージカルの観客は、貴族対大衆、英雄対平民といった単純な構図から、自らの鑑賞体験を解き放つことができるのです。自分の階層的な位置を意識しないで済ませている中産階級の観客に、階級が単なる図式ではなく、自らも参画せざるを得ない社会の構造でもあると伝えること。サンチョは下層階級の代表者ではなく、自分たち観客の代弁者でもあると感じさせること――サンチョ・パンサを「ドン・キホーテの忠実な従者」というステレオタイプから解き放っているところに、このミュージカルのもっとも大事な特質の一つがあるのではないでしょうか。

## 4.「われこそドン・キホーテ」――他者でもありうる自己

さて、サンチョ・パンサを一つの要とした人々の連帯が、牢獄と劇場と、そしてスペインの田舎や街道という、三つの語りの空間において、いったいどのように実現されるのか――その問いを考えるには、やはりこのミュージカルのタイトルナンバーである「ラ・マンチャの男、われこそドン・キホーテ」という歌を、いま一度聞く必要があります。これは、主人公のヒロイズムをもっとも直接に伝える歌ですが、その英雄中心主義の内実とは何でしょうか？　ヒロイズムとは、自らの矮小な現実を、身体によるパフォーマンスへの過剰な信頼によって乗り越えようとする欲望です。「過剰」、つまり「やり過ぎ」ですから、それはつねに日常性によって裏切られ、その英雄的な闘いは敗北を運命づけられています。しかし、負け続けても闘い続けることが、ヒロイズムを維持するのです。日常の現実に裏切られるということは、さらにそれを超えようとして、自分の身体を等身大以上のものに見せようとする、物語や幻想を作り出すことがヒロイズムの継続には欠かせないということです。ですからヒロイズムは、つねに不可能をめざすことで可能になるという矛盾を含んでいます。そして『ラ・マンチャの男』が見事なのは、数々の楽曲が、そのような身体と言語によるヒロイズムの（不）可能な夢を、倦むことなく紡ぐからではないでしょうか。

「ラ・マンチャの男、われこそドン・キホーテ」という歌は、自分の言葉によって現実に先行しようとする欲望と、他者の具体的な身体に直面する体験とが拮抗することで、その強度を得ている歌ということができるでしょう。この歌では、セルバンテスがアロンソ・キハーナを、そしてさらにアロンソ・キハーナがドン・キホーテを演じるという多重の身体表現によって、いちばん内側にある「ドン・キホーテ」という人物の体現するヒロイズムが、増幅すると同時に相対化されるからです。そのような演劇の仕組みによって、ドン・キホーテの壮大にして無意味な、無謀でありながら崇高な、真率で身勝手な行動を、賛嘆すると同時に批判することができるのです。私たちは、この高貴でありながら限りなく馬鹿げている主人公に共感しながらも、完全に感情移入することはありません。そのような相対的視点をつねに保っている演劇構造の中核に、この「私」（＝セルバンテス、あるいは彼を演じる役者が演じるアロンソ・キハーナが自覚的に、あるいは幻想として選びとったドン・キホーテという存在）という、まったく架空の存在を全面的に肯定する歌があるのです。

ここには自己と他者をめぐる不思議な関係があります。つまり、「私は私だ」と言いうるためには、「私はドン・キホーテでもあり、アロンソ・キハーナでもあり、セルバンテスでもある、そしてまた、あなたがた一人一人でもありうる」という自覚に基づく、他者への信頼が必要だ、ということです。「ラ・マンチャの男、われこそドン・キホーテ」という何度聞いても心を揺さぶられる歌は、まさにこの架空の他者を演じることによって自己であり続けようとする、果敢な営みを支える信条の表現です。この歌は、このミュージカルのなかで都合三回歌われます。一度目は、セルバンテスが演劇世界のなかに牢獄の人々を巻き込もうとするとき。二度目は、彼が自分の身勝手さをアルドンサから非難され、彼女を救うことさえできない自分の無力に絶望しそうになり、それでも自らを励まし鞭打とうとするかのように、無理にでも自らの演劇的アイデンティティを確かめようとするとき。そして三度目は、アロンソ・キハーナが死の床でアルドンサの訪問を受け、彼女をドルシネアと再認して、自らのドン・キホーテとしての義務を思い起こしたとき。このようにこの歌は、このミュージカルの核である現実と虚構とのたえまない往復運動をささえる燃料となっています。この歌の爆発力は、一人の演劇人の奇想がしだいにまわりの人々を巻き込み、説得し、ついには作者自身をも凌駕するような形で想像力が伝染していくさまを思い起こさせます。同じ歌が状況を変えて反復されていくことで、観客の舞台に対する観方が少しずつ変わっていく——相互交渉をもとにした演劇の醍醐味が、「ラ・マンチャの男、われこそドン・キホーテ」という歌に結実しているのです。しかし同時に、この歌が華麗であればあるほど、周囲のきわめて過酷な現実との落差があきらかになり、この歌が具現するヒロイズムだけではどうにもならない不幸や悪や暴虐が意識されていくことも事実です。しかしそれでも、絶望やシニシズムや嘲笑におちいることなく、自分を叱咤し続けることで、他者に勇気を促していくこと——そのような止むことのない運動そのものを、この歌に感受するとき、観客はまさに不可能を可能にする演劇の力に触れるのではないでしょうか。演劇とは虚によって実をつらぬく試みであり、言葉を通して言葉を批判し、身体を使って身体を超える営みです。アロンソ・キハーナという田舎紳士が無謀にも発揮しようとしたヒロイズムは、ドン・キホーテという騎士の言葉と身体によって実現されると同時に否定され、それがひるがえって、セルバンテスという演劇作家の歴史を作り出す力を証明するのです。

## 5.「見果てぬ夢」——敗北と理想の追求

さていよいよ、私たちの考察も終盤に近づいてきました。「ラ・マンチャの男、われこそドン・キホーテ」という歌と同様に、このミュージカルのなかで繰り返されることで、現実と虚構を往復運動する演劇の象徴となっているのが、「見果てぬ夢（The Impossible Dream）」という歌です。しかしこちらの歌のほうは、この作品の根底にある相対主義を、現実への冷静な眼差しの方角から、むしろ理想の天空のほうへと広げようとします。

まずこの歌の歌詞が特異です。「見果てぬ夢を見続け、けっして負かすことのできない敵と戦い、耐えられない悲しみに耐え、……正しえない過ちを正し、……届かない星に届こうとする」といった、可能と不可能とに引きさかれた、まったく相反する表現が並べられています。「不可能であるからこそ可能にしなくてはならない」というのは理想主義の極みですが、この歌の特徴は、主人公のヒロイズムを拡張するとともに、英雄主義にありがちな自己中心主義を解体しているところにあります。言いかえれば、「見果てぬ夢」という歌がめざすのは、あくまで他者の幸せや正義であって、自分の栄誉や欲得とは無縁なのです。

この歌の中心にあるのは、ドン・キホーテの言う「人生をありのままに見るのではなく、あるべき姿で見るのだ」という信念にほかなりません。注意すべきことは、この歌が演劇人であるセルバンテスによって歌われるのではないということでしょう。その意味でこの歌は、このミュージカルの相対主義をこえた場所で歌われています。「見果てぬ夢」であるからには、この歌もあくまで夢と幻想のなかで歌われ、聞かれるものでなくてはならないからです。この歌が歌われるのは三回――一回目は、ドン・キホーテという幻想のなかの人物によって。二回目は、病床にあるアロンソ・キハーナを励まそうとするアルドンサと、自己の義務に目覚めたアロンソ・キハーナ／ドン・キホーテによって。そして三回目は、セルバンテスたちが牢獄を去った後、残された囚人たちによって。このように「見果てぬ夢」という歌は、一人の男の幻想から、二人の他者同士の交感において、そして多くの人々の合唱によって、という形で、個から全体へ、一人の人間の思い込みに基づく妄想から現実の希望へ、という軌跡を明確にたどっていくのです。それゆえにこの歌は、芸術的想像／創造が、人々の意識の革命と社会の変革につながるという希望を伝えることができるのではないでしょうか。「見果てぬ夢」とは、不可能ではあるけれども、いや不可能であるがゆえに、終わることなく追求し続けるべき夢、という意味でしょう。

かくしてこの歌は、「負け続けることだけが、いずれは勝つことにつながる」という、矛盾しているようでいて、実は歴史の真実を言いあてた表明につながります。考えてみてください、権力も財力もない無名の民衆が、暴力と財政の手段を独占した独裁者や権力者に即座に勝てるはずはありません。しかし権力者や政治家は一度敗北すれば終わりですが、民衆は負け続けることができるのです。負け続けても闘うことをやめない民衆ほど、権力者にとって恐ろしいものはありません。それがまさに「見果てぬ夢を見続け、けっして負かすことのできない敵と戦う」ということの意味ではないでしょうか。

こうして役者であると同時に観客でもある人々によって、劇作家に触発された「夢」が見続けられることで、演劇の言語と身体は永続化され、主人公のヒロイズムは多数の人々の現実的営みにより肯定されます。これこそ劇作家が私たち観客に手渡すことのできる最大の贈り物であり、そして私たちが作家に感謝しながら返すことのできる応答ではないでしょうか。演劇という虚偽によってのみ到達できる真実、という理想の実現。どれほどちっぽけでも、私自身が「自分は自分だ」と言いうること、そしてその確信は他者への信頼と、そこから生まれる他者に対する倫理的責任からしか生まれないことを、今日もこのミュージカルは教えてくれているのです。

第８章

# 『ジーザス・クライスト・スーパースター』

## 民主主義、あるいはメディアとしての偶像

Jesus Christ
Superstar

## 0. ロックとキリスト

この章で取りあげる『ジーザス・クライスト・スーパースター』は、いくつかの意味でミュージカルの歴史を書きかえた、革命的な作品と考えられます。この歴史の展開は、おもに二つの側面から見ることができるでしょう。一つは『ジーザス・クライスト・スーパースター』以降、ミュージカルがその主流をロック・オペラに譲ること。ここで言う「ロック・オペラ」とは、ロックンロール風のポピュラー音楽に乗せて、全編が歌だけで（つまり地の台詞なしで）進行するミュージカルのことを指します。この本で扱っている作品では、『ジーザス・クライスト・スーパースター』のほかに、『ライオン・キング』や『オペラ座の怪人』、『レ・ミゼラブル』がこれに当たります。これらはいずれも二〇世紀の後半以降に作られたミュージカルで、物語を進行させるのが台詞ではなく、音楽であることに特徴があります。この本で扱っているほかの、いわゆる伝統的なミュージカルが、台詞と歌を交互に挟み込むことで、ドラマを盛り上げようとしていることとは対照的です。簡単な比較はできませんが、ロック・オペラの場合は単純な物語の進行が求められるのに対して、台詞劇を交えたミュージカルのほうは複雑な筋の進行が可能となる、と言うことはできそうです。たとえば、『キス・ミー・ケイト』や『ラ・マンチャの男』における、「劇中劇」のような入り組んだ仕掛けは、台詞で説明せず音楽の力だけで観客を魅きつけていくロック・オペラでは難しいのではないでしょうか。

『ジーザス・クライスト・スーパースター』の舞台初演は一九七一年のブロードウェイ（製作ロバート・スティッグウッド、作曲アンドルー・ロイド＝ウェバー、作詞・台本ティム・ライス、演出トム・オホーガン）ですが、興味深いことにこの作品のもとになったのは、アンドルー・ロイド＝ウェバーが作曲し、ティム・ライスが歌詞を書いて、一九六九年に発売されたレコード「ジーザス・クライスト・スーパースター（Jesus Christ Superstar）」というロック風の音楽によるコンセプトアルバムです。もともとストーリー性を持っていたロック音楽のレコードから舞台化が構想されたわけです。人気を博したレコードが先にあって、そこからロックミュージカルが生まれたということになります。言ってみれば、ポップミュージックのほうが、とくに若い人たちにとっては、物語や小説などといった語りの芸術よりも身近になった、二〇世紀後半の状況を前提として、ロック・オペラという新たなジャンルが創造されたと言えると思います。

『ジーザス・クライスト・スーパースター』の革命性のもう一つの側面は、強力なストーリー性とその解体ということです。西洋における物語として、キリストの生涯ほど影響力の大きなものはありません。彼の一生を題材にした有名なハリウッド映画の題名が、まさに『これまで語られたもっとも偉大な物語（The Greatest Story Ever Told）』でした。『ジーザス・クライスト・スーパースター』も、西洋文化の根源にあるイエス・キリストの生涯、とくに彼の磔刑にいたる最後の七日間という、もっとも人口に膾炙《かいしゃ》した話を題材にします。しかし同時に、それを現代若者文化の象徴であるロック音楽に乗せて語ることによって、キリスト教にまつわる神秘性を剝ぎとってしまうことに特徴があるのです。その意味で、このミュージカルも『ウエスト・サイド・ストーリー』などと同様、それまでの権威や支配体制に対する異議申し立てがさかんに行われた一九六〇年代末の「反抗する若者文化」、いわゆるカウンターカルチャーの産物と言えるかもしれません。

イエス・キリストの物語がこれほど影響力をおよぼす原因の一つとして、人々が救世主を見殺しにしたこと、その自責の念がトラウマになったことがあります。イエス・キリストの十字架上の死は、いくつかの裏切りの結果とも言えます。彼を金銭という代価と引き換えに、支配権力に売ったユダの裏切り。それまでイエスを信奉して、まるで新たなる支配者のように崇めていた民衆たちの裏切り。イエスの身近にいて彼を愛し、理解していたはずの弟子たち、とくにペテロによる、「イエスのことなど知らない」という否認による裏切り。そして、父なる神が自らの子イエスを見殺しにしたという、「神の沈黙」による裏切り。「イエスが万人の罪を背負って犠牲となった」という論理は、実のところ、こうした度重なる「裏切り」がもたらす自責の念から逃れるために編み出されたのではないでしょうか。民衆の指導者として人気を博していた人物が生贄となることで共同体が存続する物語、すなわちポピュリズムと犠牲をめぐる力学が、このミュージカルの主題でもあるのです。

ポピュリズムとは、実在ではなくイメージへの信仰と言えるでしょう。ある人物や事物への信仰に基づくあらゆる宗教は、そこにポピュリズムの要素を含んでいます。キリストにしろ、マホメットにしろ、仏陀にしろ、その他の教祖にしろ、宗教は、信仰の対象が生きて活動しているときよりも、死後のほうが力を獲得するのが通例です。それは死が人の身体を表象、つまりイメージに変換することによって、等身大の肉体を、時空を超えた崇拝の対象とするからです。ポピュリズム的な信仰は、表象の伝播によって広汎な影響力を発揮します。そのことを熟知している政治的指導者は、大衆の人気を獲得するためには、自らの実在ではなく、大衆の喜びそうなイメージの拡散と増幅が必要であることを知っており、そのためにさまざまなメディアの力を借ります。ここに政治と宗教との接点があります。『ジーザス・クライスト・スーパースター』が、キリストの生涯という伝統的な題材を使いながら、現代にも通じる普遍的な問題提起をしていると考えられるのは、このような表象を通じた権力についての考察を、イエスの身体に対する複数の人々の接し方を通じて行っているからです。

ポピュリズムは、身体イメージへの信仰にもとづいているのですが、その権力基盤は不安定です。権力を支える大衆がしばしばその信仰対象を変えるからです。よって、選挙やマスメディアを通じた大衆の動員によって政治権力の行方が左右される政治体制においては、人々の人気獲得を求めるポピュリズムの功罪が問われてきます。その事情は、実際の権力が広く大衆にあり、指導者はその代表に過ぎないとされる民主主義でも同様です。ときに大衆は英雄の登場を待望し、さまざまな社会的問題を、民主主義をより良いものにしようとする辛抱強い運動によってではなく、誰かが一気に解決してくれることを願います。しかしそのような英雄の登場は、多くが幻想にすぎませんから、一定の期間がすぎると民衆たちは、他の人物に興味を移すようになります。『ジーザス・クライスト・スーパースター』も、イエスがそのようなポピュリズムの対象として一時的に信奉され、まるで革命の指導者のように扱われながら、たちまち見捨てられていく様を描いた、政治劇の側面を色濃く持っているのです。

イエス・キリストの神話に対する、そのような政治的な主題の導入は、保守的なキリスト教信者によって上演に対する抗議活動が実際に起こったことからもわかるように、「純粋」であるべき宗教と「世俗」の政治を切り離しておきたい人々にとっては、耐えがたいことであったでしょう。しかし『ジーザス・クライスト・スーパースター』の登場は、より深い意味で、西洋キリスト教社会の根本にある罪の意識に触れる事件でもあったのではないでしょうか。このミュージカルは、イエス・キリストという畢生の指導者を見捨ててしまったという、西洋キリスト教徒の罪悪感を、民主主義という現代の政治的主題を持ち込むことによって解決しようとする試みであったのでは、というのがこの章で考えたいことです。

このように宗教と現代文化を結びつけたロック・オペラの誕生は、脱植民地化の進行、フェミニズムや人種差別反対運動の台頭、環境保護、学生運動などといった一九六〇年代末からの世界的な民主化運動と軌を一にする出来事でした。『ジーザス・クライスト・スーパースター』は、中産階級による恋愛幻想に基づくかつてのミュージカルと、西洋キリスト教文化の因習とを同時に疑おうとする、まさに革命の時代にふさわしい作品だったのです。この作品が、どのようにイエスとその周囲の人々との関係を描くことによって新しい時代を拓いていったのか、いくつかの場面を追いながら見ていくことにいたしましょう。

## 1.「天国の約束」――宗教と政治

『ジーザス・クライスト・スーパースター』のなかで、政治や経済について考察をめぐらす登場人物は、イスカリオテのユダです。キリスト教の伝説では、イエスを自分の利益のために裏切った人とされているこの男を、このミュージカルはより複雑な人物として描くことで、宗教と政治のせめぎあいというテーマを浮かび上がらせます。とくにユダは、イエスの理想主義に対する現実主義、大衆の英雄崇拝の危険性の認識、ローマの権力機構の理解、といった点で、単なる裏切り者ではなく、イエスに対する個人的愛情と、ユダヤ民衆の安寧を願う政治的な配慮とのあいだで引き裂かれ、苦しみながら最善の道を探ろうとする人間として、私たちの共感さえ呼ぶのです。

「天国の約束（Heaven On Their Minds）」というユダの歌は、このような宗教と政治の矛盾を示唆する歌です。彼は、ユダヤの民衆がイエスに自分たちの願望を即座にかなえてくれるポピュリスト的な指導者を求めていることを敏感に察知し、そのことの危険をイエスが十分に理解していないことに苛立ちます。ユダは、イエスの現在の人望が、現実にはありえるはずのない「天国」をいたずらに民衆たちに約束しているからだと考えています。そのような約束は、ユダヤの地を植民地として支配するローマ帝国に危機感をいだかせ、結果としてイエスや弟子たちだけでなく、多くの民衆が迫害されることになるだろう、という政治的な判断がユダにはあるのです。

このミュージカルは、一方に、宗教と政治の区別なしにイエスの人気に一時的に熱狂する大衆たち、他方に、それを冷静に観察し、イエスに従う人々にとって、より良い選択を探ろうとするユダ、という対照をくっきりと浮かび上がらせます。しかし問題は、ユダにとって、そしてイエスにとって、宗教と政治の狭間をかいくぐりながら、ユダヤ民衆のローマによる植民地支配からの解放を実現する方策が実際にあるのか、ということです。この点において、ユダもイエスも明確な展望を持っているとは言いがたく、観客として私たちはこの二人の苦悩には共感する一方で、解決策のなさにも気づかざるを得ません。そしてそのことが、イエスを「ジーザス・クライスト・スーパースター」として称える民衆たちの歌に、一時の解放感と同時に、祭りが終わった後に訪れる現実への不安感を滲ませるのです。ときに空虚にさえ響くイエスへの賛歌と、断続するリズムのなかに不安が見え隠れするユダの歌との対照――イエスという一人の男を焦点とした熱気と憂慮が、音楽の性格の差となって私たちに伝わってきます。ユダは、イエスを大衆が待望していた英雄として描くだけでなく、そこにポピュリストとしての運命をも予測している人間です。そのような予感が、ユダをイエスと同じくらい、あるいはそれ以上に悲劇的な人物とします。それによって『ジーザス・クライスト・スーパースター』は、ユダという特異な人物を「裏切り者」というキリスト教神話における紋切り型の評価から救い、民主主義とポピュリズムの関係を問わざるを得ない、現代の私たちの政治に対する解釈と心情に近い位置にまで、彼を近づけるのです。

## 2.「どうやってあなたを愛すれば」——娼婦と救世主

『ジーザス・クライスト・スーパースター』は、社会の因習に反抗する若者文化と、政治革命の雰囲気が世界で盛り上がった一九六〇年代末以降の産物です。いわばそれは、旧弊を打破するという「偶像破壊《イコノクラズム》」の一例でもあったわけですが、その対象となったのが、西洋文化のなかでもっと重要な位置を占めてきた、イエス・キリストの死をめぐる物語であることが、ミュージカルの歴史にとって特筆に価する出来事でした。この作品は、それまで宗教という信仰の制度内で守られてきた、イエスの神格化された地位を、ロック音楽やヒッピー文化といった六〇年代文化の様相のなかに投げ込みます。それは、イエスを「神の子」という位置から引きずり下ろし、奇跡や神秘ではなく、「人の子」として避けることのできない矛盾や力関係のただなかに彼を置くことでした。前節で述べたように、この作品は一方で、大衆とイエスとのポピュリズムを軸とする繋がりを批判し、宗教上の預言者というよりは政治指導者としてイエスに相応しい役割を模索する、ユダのような人物に焦点を当てます。イエスの「人間化＝脱神格化」をめぐって、他方もう一つ重要な点は、このミュージカルが彼の「男性性」に注目して、マグダラのマリアという女性を配したことにあるでしょう。

『ジーザス・クライスト・スーパースター』は、イエスの生涯の最後の一週間という、神話でありながら、一人の人間の生き様を映し出す、ドラマチックな時間を描きます。そのとき彼の人間性を強調し、二〇世紀後半の社会が激動する時期を生きる観客にとって身近な像を作り出すために、他者との関係のなかであぶり出されてくる自己というテーマが前面に出てくるのです。この作品のなかでもっとも濃密な人間関係が、イエスとユダとマグダラのマリアとの、イエスを頂点とする三角関係にあることは明らかでしょう。それは、愛や同情、憎悪や絶望をはらんだ緊張のうちにある関係なのですが、そのことをこのミュージカルは、この三人が歌ういくつかの忘れがたいナンバーによって示していきます。そしてその多くが、イエスに対して、ユダとマリアが「いったいあなたは誰なんだ」と問いかける、不可思議な他者のアイデンティティをめぐる歌です。その「イエスとはいったい何者か」という問いは、とくにイエスとマグダラのマリアとの繋がりにおいて、男女関係が絡んでくることで、キリスト教の正統な歴史が抑圧してきた性愛に関する問題へと発展する可能性を秘めています。『ジーザス・クライスト・スーパースター』を私たちにとって身近なものとしているのは、この私たち自身の愛情や性欲をめぐる理解しがたさや、それゆえの興味が、イエスをめぐる人間関係に描かれているからではないでしょうか。

このミュージカルは、マグダラのマリアという女性をイエスの傍らに配することによって、イエスの女性関係という、いわば禁断のテーマに迫ろうとします。興味深いことに、このミュージカルは、あくまでもマリアの側面からのみ、他者であるイエスを求めようとする衝動を描くことによって、イエス自身の内面を曖昧なままに留めています。私たちはイエスがいったい、マグダラのマリアの接近にどう対処しようとしているのかも、そこには男性としての思いがどれほど含まれているのかも、よくわかりません。たしかに彼は、マリアと一緒にいると癒されると言うのですが、それ以上に踏みこんだ関係を彼女と築こうとはしません。どうやらイエスはマリア自身の欲望のありかを照らし出す媒体としてのみ存在しているかのようで、彼自身の欲望はあまり明らかにならないのです。それを、このミュージカルによるイエスの人間化の限界と見ることもできるでしょうが、ここではマリアとイエスとの関係を考えるときに、大きな意味を持ちそうなマリアの歌、「どうやってあなたを愛すれば（I Don't Know How To Love Him）」を検討してみましょう。

キリスト教の伝説では、マグダラのマリアは「娼婦」という役割を与えられています。つまり彼女は、その職業についているがゆえに、社会ではさまざまな偏見にさらされているのですが、それゆえにイエスの同情を得るということになっています。たしかに聖書でも、イエスとマリアとの関係は近しいように描かれていますが、そこに男女関係を示唆するものはありません。仮にそのような関係を示唆する出来事や記述があったとしても、キリスト教が宗教として整備されていく過程で、そのような要素は伝承から削ぎ落とされていったことでしょう。『ジーザス・クライスト・スーパースター』は、そのように特殊な関係を、マリアとイエスとのあいだに積極的に回復しようとします。たしかにこのミュージカルでも、あからさまにセクシュアルな関係は示唆されていませんが、マリアがイエスに寄せる思慕は異性間の愛情を指し示すものです。この「どうやって愛すれば」という美しい歌のなかでマリアは、イエスを謎めいた存在として、いわば神の子と人の子の境界線上にある者として、普通の男性とは違った愛し方をするしかないのでは、と考えています。互いの身体のあいだにはつねに距離がある、その戸惑いや焦りがこの歌に表されているのですが、同時にそこには、「近くにいても遠くにいても、こうしていつもあの人を見ていたい」という、他者への優しい眼差しが感じられます。ですから「どのようにあの人を愛したらいいかわからない」という表明こそは、愛情を肉体関係に還元したり、異性愛だけが正常な愛情のあり方であると見なしたりする、社会の見方に対する異議申し立てともなっているのです。

このマリアの「どうやってあなたを愛すれば」という疑問に、神の子に対する普遍的な愛であるアガペーと、一人の特定の人の子に対する性愛であるエロスとの障壁を見てもいいでしょう。マリアはこの歌によって、一方で神の子に対する万人の愛を代表しながら、他方で一人の男性に対する情を吐露しています。その曖昧で繊細な情感が、マリアのこの歌をきわめて魅力的なものにしています。マリアがイエスから求めているのは、「私も君を愛している」という彼の返事ではなく、「このまま愛することを続けてもいい」という承認なのです。

そのような他者の承認があって初めて、マリアという社会から弾き出されそうな女性は、自分に対する誇りを持つことができます。アガペーでもエロスでもなく、ただ無性に無償のまま愛していたい、というマリアの思いを、いったいどうイエスが受け止めているのか——このミュージカルが提供する答えは曖昧です。しかしだからこそ、マリアがイエスに寄せるこうした気持ちを、観客も共有できるのではないでしょうか。伝統的なミュージカルで繰り返し描かれてきたような男女関係に入り込むことなく、また異性愛関係に特権的な位置を与えることなく、イエスという謎の前で立ち止まる私たちの代表として、マリアの想いを受け継ぐこと。これが、一方で「ジーザス・クライスト・スーパースター」という偶像のまま、大衆の消費の対象となっているイエスに、ポピュリズムの類型から脱する可能性を与えているのです。「どうやって愛したら」というマリアの疑問は、政治的な偶像崇拝がもたらす危険への警告ともなっているのではないでしょうか。

## 3.「ゲッセマネ」——エリートと大衆

『ジーザス・クライスト・スーパースター』における人間関係の一つの軸が、ユダとマリア双方によるイエスへの想いをめぐるものであることを見てきました。このミュージカルには、もう一つの軸として、個人と集合、エリートと大衆という、社会が変動する時期につねに問題となる政治的な主体をめぐる命題があります。すでに見たように、この作品のなかで政治的な見識を持っている人物の一人であるユダは、イエスと大衆との迎合を批判し、そこにポピュリズム、あるいは衆愚政治に陥る危険を見ています。しかし、ローマ植民地支配下のユダヤのように、圧倒的多数の民衆が少数の外地から来た支配者とその傀儡に征服されている状況のなかでは、イエスのような弁舌に優れ人心を掌握するすべを心得た指導者に、現存する秩序の変革が期待されるのは、当然のことと言えるでしょう。そこには指導者の身体そのものを、社会の未来像と同一視する大衆の心理が投影されています。たとえば現代においても、政治や軍事の指導者からロックスターまで、彼ら彼女らの肖像をポスターにしたり、Tシャツにしたりすることで、人々はイメージとして消費し、その力にあやかろうとします。マスメディアは、自分の居住地と遠く離れた場所や、自らのそれとは一見関係のなさそうな文化圏で起こる出来事を、まるで身近に発生しているかのように、すべての人が関心を持つべき事件として伝えます。これが、マスメディアが得意とも、使命とも自認している、身体のイメージ化による消費の典型的な事例です。しかしそれが日常的に大量の情報として伝えられればば伝えられるほど、消費者は出来事そのものには無関心となっていきます。他国で起きている戦争の報道が顕著な例ですが、どんなにそれを現実の出来事として想像しようとしても、茶の間のテレビ映像のなかの被害や死を、メディアによるイメージ操作から切り離すことはできません。『ジーザス・クライスト・スーパースター』というミュージカルも、キリスト教という、なかなか若者にはなじみにくかった伝統的な事象から神秘性を剝ぎとり、代わりにポピュラーカルチャーの意匠を導入することによって、ポピュリズムの根底にある身体イメージの消費という主題を提起します。そのとき観客にとって重要なことは、イエスの苦悩や死を、メディアによる消費のメカニズムからどう救い出して、自分にとっての関心事として取り返すかにあるでしょう。ここに、メディアを通した自己と他者の関係をどう再構築するかという、このミュージカルの問いかけがあるのではないでしょうか。

私たちはメディアというと、新聞やテレビ、インターネットなどといったニュース報道のための手段を思い浮かべがちですが、広い意味では身体や言語もメディアです。メディアの原義は「媒体、媒介」で、つまり異なるものをつなぐ役割を持つもののことです。たとえばニュースの場合は、実際の出来事が現実で、報道がその表象だとして、それをつなぐものがメディアとされているわけです。ところが考えてみると、ここには厄介なことがたくさん出てきます。たとえばニュース報道でもそうですが、自分の知りえない遠方の世界で起きたことは、メディアを通じた報道がなければ自分にとっては無かったのと同じことになります。もちろんその出来事は現実にあったのですが、それに「現実感」をもたらしているのはメディアなのです。今の時代の私たちのように四六時中さまざまなメディアに囲まれて暮らしていると、現実と仮想現実との区別が曖昧になってきます。しかし政治でも宗教でも、権力者がメディアの操作に巧みなのは時代を通して変わりません。彼らはメディアを通じて宣伝する自らのイメージを人々に浸透させることによって、人気を得て権力を獲得するのです。現在、民主主義が危機にあると言われるのは、そのような政治とメディアとの密接な結びつきが一つの要因となっていることは疑いありません。権力はメディアを支配する者の手に渡るというのは、昔も今も同じなのです。

『ジーザス・クライスト・スーパースター』は、イエスの実体と、人々が消費する彼のイメージとの差異によって、二〇世紀後半に急速に進歩したメディア技術のありかたに疑問を提出します。メディアの力が、宗教や政治という、偶像を必要とする機構のなかで、どう発揮されているのかを検証すること――エリートと大衆との関係において、もっとも重要な課題の一つが、ここで取り上げられているのです。

イエスが弟子たちや多数の民衆を引き連れて、エルサレムに入城するという出来事は、そのようなメディアによる政治権力と身体イメージとの結びつきを示す、劇的な事例でしょう。『ジーザス・クライスト・スーパースター』は、その情景をまるでロックフェスティヴァルの祝祭的な雰囲気を醸し出しながら、いくつもの相反する力学の交錯として描きます。イエスと弟子たちとの関係、しかしそのなかでもイエスに近い弟子とそれほどでもない者たちとの相克。イエスをめぐるローマ総督ピラト、あるいはユダヤ王ヘロデと民衆たちとの関係。イエスを歓呼して迎えた大衆と彼の死刑を要求する大衆との差異と同一性。大衆と言ってもさまざまな位置の違いによってイエスに対する見方の違うのです。さらに、イエスに革命的叛乱の指導を期待する「狂信者サイモン」のような男と、彼を批判するユダ。イエス自身はそのように複雑な力学のなかで、自分にいったいどのような役割が期待されているのか、戸惑っているように見えます。自分はどんなメディアとして神と人々の間を仲介することができるのか、という疑問は、そのまま「いったいあなたは誰なのだ」という、ユダやマリアがイエスにぶつける疑問でもあります。そして、この自己と他者をめぐる根本の問いは、イエスが一人で解決できるものではありません。それはイエスの身体や言葉を単なる偶像として消費するのではなく、人々が自分自身の課題として引き受けるほかないものなのです。

イエスは否定を繰り返すことによって、自分のアイデンティティについて、思いをめぐらします。私はユダの期待するような賢明な指導者でも、サイモンが迫るような革命家でも、マリアが思慕を寄せるような男性でも、支配者たちが揶揄するような救世主でも、そして大衆が支持を寄せるようなポピュリストでもない。しかし、時代の力学は否応なくイエスを巻き込んで離さず、彼に歴史に残るような役割を果たすよう迫ります。それが消費される身体イメージとしてのイエスの宿命だからです。

彼が自らの使命について何らかの指針を得ようとして、父なる神との対話を試みるのが、「ゲッセマネ（私の言いたいこと）（Gethsemane（I Only Want To Say））」という歌です。この歌は、聖書のなかでも描かれている、イエスの父なる神に対する問いかけという挿話に基づいています。聖書では、このゲッセマネでの祈りの結果、イエスは十字架上で犠牲になるべき自らの運命を甘受することになった、という解釈が一般的です。しかしそれはイエスの「祈り」にすぎませんから、神がそれにどう応えたのかどうかの回答は聖書にもありません。私たちはかりにそれが対話だったとしても、その内容を知らないので、いったいイエスの「どうかこの苦しみを私に与えないでほしい」という懇願に、神がどのように応答したのかわからないのです。『ジーザス・クライスト・スーパースター』のこの歌でもイエスは、自分がいったい何を託されて神から遣わされたのか、どうして自分が無知蒙昧な民衆たちの犠牲にならなくてはならないのか、自分が犠牲になったところで民衆たちはその意義を知ることができるのか、といった疑問を立て続けに神にぶつけます。しかしこのミュージカルのなかでも、私たちはイエスの必死の訴えは知りえても、それに対して神がどのように応えたのかを知ることはできないのです。

おそらくここに『ジーザス・クライスト・スーパースター』というミュージカルが、キリスト教の伝説から離れる、決定的な分岐があると思います。つまり福音書に叙述されているような伝承では、イエスの訴えに対して神がどのように応えたのか、無視したのかは、曖昧なままにされています。もしかしたら神はイエスの必死の祈りに応えて、イエスに犠牲の意義と肉体的苦難に立ち向かう勇気を齎《もたら》したのかもしれない――そんな思いさえ抱くこともできるかもしれません。それに対してこのミュージカルでは、イエスの問いかけに対する神の沈黙がはっきりと刻印されています。その冷厳な事実へのイエスの焦燥と怒りと、そして諦念とが、ゲッセマネの丘における彼の「言いたいこと」として、強烈なロックのリズムに乗せて明白に伝えられるのです。かくして私たちは、ロックンロールという社会的な因習や支配機構に対する異議申し立ての意味合いを強く持つ音楽と、イエスの父なる神に対する抗議とを直結することができます。「なぜ私を見捨てるのだ」という彼の怒りは、そのまま二〇世紀後半の若者たちの大人たちに向けた叫びでもあり、彼ら彼女らの共感を即座に呼ぶものだったのではないでしょうか。

さまざまな対立を最終的に止揚するはずの「父なる神」からの答え、イエスの「なぜ私は死なねばならぬのか?」という疑問への応答ははたしてあったのでしょうか。「神は実際にはいないかもしれない、だから私たちは不幸や不正義に自分一人で耐えるしかない」という思いさえ、私たちは抱いてしまわないでしょうか。「ゲッセマネ」というイエスの歌は自分が父なる神と大衆をつなぐメディアである、という偶像崇拝を彼自身が拒否する歌でもあります。それは、民衆の罪を背負って死んだ「犠牲の山羊(スケープゴート)」となることを拒絶することでもあるでしょう。メディアとして偶像にならないということは、こうした犠牲の論理を斥けることでもあるからです。「自分の生や死に、いったいどんな意味があるのか」という、私たち人間にとっての究極の問いをイエスが代弁し、ひたすら沈黙を続ける神に激しいロックのリズムとともにたたきつける——そのときこのミュージカルは、ポピュリズムと偶像崇拝の呪縛から解放されて、自律にもとづいた人と人の関係の再考こそが、社会変革の契機となることを考えさせるのです。

4. 「ユダの死」——身体と資本主義

さらにもう一つ、このミュージカルには、金銭とその価値という経済観念に関わる問いかけがあります。これが重要なのは、一九六〇年代末の世界革命の時期に誕生したこのミュージカルにとって、それまで数世紀にわたって世界を支配してきた資本主義の根本にある、貨幣への問いが避けて通れなかったからです。『ジーザス・クライスト・スーパースター』は、このことに迫るために、イエスの裸の身体を焦点化します。ここでは、金銭による交換価値の増減と、人間の身体のありようとの関係にメスが入れられ、身体とその力を自己増殖のために利用する、金銭経済のメカニズムが問われているのです。

ここで核となるのは、イスカリオテのユダとマグダラのマリアとの対立です。高価な香油をイエスの清めに使おうとするマリアに対して、ユダは香油を買う金銭を貧しい民衆の福祉のために使うべきだと主張します。キリスト教の正統的解釈によれば、イエスの死を予知して、そのために彼の身体を清めようとしたマリアの行為のほうが正しく、ユダの介入はイエスの犠牲に対する冒瀆であるとされています。しかし、このミュージカルにおいて、マリアとユダのどちらが正しいかは明確な答えを与えられず、曖昧に開かれたままです。このように答えのないことがかえって、身体と金銭との関係を私たちに考えさせるのではないでしょうか。

犠牲として選ばれた一人の男の身体を、高価な香油によって浄化することによって、宗教儀礼の意義を未来の歴史のために刻むほうが正しいのか？　それとも、現実の民衆たちの貧困に対して、実際に効果を及ぼしうる金銭の使用のほうが望ましいのか？　ポピュリスト的な指導者としてのイエスからすれば、そのどちらもがイエスの身体の偶像化につながるでしょう。しかしこのミュージカルは、大衆たちがほんとうに何を求めているかに対して、イエスが無知であり、無関心でさえあるかのように描きます。だからといって、彼が神の子としての崇高な犠牲者の役割に満足し、身体に注がれた香油の意味を宗教的に昇華させるわけでもありません。身体と金銭との矛盾は、あくまで矛盾のままに放置されているのです。

金銭と身体との関係をめぐるもう一つの大きな問題は、ユダによるイエスの「裏切り」と、その代償として得た金銭に関わります。ユダは、イエスを裏切ることによって得た金を、いったんは民衆の救済という大義のために利用できるのではないかと正当化します。しかしユダはこの金銭的代償が、自らの利己心の証拠となって、自分の名を歴史に永遠に「裏切り者」として刻む結果になることを恐れるようになります。そう考えたユダは、金を「血の代償（"Blood Money"）」であるからと返却しようとするのですが、支配者たちに冷笑され、拒否されます。ここにもユダを焦点として、政治（＝民衆の解放、貧困の解消）と宗教（＝伝説による評価、信仰の基盤）との対立、そして信仰の対象としての身体＝血と、交換経済を支える金銭との関係というテーマが浮かび上がっているのです。

「ユダの死（Juda's Death）」という歌は、イスカリオテのユダという、ともすれば単なる利己主義者の裏切り者として、キリスト教の側からは片付けられてしまう人間の、個人的な苦悩の深さだけでなく、政治と宗教と経済をめぐる、こうした人類にとって普遍的な課題に迫るための入り口になります。この歌はある意味で、前節で扱った「ゲッセマネ」と対をなすものかもしれません。つまり「ゲッセマネ」が、神の無関心と沈黙に対するイエスの焦燥の表現だとすれば、「ユダの死」は、イエスの無理解と大衆の無知に対するユダの絶望の表れとも考えられるからです。どちらの歌もロックの激しい音楽と叫びに近い歌詞とが、不平等な社会の変革をめざしながら、その方策に行き詰ってしまった若者たちの心情と同じリズムを刻んでいるのです。

ユダはこの矛盾に苦しんで結局、自殺を選択してしまうのですが、このミュージカルの興味深いところは、ユダが自殺した後でも、彼を観察者として舞台上に残しておくことです。こうしてユダは金銭がどのように私たちの肉体を購えるのか、という近代社会経済の根本にある問題点を、私たちに突きつける媒体であり続けます。そのことによって、彼の苦悩は、身体と資本主義をめぐる私たち自身の宿題として引き渡されていくのです。

このイエスの身体と引き換えの貨幣という主題は、「最後の晩餐（The Last Supper）」において、自分の血と体として、ぶどう酒を飲みパンを食するように、というイエスの要求の意味を、ユダ以外の弟子たちが理解できないことでも強調されています。金銭の意味、貧困の救済といった政治上のプロジェクトに真摯に関与しようとしたユダだけが、イエスをポピュリズム的な指導者として賛嘆するだけの他の弟子たちとちがって、犠牲となるべきイエスの身体の意義を、貨幣経済社会の仕組みのなかで理解しているからです。そのことによって、現代の観客に向けてユダは、資本主義システムの根幹にある価値機構のほうが、宗教的信仰よりも現実に対する支配力を発揮しているのではないか、という問いを提起します。現代では、金銭や財産や資本こそが神となっているのではないか――これがメディアを通じた偶像の消費によって支えられているポピュリズムをめぐる、『ジーザス・クライスト・スーパースター』というミュージカルが突きつける究極の疑いなのです。

## 5.「もう一度始めさせてほしい」——革命と共同性

キリスト教者の信仰によれば、私たちの罪を背負って犠牲になったとされるイエス、それはいったい誰のことなのか——『ジーザス・クライスト・スーパースター』はこのことにこだわり続けます。イエスが捕えられてしまった後で、その弟子の一人ピーター（ペテロ）は自身の捕縛を恐れて、彼との関係を否認し、「わたしはあの人を知らない」と言ってしまいます（「ピーターの否認（Peter's Denial）」）。それはたしかに一面では、勇気のない自己保身を求める多くの人間たちの写像なのかもしれません。しかしここで考えたいのは、誰だって自分に危害が加えられることを怖れれば、イエスとの関わりを否定するだろう、それでもイエスは私たちを愛して下さるのだ、ということではありません。これだけでは偉大な救世主イメージの賛美で終わってしまいます。このミュージカルにおける、ピーターの否認はむしろ、「いったい誰がイエスのことを知りうるのか」という普遍的な問いかけへと至るものではないでしょうか。そのように解釈しなおすことによって、私たちはこの場面を通して、他者という謎に寄り添い続け、自分を他者の視点から見直し、他者の承認があってはじめて自己を認知するという、人間関係の根本の問題へと迫る勇気が得られるのです。

この場面でとても重要なのは、ピーターの後悔と悲しみを受けとめるのが、マグダラのマリアによる歌だということです。彼女の歌は、イエスという他者を否認することによって自己を見失ってしまったピーターだけでなく、私たちの胸にもかぎりなく優しく響きます。それはおそらく、私たち自身が、日常生活において、他者に対する同じような拒絶を繰り返してきたこと、それに対する自責の念があるからではないでしょうか。

「神の子」、「ユダヤ人の王」、「ただの男」、「現実を見ない理想主義者」……さまざまな人々の目に映るイエスという不可解な他者は、私たちすべてにとって、鏡のような役割を果たすのです。「ジーザス・クライスト・スーパースター」とは文字通り、「救世主」にして「ロックスター」、そしてどこにでもいる普通の人でもある、そんな矛盾に満ちた人間のことです。テーマ曲である「スーパースター（Superstar）」がイエスに繰り返しぶつける「あなたは誰」、「自己犠牲はなんのため」という問いに対して、イエスは結局なにも答えることなく、十字架上で亡くなってしまいました。彼がその理由を明らかにすることなく、ほとんど自分から求めた死によって、これらのアイデンティティをめぐる問いは、私たち自身が自らの責任において、彼との関係をめぐって抱き続けなくてはならないものとなるのです。私たちには、イエスを裏切ることも、拒否することも、そして愛し続けることもできる。そのような他者を求め、他者との関係において自己を考える意思があるかぎり、マリアと弟子たちが深いリリシズムをもって歌うように、私たちは「もう一度始めさせてほしい（"Could We Start Again Please"）」と言うことができるのではないでしょうか。

「あなたをどうやって愛したらいいのかわからない」――ユダとマリアのこのつぶやきの前に、私たちはいま一度立ちどまるべきだと思います。それが、イエスという人物がなぜ多数者のために犠牲とされたかを考え、金銭や財産や教祖に対する偶像崇拝とポピュリズム信仰から身を引き剥がして、真の民主主義を実践することに繋がるのではないでしょうか。民主主義は、無意味な死や不合理な財産配分が、多数の合意と利益によって正当化されることを許容してしまいがちです。しかし人の死や差別はけっして納得できないものですから、民主主義を標榜する政治体制も、共同体の構成員が不断に努力して少数者の意見を尊重し続けないかぎり、衆愚的な無責任体制につながる恐れがつねにあるのです。人々の利害は対立するものですから、大衆の意思を基盤とする民主主義は、妥協の産物とならざるを得ません。ある者にとっては不合理で不平等な仕組みが、他の者の意見によって正当化されるのが「最大多数の最大幸福」を理想とする民主主義です。それは英雄待望論や独裁者の専制によって、大衆が責任を放棄し、他者依存に堕する危険を抱えています。民主主義は多数決や相対主義をふくまざるを得ませんが、それらは対話原理と少数意見の尊重があるかぎりにおいて有効です。民主主義は多数による少数の犠牲を肯定する暴力となることもあれば、少数者のためのセーフティネット構築の原理となることもあるのです。イエスはいったい誰のために犠牲になったのか、と問うとき、私たちは人の死が究極的に無意味でしかないという理不尽さに思い至ります。愛や友情は裏切られ、個々人はきわめて弱く、神は沈黙して応えることがない——こうした不条理を解決するために人類が一つの政治的システムとして編み出してきたのが、きわめて不十分ですが、他の政治体制よりは幾分かましな、民主主義という制度と思想なのです。

民主主義を愚民主義としないためには、他者に対する信頼と、自立への地道な努力が欠かせません。他者はたしかに不可解で、簡単に答えてくれない存在です。しかしそれにもかかわらず、私たちはその人に寄りそうことによって、他者を愛する自己の力にかけることができるかもしれない——その希望を私たちは、イエスをめぐるマリアとユダ、そして弟子たちの悩みと戸惑いから受け取ります。伝統的なミュージカルの終焉を画した『ジーザス・クライスト・スーパースター』の体験を共有することは、初演から四〇年後を生きる私たち自身にも開かれている、そのような望みに賭けることでしょう。貧困と差別に苦しむユダヤ民衆を救おうとして、預言者という立場をあえて選択したイエスの生涯を、一九六〇年代末の反省と反抗の時代に復活させた『ジーザス・クライスト・スーパースター』が、まさに革命的なミュージカルだったとすれば、それは、二一世紀の今、貧困と格差をもたらしてきた資本主義支配の終わりの始まりの時代にあって、いまだに実現していない、平等な社会と人々が自立した主体であるような民主主義の可能性にふたたび目覚めさせる力を、この作品が持っているからに他なりません。

# Ⅳ 他者

第9章

# 『オペラ座の怪人』

## エキゾチズム、あるいは仮面の下の天使

The Phantom of the Opera

## 0. 美女と野獣

『オペラ座の怪人』は、人間のなかに隠された自己の二面性への恐れと憧れをそそってやまないミュージカルです。その魅力の源は、美女と野獣、光と闇、天使と悪魔、外見と内面、夢と現実といった、人間特有の二項対立的な観念を、華麗な装置と衣装、意表をつく舞台転換、そしてバラエティは少ないけれども印象深く壮麗な楽曲にのせて表現したことにあるでしょう。このミュージカルの原作は、一九一〇年に出版されたガストン・ルルーの怪奇小説で、この物語は他にも多くの映画やミュージカル作品を生み出してきました。この章で扱うミュージカル版『オペラ座の怪人』の作曲を担当したのは、アンドルー・ロイド＝ウェバーですが、そのロンドンでの初演は一九八六年一〇月。その後ニューヨークでも一九八八年一月に上演が始まり、両都市ではいまだにロングラン記録を更新中です。また日本でも、劇団四季が浅利慶太の日本語台本と演出で、一九八八年四月に東京で初演、それ以来全国で再演を重ねています。現在でも二〇か国以上でさまざまな言語に翻訳されて上演されていますが、演出や装置、衣装などはそのほとんどがロンドンでのオリジナル公演に準じているとのことです。ロンドン版の制作はキャメロン・マッキントッシュとアンドルー・ロイド＝ウェバー、作詞がチャールズ・ハート、台本がリチャード・スティルゴーとアンドルー・ロイド＝ウェバー、美術がマリア・ビョルンソン、演出がハロルド・プリンスと、英語圏でのミュージカルの歴史に残るようなスタッフを網羅した陣容でした。二〇〇四年には、ジョエル・シューマッカー監督によって、このミュージカルの映画版も作られています。

『オペラ座の怪人』は、一九世紀末のパリ・オペラ座を舞台としているので、主人公たちが歌うことが劇進行の上でまったく不自然には感じられません。そしてこのミュージカルも、『ジーザス・クライスト・スーパースター』などと同じように、楽曲と歌だけで話を進め、音楽が台詞によって中断されることなく続いていきます。話の内容としては、主役クリスティンを新進の女優歌手として設定し、彼女が歌を学び、オペラ座で主役を務めるようなプリマドンナとして出世していく過程に、劇場の地下に住みついている「怪人」の助力があったとすることで、表と裏、自己と他者との深い結びつきを示唆する教育と成長の物語となっています。

『オペラ座の怪人』は、「歌手」と「怪人」、生徒と教師という男女の関係が中心となる作品ですが、この内容に関連して興味深いエピソードがあります。やや楽屋落ちの話になってしまいますが、クリスティン役をロンドンでの初演舞台で演じたのは、サラ・ブライトマン、つまり当時のロイド＝ウェバーの妻でした。同じ配役でニューヨークでも初演しようとしたのですが、当時アメリカ合州国でミュージカル俳優としてはまだ無名に近かったブライトマンを抜擢することに、アメリカ俳優協会が反発します。その反対を押し切ってブライトマンが起用され、結果として、彼女はこの公演の大成功で、英国だけでなく、アメリカ合州国でもミュージカル界のトップスターとなりました。無名の女性歌手が、教師にして作曲家で、かつ夫でもある男の後ろ盾でスターダムにのし上がる――このような事実を考えると、ロイド＝ウェバーもこのミュージカルを、ブライトマンのために作ったのではないかと邪推したくもなります。

ルルーの原作の「怪人」は、パリ・オペラ座の地下に住みついて、オペラの上演中に出没し観客を恐怖に陥れる「幽霊」のような存在です。この原作とミュージカル『オペラ座の怪人』の違いの一つは、主人公が「怪人」から、彼のために歌う「コーラスガール」へと変わったことにあるのではないでしょうか。つまり、幽霊怪奇譚から、女性成長物語への転換です。『オペラ座の怪人』の焦点はあくまで、歌手であり生徒であるクリスティンのほうにあります。乱暴に言ってしまえば、すべてはクリスティンの幻想、隠れた欲望の産物と言えないこともありません。それがこのミュージカルを世界中の観客の人気を獲得する作品としたとも言えるでしょうし、「怪人」に興奮する一九世紀のオペラではなく、自己と他者の関係に魅せられた二〇世紀のミュージカルの観客にふさわしいものとしたとも考えられます。

ロイド＝ウェバーの音楽的才能がいかんなく発揮され、彼の数多い作品のなかでも多くの観客に愛されるミュージカルとなった『オペラ座の怪人』ですが、音楽や演劇の面から見るとその構造は単線的と言えそうです。たとえば、台詞のない同じ「ロックオペラ」でも、（次の章で扱う）『レ・ミゼラブル』の場合には、複線的な構造、つまり悲劇的な場面と喜劇的な場面、速い時間の経過とゆっくりとした時間の停滞、感傷と諧謔、主人公と観察者、などといった具合に、音楽も筋の進行も単調ではありません。それに対して『オペラ座の怪人』の場合は、一つの楽曲がくり返し使われて変奏されていき、人間関係もほぼクリスティンと怪人という二人の関係に収斂されています。（ラウルが絡むことで三角関係となるという要素もありますが、彼にはクリスティンと怪人の繋がりを側面から補強する役割しか与えられていません。これについては、後で考えます。）とくに音楽に関して、その単線―変奏構造は顕著です。たとえば次の節で論じる「音楽の天使」という歌は、一度聴いたら耳から離れないような強い印象を与える曲ですが、これがミュージカルのなかで、何度も変奏されて使われます。それによって観客は、怪人に誘われてオペラ座の地下へと降りていくクリスティンの行動を、まるで自分もなぞるかのような感興を得るのです。自らの隠された欲望を探し当てるように、光の世界から闇の世界へと沈潜していくクリスティンの、いったん降り始めたら二度と戻ることができない道行きを、彼女の心臓を打つ脈拍と押しとどめようのない衝迫が乗り移ったかのような音楽が、繰り返し私たちの耳に響きます。いったん歩み始めたら戻ることのできない旅路――そんな単線構造が、どうやらこの、教師と弟子、悪魔と天使、光と闇、といった一見相容れないようでいて、しかし実は本質的に繋がっている二つの領域の境界線を越えるのに、きわめて有効に機能しているのではないでしょうか。

はなはだ世俗的に言ってしまえば、『オペラ座の怪人』における主題歌の一つ、その題名ともなっている「音楽の天使」とは、ミュージカル界の帝王であるロイド＝ウェバーだとも考えられます。このような男女の関係を背景として作られた『オペラ座の怪人』の「美女と野獣」という対立と依存の枠組みですが、「美女と野獣」というと、私たちは純真な乙女と、醜い男という対照を考えがちです。しかし、童話や映画でくり返されてきたこのステレオタイプ物語の眼目は、対照的に見える男女が実のところもっともふさわしい組み合わせであった、ということにあります。だから王女とカエルも、尼僧とせむし男も、ブロンド美人とゴジラも、たがいに魅かれて結びつく可能性があるのです。それをここでは、エキゾチズムの魅力と呼んでおきましょう。自分とはまったく異なる他者だと思っていた者が、実際には自分自身の内面の欲望を体現する、自らの影のような存在であった――そのような衝撃が喜びに変わるためには、エキゾチズムの対象となる他者は、自分と一見異なれば異なるほど、遠ければ遠いほど、劇的な強度が増します。『オペラ座の怪人』において、クリスティンが怪人に対して覚える、恐怖と憧れとがないまぜになった、曖昧だけれども抑えがたい他者への魅力は、このことの一例でしょう。人はおしなべて他者と出会い、他者と交渉することによって、他者を愛し憎み恐れ真似ることによって、自己を形成します。『オペラ座の怪人』という、一種の「美女と野獣」物語にあるのも、この他者への憧憬と忌避によって自己が形づくられていく過程における、めまぐるしい葛藤です。場面を追いながら、この光が闇のなかに吸い込まれていくようなドラマを読んでいきましょう。

## 1. 「音楽の天使」――不在の肉体

『オペラ座の怪人』は、一九世紀末のパリ・オペラ座がそのまま舞台となっている、いわば舞台を「舞台化」したミュージカルです。さらにそこに神秘的な「怪人」が住みついて歌手の一人にひそかに歌を教えているというのですから、日常と非日常、現実と幻想とをつなぐ回路でもあるミュージカルにとって、まさにぴったりの題材が扱われていると言えるでしょう。

その歌手の名前は、クリスティン・ダーエ、スウェーデン生まれで、父親がヴァイオリン奏者でしたが、今は両親ともに亡くなっており、オペラ座でコーラスガールの一人として働いています。あるオペラ公演のリハーサルのときに突然、舞台後ろの幕が落ち、役者たちは「怪人が出た」と騒ぎ立てます。主役のプリマドンナが恐怖から出演を拒否したため、経営者たちは代役を探します。するとバレエ部門の統括者マダム・ジリーが、クリスティンを「とてもよく歌を教えられているから」と推薦し、経営者たちは一度は難色を示すものの、結局、クリスティンは初めての主役舞台を見事につとめあげ、観客の大喝采を浴びて一夜にしてオペラ座のプリマドンナになるのです。このときクリスティンが舞台で歌ったのが、「私を想って（Think Of Me）」という、恋愛をテーマにした甘い歌です。パリ・オペラ座のプリマドンナが歌うのが、英語の歌謡曲というところがいかにもイギリス産ミュージカルらしいのですが、『オペラ座の怪人』は、こうした虚構を臆面もなく積み重ねていくことで、観客に嘘のおかしさを疑う余裕をまったく与えることなく、作り物の王国を舞台上に築いていきます。これがこのミュージカルを英語圏だけでなく、世界の多くの国で成功させている理由の一つだと思います。またこの「私を想って」という歌は、その日たまたまオペラ座に観劇に来ていた幼なじみのラウルとクリスティンが再会するきっかけともなるので、その後の二人の恋愛を舞台上で先取りした歌とも言えるでしょう。

さて、どうやらマダム・ジリーはクリスティンが誰に歌を教わったのかを知っているらしいのですが、クリスティンがその秘密をはじめて明かすのは、ジリーの娘のメグに対してです。クリスティンがメグに「私には姿の見えない音楽の先生がいる」と言って歌うのが、「音楽の天使（Angel Of Music）」という歌で、この歌は最初クリスティンとメグの二重唱で始まりますが、やがてそこに声だけで神秘的な怪人の声が加わってくるという構成になっています。この節では、この声だけの存在である「怪人（Phantom）」の意味を中心に考えていきましょう。

『オペラ座の怪人』では、オペラ座の地下深く住みついた「怪人」（彼にもエリックという名前があるのですが、その「実名」はほとんど観客に意識されることはありません）と、姿の見えない彼から声だけを通じて歌を教わるコーラスガールのクリスティン、そして彼女の幼なじみで今は子爵となっているラウルという三人の関係が軸になっています。ラウルは、オペラ座の舞台で歌う彼女の美しい歌声を聞いても、長年会っていなかったため最初はそれがクリスティンだと気づかなかったのですが、彼女の歌う姿を見ているうちに彼女と認識して恋におちます。クリスティンの魅力の源泉が外見よりも、むしろその声にあること、これは『オペラ座の怪人』の一つの鍵です。しかし彼女の美声を引き出したのは、実はパリ・オペラ座の地下深くに住みついている怪人でした。ですから怪人は、「音楽の天使」を変奏した「鏡（音楽の天使）（The Mirror（Angel Of Music））」という歌のなかで、ラウルと新しい関係を築こうとするクリスティンに対して警告を発しながら、「今さらクリスティンに恋をするとは何ごとか、彼女の声を造ったのは俺なのだ」と言うのです。

ここで興味深いのは、クリスティンに音楽を教えてくれる「天使」がいる、と告げていたのは、今は亡き彼女の父親だったということです。クリスティンは孤児ですが、父親の影のような存在として怪人という「音楽の天使」がいる。クリスティンの美声の裏に、もう一つの声として付きまとって離れないのが、姿の見えない怪人《ファントム》なのです。

作品内の劇中劇としても演じられているように、ミュージカル『オペラ座の怪人』は、女たらしのドン・ファンに対して、誠実な恋人たちであるドン・オッターヴィオやマゼットが意中の女性をめぐって争う「ドン・ファン」物語、とくにモーツァルトのオペラ『ドン・ジョヴァンニ』へのオマージュとも言えるでしょう。さらにこのミュージカルでは、クリスティンを中心とする二種類の男女関係が、一方に「闇」の世界の住人である「怪人」を配することによって、彼女自身の無意識の探究というまったく別の次元を切り開くことになります。その意味では、ドン・ジョヴァンニが地獄に落ちるというオペラ『ドン・ジョヴァンニ』の結末を、ひっくり返すような形で『オペラ座の怪人』は構想されているとも言えるかもしれません。つまり、罪を罰せられて地獄落ちしたとされる「女たらしのドン・ファン」は、実は元から闇の世界の住人であって、彼が女を見境なく誘惑するのではなく、女性たちの欲望を実現する「怪人」であったというわけです。クリスティンは誘惑されたのではなく、自らの隠された欲望に従って地下へと降りていく。ですから『オペラ座の怪人』の重点は、クリスティンの自己実現にあって、怪人はそのための媒体《メディア》にすぎないということになります。いわば「怪人」とは、ドン・ファンであるというよりもむしろ、ファウストを誘惑して永遠の命を約束した悪魔の使いメフィストフェレスに近い存在なのです。

そう考えてみると、『オペラ座の怪人』が怪人のクリスティンに対する誘いとともに、あるいはそれ以上に、クリスティン自身の欲動の劇であるということが見えてきます。欲望や欲動というと、私たちは性欲、セクシュアリティを思い浮かべます。とくに『オペラ座の怪人』のような作品では、クリスティンのような「女性」のセクシュアリティに焦点が合わされがちです。しかしちょうど、小説やオペラを始めさまざまな芸術作品で扱われてきた「ファウスト伝説」が（「男性」である）ファウスト自身の欲望成就の物語であるように、『オペラ座の怪人』もクリスティンを主人公とする「ファウスト物語」、すなわち自立と成功を求めて禁断の世界に接触する人間のドラマであるとも考えられるでしょう。

ふつう「異国趣味」と訳されるエキゾチズムというのは、たしかに見知らぬ場所や他者への憧れであるわけですが、それは自分自身の隠された欲望や無意識の表現でもあります。自己を他者に投影することによって生まれる歪んだ鏡像——それが他者の魅惑と他者への恐怖をともにはらんだエキゾチズムの自画像なのです。

エキゾチズムについて考えるとき重要なのは、教育と学習という点です。この意味で比較できるのは、第四章で扱った『マイ・フェア・レディ』です。『マイ・フェア・レディ』では、言語学者であるヒギンズが花売り娘イライザの発声を矯正することで、イライザが自立を果たし、ヒギンズも反省して、二人のあいだに新しい、より「フェア」な関係が築かれていきます。同様に『オペラ座の怪人』も一種の教育と自立の物語であって、怪人の薫陶を受けたクリスティンが歌手として成功すると、教師であった怪人の手を離れてしまう。このような教師と生徒との関係の宿命のようなものがどちらの作品にも共通しています。また男女の関係という点でも、イライザ―ヒギンズ―フレディと、クリスティン―怪人―ラウルという構図は似ています。しかし二つのミュージカルが決定的に異なる点は、『マイ・フェア・レディ』ではイライザとヒギンズとのあいだに対等な関係が作られていくのに対して、『オペラ座の怪人』ではクリスティンと怪人とのあいだに、そのような関係が築かれていく兆しがないことです。その一つの原因は、先に触れた聴覚と視覚との関係にあります。

『マイ・フェア・レディ』でも聴覚は重要でした。しかしイライザは発声と同時に立ち居振る舞いも直していくことで、まさに「フェアな」人として自立していくのです。ここでは聴覚と視覚との充足が矛盾なく一つに繋がっています。それに対して、『オペラ座の怪人』の場合、怪人は最初クリスティンにとって、歌い方を教えてくれる、声だけの存在でした。そのような聴覚だけの関係ならば問題なかったのですが、クリスティンがオペラ歌手として出世したとき、その成功の源をたどるかのように、怪人の正体を突き止めようとすることで、視覚の次元が介入してきてしまうのです。そして怪人とは、定義上「闇」、あるいは「鏡」の世界の住人ですから、視覚をもってしては見ることのできない存在です。あるいは仮面の下に隠された顔の傷のように、見てはいけない存在なのです。肉体が不在であるべき「怪人」が、しかし実際に地下に「男性」として存在してしまっているという、根本的な矛盾に満ちた怪人の特質が、『オペラ座の怪人』という、他者へのエキゾチズムを主題とするミュージカルの根にあるのです。

この聴覚と視覚との断絶は、クリスティンとラウルとの関係でも示唆されています。つまりこの節の最初に述べたように、ラウルは最初オペラ座の舞台で歌うクリスティンを幼なじみであった彼女とは認識できませんでした。彼はまず彼女の声に聞き惚れ、次に彼女を幼なじみのクリスティンと同一人物であることを知り、彼女が美しい成人女性に成長したことを視覚の点でも確認すること によって、恋に落ちるのです。ここでは怪人の場合と反対に、聴覚と視覚とが矛盾するどころか、たがいに強化しあってクリスティンの魅力を形づくっています。

クリスティンと怪人との聴覚と視覚をめぐる矛盾した関係は「音楽の天使」という歌に表れています。すでに述べたように、この歌はクリスティンが友人メグに「秘密」を打ち明けるという体裁をとっていますが、それが結局、声は聞こえるけれども姿の見えない怪人に向かっての呼びかけに変わっていきます。この歌はいわば、クリスティンと怪人とをつなぐ声だけの通行証のようなものです。彼女はコーラスガールの一員としてオペラ座に入団したときから、怪人にその声の素質を認められ、ひそかにレッスンを受け続けてきました。いまやその成果が実って、類まれな美声の持ち主となったクリスティンにとって、「音楽の天使」というこの歌は、歌の先生である怪人に対する感謝の表明であると同時に、他の誰も知らない二人だけの絆を確認する秘密の回路でもあります。だからクリスティンにとっては怪人が姿の見えない、肉体が不在の存在であることは、あまりに慣れきった事実なので問題ではありません。彼女にとって肝心なのは、この歌を歌えば、いつでも怪人が聞きなれた美しい声によって応えてくれること、教えを授けてくれること、そのことだけなのです。

怪人が声だけの存在であること、それはこのミュージカルのさまざまな仕掛けによって強調されています。たとえば、手紙とボックス席。怪人はよく手紙や楽譜を書きます。つまり文字だけの存在。あるいはオペラ座のなかでボックス席だけは、自分のために空席にしておくようにとの怪人の要求。彼が劇場でその「存在のない存在」を示すものが、手紙とボックス席なのです。文字と空席が怪人の不在の存在を担保しているのです。一方、クリスティンに呼び寄せられるように音楽の教師となった怪人は、ただ「声」のみで彼女に接していました。怪人にとっては彼女の「声」の美しさ以上に、「声」だけで会えるということが重要だったのではないでしょうか。いわば怪人は、クリスティンといるときには「非在の存在」であり、劇場では「存在の非在」であったということになるでしょう。

クリスティンと怪人の二人が、声だけの関係に留まっていれば、「音楽の天使」という歌も、クリスティンの呼びかけとそれに対する怪人の応答という安定した関係を描くだけで済んでいたのですが、ラウルという第三者の介入によって、怪人が声だけで感知される存在ではいられなくなる、そのことによってこの歌も、さまざまに変奏されていきます。とくにそれは、次節でも詳しく検討する鏡の場面、クリスティンが怪人の面影を求めて鏡を見つめるときに、「音楽の天使」という歌が繰り返されることによって明らかになります。

私たちは通常、自分たちの日常生活における秩序や法則を疑っていませんが、それが突発的な出来事に遭遇すると、日常と非日常との境界がそれほどはっきりしたものではないことを否応なしに気づかされます。日常の力学に埋もれてふだんは気がつかないでいる非日常の情感が表面に出てきてしまう。「音楽の天使」をはじめとする『オペラ座の怪人』の音楽は、そのような隠れた情念の噴出を見事に捉えています。声が美しければ、肉体はなくてもかまわない、そんな日常生活の「常識」に反する信仰が、クリスティンと怪人との繋がりを形づくっているのです。クリスティンの声の美しさがきわだつのは、明らかに怪人との非日常的な世界における無時間的な時間のほうであって、いかにラウルが幼少時からの愛情を強調しようとも、彼が信じて疑わないように見える日常世界ではクリスティンは輝きようがありません。そもそもオペラ劇場という、このミュージカルの世界自体が日常と非日常との境界にあり、怪人に支えられたクリスティンの声はそのなかでのみ存在感を持っています。日常にひそむ非日常のあやしく暗い輝きを引き出すこと、それが、肉体が不在であることによって、「音楽の天使」であり得ている怪人の使命なのです。肉体は無くても、声と目だけでクリスティンを追い続けることができる怪人という存在、それがクリスティンに及ぼす呪縛については、もう一度この「音楽の天使」という歌がクリスティン自身の声によって繰り返される、最後の場面で立ち返りたいと思います。

## 2.「オペラ座の怪人」——異界への旅

この節では、クリスティンの怪人との声だけではない実際の肉体との出会い、そしてこのミュージカルが強調する虚構の意味について考えていきましょう。

怪人はたしかに聴覚だけに依存する教師として、クリスティンの教育に成功しました。しかしその教師—生徒関係にラウルという第三者が介入してくることによって、怪人も「不在の肉体」で居続けるわけにはいかなくなります。ここにも人間関係でつねに問題となる、視覚の聴覚に対する優位ということが出てくるのですが、怪人としてもラウルとの対抗上、単に一方的に声と目だけの存在としてクリスティンを縛っておくことができなくなり、自らの顔や肉体をクリスティンにさらす必要に迫られるのです。そのことが怪人にとって悲劇の要因となるわけですが、『オペラ座の怪人』というミュージカルにとっては、これがクリスティンと怪人との実際の出会いを準備することになります。それがこの舞台の大きな魅力の一つである、クリスティンの異界へと向かう旅を描写する華麗な音楽と演出を生み出すのです。

『オペラ座の怪人』は、旅のモチーフをさかんに用いるミュージカルです。このミュージカルの醍醐味の一つは、オペラ座の地下に想像を絶した別世界が広がっているという幻惑に観客が魅せられ、それを豪華な舞台装置によって確認するという相互作用にあります。つまり、観客はクリスティンの旅路に随行することによって自らの異界や他者への欲望と向き合い、それを劇場という「幻想」の場所が「現実」のものとして具体化してくれるのです。

劇場とはそもそも異世界への入り口です。世界中の多くの劇場が、その入り口や階段や客席に特別な装飾や建築を施し、人びとがそれを通り抜けることで日常とはちがう異界との接触を自らの身体と精神の変容を通じて感じるようにと試みているのも、そのゆえでしょう。演劇という芸術的手段は、日常生活からの単なる逃避や逸脱を超えて、日常そのものを成り立たせている条件の過激な問い直しを可能とする媒介《メディア》なのです。

『オペラ座の怪人』は、パリ・オペラ座という劇場そのものを舞台とするドラマです。よってこのミュージカルのために構築されている舞台は、劇場内劇場という趣を帯びます。くわえてその劇場内劇場のなかに、さらなる内部とも言うべき、怪人の地下世界が広がっているのです。『オペラ座の怪人』の装置は、そんな場所が劇場の地下になどあるはずもないことを百も承知で、しかし幻想を幻想として現実化することに、多大の努力を注ぎ込むのです。ですから『オペラ座の怪人』というミュージカルの観客は、パリ・オペラ座の観客でもあり、怪人が作り出す意識下の劇場の観客でもあります。このような周到な舞台づくりを、観客を目覚めさせないための麻薬と呼ぶこともできるでしょうが、このクスリの効き目は抜群です。外の世界との接触を排除したところに、オペラ座の世界が築かれ、さらにそのなかにそれだけで完璧に自立した怪人だけの幻想の世界が広がっている。観客がいったんクリスティンとともにその世界を覗き込んでしまうと、もう外の世界を見る必要がなくなるのです。

怪人の住む異界へのクリスティンの旅路は、鏡のなかに入り込むことによって開始されます。鏡は自己を写す道具であると同時に、自己と他者の境界でもあります。クリスティンは、怪人の姿を求めて鏡を覗き込むことを日常の一部にしていました。それが声だけの存在である「音楽の天使」との交流の場だったからです。しかしその場所が通路に変わる、鏡の向こうへ来るようにと怪人がクリスティンを誘うことによって。この異界への通路は、クリスティン自身が長年望んでいた「音楽の天使」の正体を確かめたいという隠された欲望と、彼女を独占しておきたいという怪人の欲求とが、一致した時点で開けるのです。

このミュージカル上演では、物や人の上下運動や水平移動が繰り返されます。無数の蝋燭をともした船で運ばれていく、怪人とクリスティンの地下洞窟への旅。怪人の秘密を面白おかしく語ったことの復讐として殺され、天井から吊り下げられる舞台監督の死体。ラウルへの怒りに駆られた怪人によって、オペラ座の天井から切って落とされる巨大なシャンデリア。怪人の元へと赴いていったクリスティンを追って、人々が上り下りする螺旋階段……。このように観客を驚かせる仕掛けや装置の数々が、ある場所の傍らにもう一つ別の場所が、ある人の代わりに別の人が、光には陰が、生には死が伴っていることを意識させ、外界とまったく隔絶された劇場内劇場の幻想性を否応にも際立たせます。怪人に導かれたクリスティンの旅は、一つの幻想からもう一つの幻想へと、次々に境界を越えていく運動なのです。

そうした運動の途中で歌われるのが「オペラ座の怪人《ファントム》」という歌です。この歌では「ファントムが私の心になかに住みついている」という歌詞が繰り返し歌われます。このミュージカルの英語原題は“The Phantom of the Opera”ですが、“Phantom”というのは、「幻影」「幽霊」「錯覚」とも訳せるように、存在に対する非在です。非在だからといって、まったくないということにはなりません。私たち自身の夢や願望や無意識がそうであるように、それはときに否定できない実感をもって私たちの身体や感情を支配するからです。むしろ目に見えない、肌で感じられないからこそ、その実在感が迫る非在というのもあるはずで、怪人はそのような「非在という実在」の領域の住人なのです。

「オペラ座の怪人」という歌が観客に印象付けるのは、クリスティンもそのような世界の住人になるために、まるでファウストがメフィストフェレスと契約したように、怪人と縁を結んだのかもしれない、ということではないでしょうか。もし『オペラ座の怪人』の舞台が創造する壮大な作り物だけの世界が、外界を排除した閉じられた時空間であるとするなら、そこにいるミュージカルの観客も、実はそうした人工物の一部であって、劇世界の幻想性を高めるための装置なのではないか、そんな疑いさえ湧いてきます。劇場内劇場のなかに観客を幽閉することによって、「ファントムが私の心のなかに住みついている」というクリスティンの幻覚を、観客にも分有させること。そのような「私の心」こそが、もう一つのもっとも内側の劇場であって、その支配人がファントムなのだと、クリスティンを通して観客に確信させること——「オペラ座の怪人」という歌が、作り物であることをまったく隠そうとしない作り物（鏡、シャンデリア、蝋燭、船、河、洞窟……）の派手な展覧によって易々と実現してしまうのは、ある種のカタルシス（現実からの解放感覚）です。

ファントムという「非在の実在」が自己の内面に住みついていることが、自らのアイデンティティの証拠であると認めてしまうことは、自分の存在が虚構であると認めてしまうことに他なりません。そしてそのような虚構のほうが、人間にとっては魅力的であるということを、鏡やシャンデリアや蝋燭や洞窟が、次々と観客に突きつけてくるのです。ここには観客の現実に対する覚めた意識や、異化効果が入り込む余地はありません。むしろそれらを排したところに、このミュージカルの最大の吸引力があるのです。

## 3.「私があなたに望むのは」——仮面が隠す傷

この節では、クリスティンと怪人、そしてラウルという三人の関係について、さらに考えていきましょう。怪人の洞窟に連れてこられたクリスティンは、怪人がパイプオルガンで奏でる壮麗な音楽（「夜の音楽（The Music Of The Night）」を聞きながら気を失ってしまいます。怪人はクリスティンをベッドに寝かせて、オルガンで作曲を続けていましたが、目覚めたクリスティンはひそかに怪人の後ろに回り、彼がつけていた仮面を外すのです。するとその下には醜い傷痕があり、彼はこの傷のために普通の男性として生きられない悲しさを語り、クリスティンに愛してくれるよう訴えるのです。

すでに論じたように、『オペラ座の怪人』は聴覚と視覚、声と目線、肉体とその不在との緊張した関係を描いています。そしてその焦点となるのが、言うまでもなく、怪人がつねにつけている仮面です。仮面は小さな小道具にすぎませんが、怪人にとっては自らのアイデンティティそのものでもあります。姿を見せる必要がなかった怪人が、ラウルの登場により、嫉妬や愛情といった感情にさいなまれる。つまり「音楽の天使」であった者が、「天使」で居続けることができずに、「男」として姿を現さざるを得なくなったのです。

しかしできれば、怪人は仮面だけの存在でいたかった。そうすれば、声と音楽だけを通してクリスティンを独占し続けることができたでしょうし、顔の傷を他者の視線にさらすこともなかったでしょう。仮面とは言うまでもなく、かぶっている人からは目によって他者や外界を見ることはできるけれども、仮面の下の顔を見ることはできない、という一方的な視覚による支配関係をもたらす道具です。怪人は仮面をかぶることによって、醜い顔の傷痕を隠したということになっていますが、実は仮面とは顔を見られないための手段であると同時に、気づかれずに相手を見つめ続けるためのものです。一方に双方向的な「声」の関係があり、他方に一方的な「目」の関係がある——クリスティンと怪人は、このような微妙な均衡によって結ばれていたのです。

怪人の洞窟で、クリスティンの手によって仮面を取りさられ、素顔をさらした怪人は、エリックという名前や、普通の人間としての過去を持つ一人の男に戻ってしまいます。こうして、他ならぬ自分の教え子の手によって「音楽の天使」の座から引きずり下ろされた彼は、「音楽」という天上の（あるいは地獄の）創造物によってではなく、「愛」とか「妬み」とか「憐れみ」といった地上の感情によって左右される「動物」に成りさがってしまうのです。

ラウルが二人の関係に介入してくる前までの怪人は、いわば、神なる父として、子なる天使と、聖霊なる音楽とともに三位一体をなす存在でした。クリスティンにとっても怪人は、名声を博していた音楽家でもあった父親から伝え聞いた音楽の師であり、その使いとして音楽の精霊を自分のなかに注ぎ込んでくれる人でした。そのような三位一体を、「ファウスト」物語の視点から見て、悪魔と、その使いであるメフィストフェレスと、彼が伝える秘密と言いかえてもいいでしょう。天国と地獄とが通底する構造のなかで、天使の顔をした仮面と、その下の悪魔の素顔とはいつでも反転が可能です。つまり、剝ぎとられた仮面の下に現れる傷のある素顔にクリスティンが同情を寄せるように、仮面の下の傷痕は、醜い人生の痕跡ではなく、聖痕とも見なされます。まるで磔刑によって殺されたイエス・キリストの体や掌の傷のように、怪人も自らの顔と心の傷を介して、クリスティンの人間としての愛情を求めようとするのです。「音楽の天使」から「傷ついた男性」への転換が可能なのかどうか、ここでは「怪人の人間化」を考えるために、「私があなたに望むのは（All I Ask Of You）」という歌を見ておきましょう。

この歌は、まずラウルとクリスティンによって歌われます。クリスティンから怪人との出会い、その地下洞窟への旅について語られたラウルは、怪人から愛する彼女を守る決意をこの歌に託します。それに対するクリスティンの答えは、ラウルを愛する気持ちに変わりはないにしても、怪人を悪人と見なす彼の見方には同意できません。この二人の微妙なズレがこの歌には反映されているのです。さらにこの二人の重唱に、怪人が介入する形でこの歌は三重唱として変奏されていきます。すでに述べたようにこのような歌の展開は、このミュージカルのなかで繰り返し使われる方法です。つまり、最初はAとBとのあいだの歌だったものが、Cが介入することによってBとCの歌に変奏されてしまうという形です。そして『オペラ座の怪人』のなかで、ロイド＝ウェバーの音楽が精彩をはなつのは、美しいけれどもやや単調な最初の二重唱のほうではなく、調性が変わり旋律も複雑になったあとの変奏の部分のほうです。

「私があなたに望むのは」という歌でも、怪人がクリスティンとラウルとの関係に「男」として、嫉妬と怒りを覚える瞬間が、彼による歌への介入という形で示されています。美しいですが平凡な恋人同士の二重唱が、音楽の天使から傷つけられた男性へと転落した怪人によって、その複雑な心情を表すかのように、調性とリズムの乱れた、しかし深い印象を観客に残す三重唱として甦るのです。

さて舞台は、このような怪人の心の動きを目に見える劇的な出来事として表明するかのように、オペラの上演中に天井から吊り下げられたシャンデリアが観客の上に（文字通りこのミュージカルの観客の頭上に）落下してくるという、「劇場内劇場」と「劇場」とを一体化させる虚構である、まことに派手な結末によって、第一幕目が終わります。

## 4．「戻れない地点を越えて」——劇中劇での婚姻

先にも触れたことですが、『オペラ座の怪人』のなかには、怪人によって作曲されたオペラ「勝ち誇るドン・ジュアン」が演じられる場面があります。このオペラの創作を発表し、そこで主役を演じるべきなのはクリスティンであることを怪人が宣言するのは、仮面舞踏会のさなかです。仮面舞踏会ですから、怪人がそこに居ても不思議がられなかったわけですが、その場で怪人は、クリスティンからラウルとの婚約指輪を奪い、消え去ります。ラウルに怪人の真相を明かすことを迫られたマダム・ジリーは、怪人が生まれつき顔に醜い傷があったために見世物とされていたこと、その境遇に堪えられずに逃げ出したこと、彼は優れた音楽家であるだけでなく魔術師でもあること、今はこのオペラ座の地下に住みついていることを告げます。ラウルは「勝ち誇るドン・ジュアン」を実際に上演することで怪人をおびき出し、そこで彼を捕える計画を立て皆も賛同します。クリスティンは怪人に対する同情からこの計画には気が進みませんでしたが仕方なく同意し、オペラ座のテノール歌手であるウバルドとこのオペラで共演します。しかし彼女は、主役二人のデュエットの

途中で、一緒に歌っているのがウバルドではなく、怪人であることに気がつきます。クリスティンは怪人の仮面を剝ぎ、傷痕のあるその素顔を観客にさらしますが、怪人はクリスティンを連れて、地下の洞窟へと逃走します。

怪人が創作した「勝ち誇るドン・ジュアン」というオペラは、モーツァルトの『ドン・ジョヴァンニ』とは、かなり対照的な作品です。モーツァルトのオペラにある耳に親しみやすい流麗な音楽の代わりに、不協和音の多い、断続的なリズムの音楽。内容も喜劇的な歌が多いモーツァルトの作品に比べて、ことさらに大仰でドラマチックな歌が続きます。怪人はこのオペラ上演で主役を演じていたテノール歌手を殺害し、彼に代わって主役を演じます。自分が創作し、自分が出演し、自分が主人公となる物語を、物語のなかの伝説的女たらしであるドン・ファンの標的として、クリスティンを選ぶことで実現しようとするのです。ここにも主役と代役、原作と改作、幻想と現実、劇場と劇中劇をめぐる、複雑な関係があります。

ドン・ファンはスペインの伝説上の人物で、美男の好色男、愛の遍歴者として有名です。一七世紀スペインの劇作家、ティルソ・デ・モリーナの戯曲をはじめとして、モリエール、モーツァルト、バイロンなど多くの文学・芸術作品に登場するのですが、それらの「ドン・ファン」物語における決定的な要素は、主人公ドン・ファンがけっして一人の女性に執着することなく、数々の女性を経めぐり、征服した女性の数を誇りにすることはあれ、特定の女性と情愛を深めることはないということです。その意味で彼はいわば究極のエゴイストであって、相手となる女たちの気持ちや年齢や美醜や文化の違いにはまったく関心がありません。

ところがこの『オペラ座の怪人』のなかの劇中劇「勝ち誇るドン・ジュアン」は、その点でまったく異なっています。男性が女性を誘惑するという大筋に違いはありませんが、怪人が演じるドン・ジュアンは、クリスティン以外に興味を示すことはありません。いわばこれは「ドン・ファン」物語の枠組みを借りながらも、自分の満足だけを追い求めて相手女性の気持ちをまったく考慮しない原作の主人公とはまったく逆に、一人の女性だけに執着する男の告白を、劇中劇の仕掛けのなかで行っていることになります。

いわばこの「勝ち誇るドン・ジュアン」という劇中劇は、現実のなかではラウルと婚約しているクリスティンと自分との恋愛と婚姻を、劇にして実現しようという試みなのです。そのために、怪人の音楽の天使のような才能だけでなく、殺人をも辞さない悪魔のような性質が発揮されています。そのことは、このオペラのなかで、クリスティンが怪人と歌う二重唱「戻れない地点を越えて（The Point Of No Return）」にも明らかでしょう。この帰還が不可能になった時点とは、言いかえれば、怪人が「音楽の天使」であり続けることができずに、自分自身の欲望と身体をもって、一人の生身の男性として、愛する女性に向かう地点にほかなりません。まさにそのことを明らかにしてしまうかのように、クリスティンがこの歌に触発されて、見守る人々の面前で怪人の仮面をふたたび剝ぎとるのです。これまで名前も出自も明らかでなかった怪人は、父親の代替物でも、美しい声の授け主でも、仮面をつけた悪魔でもなく、現実の欲望を持った一人の男として、クリスティンと周囲の人々の眼前に素顔を現さざるを得なくなるのです。

こうして、これまで一方的に自分の目だけで、クリスティンや人々の動静を観察し、彼女を声だけで操ることのできた怪人は、仮面の下の素顔で、肉体とそれにまつわるさまざまな欲望を抱えた存在として、世界に向き合わざるを得なくなります。ですからこの歌の「戻れない地点」とは、クリスティンに自分だけを愛して自分と一緒に暮らしてほしいという具体的な決断を彼女に迫る地点であると同時に、彼女がここまで自分に従ってきたのは、ラウルとの結婚のような現実生活の幸せではなく、天上と地獄の、昼と夜の音楽を永遠にともに体現するためではなかったのかと説く場なのです。私たちを内心から脅かすと同時に魅惑してやまない、この二重唱は興味深いことに、二人で歌われる他の多くの曲とは違って、他人の介入を許さず変奏されることがありません。それゆえに、この歌からは怪人のクリスティンへの固執と、それに対する彼女の迷いがつたわってくるのではないでしょうか。

見えない他者の魅力、仮面の下の素顔、それがエキゾチスムを支えているとすれば、エキゾチズムの魅力とは、ちょうど「音楽の天使」のように、不可視でありながら自分の内心に巣食っているもの、なじみではないけれどもどこかで見たことがあるような聴いたことがあるようなもの、記憶の底で夢のように漂っているものが、突然、声や傷のような痕跡に遭遇することによって、「戻れない地点」を越えてしまったと認識することから生まれるものでしょう。

この地点を越えたことで、クリスティンと怪人は素顔によって向き合います。それがクリスティンと怪人との新しい関係の試金石となるのであり、ここではじめて怪人はクリスティンにとって、自らの幻想の産物や、父親の代替物から、実在の男になります。それが新たな愛を生むのか、それとも忌避と永遠の別離につながるのか？「戻れない地点」とは、他者の素顔を知ることによって、決定的に自分と他者との関係が変わってしまった場所と時間なのです。

## 5.「夜の音楽」――恋愛劇を超えて

怪人に連れてこられた洞窟のなかで、クリスティンはそれまで彼女の等身大の人形が着ていた婚礼の衣装を身に着けるように強いられます。二人を追ってきたラウルを捕らえた怪人は、ラウルの命を助けたければ、自分とずっと一緒にいるようにとクリスティンに迫りますが、複雑な思いのなかで、最終的に怪人は二人を放し、クリスティンは別れ際に指輪を返す。一人残された怪人は、泣きながら彼女のために作った曲を短く歌って椅子に座り、マントを被ります。しかし、二人を探しにきたメグがマントを取りさると、椅子の上に彼の姿はなく、仮面だけが残されていた――これが『オペラ座の怪人』の結末です。

『オペラ座の怪人』の最後は、とても曖昧な終わり方をします。このような結末のせいもあって、ロイド＝ウェバーは『オペラ座の怪人』の続編である『愛は永遠に（Love Never Dies）』を作り、この新作は二〇一〇年三月にロンドンで初演されました。これは出自を隠してアメリカ合州国に渡り劇場支配人となった怪人が、アメリカで最後のオペラ出演をするクリスティンと再び出会うという設定ですが、こちらの新作ミュージカルのほうは商業的には成功せず、ロンドン公演も二〇一一年の八月で幕を閉じてしまいました。

それはともかくとして、『オペラ座の怪人』は一見すると、一方でその醜い容貌ゆえに誰からも愛してもらえなかった怪人を、その惨めな境遇からクリスティンの無償の愛の力によって救い、他方で自らの身を危険にさらして彼女を助けようとしたラウルの真率な熱情に結婚をもってこたえるという、ややステレオタイプ的な恋愛物語の結末で終わるようにも見えます。しかしそのようなハッピーエンドを掘りくずし、観客にとってこのミュージカルが持つ力を示す場面を、ロイド＝ウェバーは最後に用意します。怪人は最後にクリスティンに選択を迫ります、「俺かラウルか、どちらかを選べ」と。それはいわば、天使からもたらされた音楽を選ぶのか、結婚に代表される社会を選ぶのか、という選択です。もしこれが凡庸でセンチメンタルな物語だったら、クリスティンがラウルを選んで、怪人は人々に殺されて目出度し目出度しで終わるところでしょうが、ここまで音楽の持つ魔力、現実に対抗する幻想の魅力を追求してきた『オペラ座の怪人』では、そう簡単にはいきません。

クリスティンは自分と一緒に暮らしてほしいという怪人の願いに対して、大事なのは外見ではなく心ではないのか、と諭して、彼の傷痕を愛でるように顔にキスをします。そしてその二人の魂をつなぐ絆としての音楽の価値は、結婚や社会生活によって消え去ることはないとでも言うかのように、指輪を彼に返すのです。そうして一人残った怪人が、クリスティンのために作曲した「夜の音楽（Music Of The Night）」の旋律を奏でて舞台が終わります。もともと実の父親から伝えられた存在である怪人から、音楽の秘儀を教わったクリスティンは、それを自らの身体と声によって極めることで、怪人という他者を必要としない女性に成長しました。それが結果的には怪人からの別離と、ラウルとの結婚生活に繋がるのでしょう。しかしそのことは、恋愛や結婚という表の世界が、音楽や劇場という裏の世界に勝利することを意味するわけではありません。

この場面が示唆しているのは、怪人がクリスティンをラウルに引き渡すことで、自分が「夜の音楽」を奏で続ける、声だけの存在に戻れたということではないでしょうか。彼の椅子の上に残された仮面のように、そこにはもう肉体も目もありません。ここで興味深いのが、二〇〇四年にシューマッカー監督によって作られた映画版の最後です。この映画は、老人となったラウルがクリスティンの墓を訪れる場面で終わります。彼女の墓には「愛する妻にして母」という銘が刻まれている――クリスティンのアイデンティティから、「音楽」は徹底的に排除されているのです。しかしラウルがふと見ると、墓の横に一輪の赤いバラの花が、怪人のシンボルである黒いリボンで結ばれて、別れの日にクリスティンから返された指輪とともに添えられているのです。まるで、プリマドンナとして生き続け、死んでもその声は残っているクリスティンを、怪人が今でも見つめ続けていることの証拠のように。

『オペラ座の怪人』が世界で多くの観客を魅了していることの要因には、このミュージカルを見終わった人それぞれが、劇場を後にしながら、自らの背後に怪人の影を持ち帰ることができるからではないでしょうか。それは恋愛という男女のつながりや、生と死の境界をも超える不思議な力で、観客の心と体の裏に住み続けるだろうエキゾチックな虚像です。仮面の下から届けられる天使の音楽とは、伝統的なミュージカルの約束事である恋愛物語に対して一種のアンチテーゼを提示する、地下の他者からの贈り物だったのです。

# 第10章
# 『レ・ミゼラブル』
## 階級社会、あるいは敗者の正義

Les
Misérables

## 0. 舞台の上の革命

多くの人々に愛され、現在でも繰り返し上演されているミュージカルのなかには、古典的な文学作品を原作とするものが少なくありません。この本で扱ってきたものだけでも、バーナード・ショーの『ピグマリオン』を原作とした『マイ・フェア・レディ』、シェイクスピアの『ロミオとジュリエット』の現代版である『ウエスト・サイド・ストーリー』、同じくシェイクスピアの『じゃじゃ馬ならし』が劇中劇となっている『キス・ミー・ケイト』があります。ほかにも本書では扱っていませんが、一九世紀英国の小説家チャールズ・ディケンズの小説を基にした『オリヴァー』や『ニコラス・ニックルビー』も、人気ミュージカルになっています。「古典」を珍重する人たちのなかには、「文学作品のほうが優れているに決まっている、ミュージカルはそこから筋書きを借りてきて、原作の深みや歴史的特徴を剝ぎとり、センチメンタルな物語にしただけ」と取り合わなかったり、「本を読まなくなった今の若者たちが、ミュージカルをまず観てから原作に戻るようなら、それはそれで良いことでは」と擁護したり、と色々な見方があるようです。いずれにしても、これまで見てきたように今の時代の芸術ジャンルであるミュージカルの特質を考えることは、それを支えている現代社会の力学の分析にも繋がるでしょう。「古典文学」として珍重するだけでは、古典が「古典」とされてきた歴史、その政治的な力関係が見えてきません。どんな時代にも作者や観客が求める文化や芸術があり、その時代の限界や特徴がある、そこに批評の光を当てることこそが大事なのです。だからこそこの本では、さまざまなミュージカルの魅力や問題点を考えることで、私たち自身が生きている現代社会の構造を知り、それが過去から引き継いできた差別や権力のありかたを探ってきました。

さてこの本の最終章で取り上げるミュージカル版『レ・ミゼラブル』ですが、「レミ」とか「レミゼ」という略称が世界で通じるほど、色々な都市でロングラン上演され、商業的成功を今でも収めている作品の一つです。言うまでもなく、このミュージカルの原作は、一九世紀フランスの小説家ヴィクトル・ユゴーの古典中の古典、日本語では、『ああ無情』と訳されている小説です。この小説は邦訳タイトルが示すように、階級差別を温存する社会への告発や、過酷な運命に抵抗する人々の連帯といった重い内容を含んでいる大河小説です。そこで、「ミュージカル『レ・ミゼラブル』はそうした重厚なテーマを削除して、手軽な娯楽を求める現代の観客のために感傷的な恋愛物に仕立てた」、と眉をひそめる原作ファンもいることでしょう。この章では、一九世紀パリの実相を描こうとしたリアリズム小説が、ミュージカルという、何の予備知識もなしに楽しむことができる舞台芸術に移し変えられたとき、どのようなことが起こるのかを、じっくりと考えていきたいと思います。

ミュージカル版『レ・ミゼラブル』は、もともと一九八〇年にパリでフランス語版が上演され、それを改訂した英語版が一九八五年九月三〇日に、シェイクスピアの作品上演を主な仕事とする英国の劇団、ロイヤル・シェイクスピア・カンパニーによってロンドンのバービカン劇場で初演されました。それ以来、ロンドンのウエストエンドやニューヨークのブロードウェイといった英語圏の有名劇場街はもちろんのこと、世界四二か国で、二五年以上たった今も上演され続け、多くの観客を魅了しています。もちろん英語圏で上演される場合以外は、翻訳された現地語の歌詞で公演されるわけですが、『レ・ミゼラブル』の演出や装置は、世界のどこでもロンドン初演公演を踏襲してきました。それだけオリジナルのインパクトが強かったわけです。ちなみに初演二五周年を迎えた二〇一〇年秋からロンドンでは新演出となり、これまで助監督を務めてきたローレンス・コナーとジェームズ・パウエルが演出を担当。以下でも言及する有名な回転舞台がなくなり、プロジェクターによってユゴーの絵が映し出されるセットが用いられています。他の都市でもこれに追随して、しだいに新演出を採用するようになっています。ですがこの章では、長年上演され続けたロンドン・オリジナル公演の演出を基に考えていきたいと思います。

ロンドン・オリジナル公演の制作陣は、制作がキャメロン・マッキントッシュ、音楽と歌詞がアラン・ボブリル、クロード＝ミシェル・ショーンバーグ、ハーバード・クレッツマー、演出がジョン・ケアードとトレヴァー・ナン、装置がジョン・ネーピアーという顔ぶれで、長年世界中で上演されてきたおかげで、彼らの懐には大枚の特許料《ローヤルティ》が入ったことになります。ある意味では大きな矛盾ですが、一九世紀にその残酷さを現しつつあった資本主義の害悪を告発したユゴーの小説が、二〇世紀末にミュージカルとなって、資本主義グローバリゼーションのもと世界中に流通し、大金を稼ぎ続けていることになります。ミュージカル版『レ・ミゼラブル』を観たり考えたりするときには、こうした事実から目をそらすわけにはいきません。

日本での『レ・ミゼラブル』初演も、ロンドン演出をもとに一九八七年に東京の帝国劇場で行われて好評を博しました。ちょうどその時期は日本でもバブル経済のさなかで、エンターテインメントに使うお金の余裕のできた中産階級が大挙して観に行ったわけです。『レ・ミゼラブル』は、おそらく一般の人たちが西洋産のミュージカルを気軽に観に行くようになった、その先鞭をなした作品の一つでしょう。しかもそのテーマが、男女の恋愛や社会の不平等だけでなく、バブル経済のさなかではすでに過去の夢でしかなかった「革命」なのですから、そのあたりにこのミュージカルが世界中で商業的に成功した秘密があるのかもしれません。当時これをご覧になった方々のなかには、舞台に魅せられて「戦うものの歌がきこえるか、鼓動があの……」という「民衆の歌」を口ずさんだ方もおられるのではないでしょうか。誰もが幻想であることを知っている、一種の「浪花節」に感動していたにすぎないとしても、時代劇的な義理人情の世界が、演歌ではなくて西洋風のポップな歌声で描かれていることに、このミュージカルが庶民性を獲得する秘訣があったのだと思います。みんな人間は不遇なのだけれども、最後に少しだけ希望の光がある、というか、光を引き受けてくれる人に出会う。そんな因果がめぐる世界の哀しさと喜び――これはある程度の経済的な安定を得た中産階級には、国境や文化や民族を越えて、魅力的な物語図式であるはずです。この章ではそのような魅力の問題点を探っていきます。

ＣＤ録音も残っているロンドンにおける初演キャストは、ジャン・バルジャンがコルム・ウィルキンソン、ジャベールがロジャー・アラム、ファンティーヌがパッティ・ルポン、テナルディエがアラン・アームストロング、コゼットがズー・ハート、エポニーヌがフランセス・ラフェル、マリウスがマイケル・ボールといった、歌の上手さよりもむしろ演技力を重視した配役で、彼らの多くがその後もミュージカルだけでなく舞台で活躍しています。しかし実際、『レ・ミゼラブル』が一夜にしてこれまでのミュージカルの歴史を書き換えてしまった、という当時の証言もあながち誇張ではないように思われるぐらい、初演キャストの歌唱力は圧倒的です。何よりこのミュージカルの特徴は、地の台詞がない、すべてを切れ目なく歌で繋いでいく「ロックオペラ」的な体裁をとりながらも、舞台の流れが単純にならないように、登場人物の類型を変えたり、悲劇的な場面と喜劇的な場面を交互に配したり、リアルな描写と夢のような場面を平行させたりして、観客をけっして飽きさせない工夫が凝らされていることにあります。そこで、トレヴァー・ナンとジョン・ケアードという英国を代表するシェイクスピア劇の演出家が、その才を遺憾なく発揮した演出が光ってくるのです。いわばミュージカル『レ・ミゼラブル』とは、『ジーザス・クライスト・スーパースター』のようなロックオペラと、古典中の古典であるシェイクスピア劇の伝統を引き継ぎながら、観客が日常生活では経験することが困難な、「民衆の反乱」や「革命の理想」や「正義の貫徹」を、舞台上での目くるめくスペクタクルとともに疑似体験することを可能にした、まさに色々な意味で「舞台の上の革命」を実現した、現代がもっとも必要とするミュージカルだったと言えるのではないでしょうか。そのことを、とくに演出の妙味に焦点を置きながら検討していきましょう。

## 1.「私が見た夢」——共有される幻想

原作であるユゴーの小説『ああ無情』は、一九世紀のパリが舞台ですが、ロイヤル・シェイクスピア・カンパニー版のミュージカル『レ・ミゼラブル』は、それを英語で上演するという言語的翻訳だけでなく、まるでパリからロンドンへと舞台を移すかのような地理的翻訳を行います。つまり、ここにあるのはユゴーと同じく、一九世紀の大小説家、英国のチャールズ・ディケンズが描いたロンドンの都市民衆の生活に似ています。ですから英国の観客がこの作品を観ると、そこに親しみやすさと過ぎ去った時代への郷愁とを同時に覚えて、舞台に引き込まれるのかもしれません。冒頭の「労働の歌（Work Song）」からして、強制労働に従事する男たちの熱気、その代表であるバルジャンの告白、そして彼の罪を追及するジャベールの執拗さ、二人の確執といったふうに、私たちは息つく暇もなく、このミュージカルの世界へ連れていかれるのです。

こうした舞台の速度は、「労働の歌」が現在の状況、続く「バルジャンの逮捕と許し」が客観的な立場から見たバルジャンの過去の経緯、バルジャンの歌う「俺は何をしてしまったのか？」が現在の視点から見た過去の自分に対する彼自身の悔恨、といった時間の操作によって加速されています。そして舞台は一転して数年後、保釈中の身でありながら自らの過去を隠し、工場経営者にして市長ともなったバルジャンの現在を描く合唱「一日の終わり（At The End Of The Day）」というように、ほんの数分で一気に時間を飛び越え、バルジャンの人生行路をたどる音楽の奔流は、観客にほとんど抗うことを許さないほど強力です。翻って考えれば、原作の小説では多くの頁を要する出来事の流れをほんの数分で扱うのですから、そのぶん観客である私たちは、小説が扱っていた時代の問題や特殊な状況にとくに思い悩むことなく、このミュージカルの世界に一気に没入することができるのです。

この印象は、最初の場面でのバルジャンが従事していた囚人労働と、数年後を描いた場面で今度はバルジャンが経営者となっている工場での労働とのあいだに、労働の質という点で本質的な差がないことを示す演出によって、さらに強められます。このような舞台操作を「原作への冒瀆」と考えるか、それとも「巧みな改作」と見なすかは、意見の分かれるところでしょう。いずれにしろ、ミュージカル『レ・ミゼラブル』の冒頭のいくつかのシーンは、このミュージカルの主題が、人間の肉体、その汗と血と涙を搾取する資本主義的労働であること、そしてそれに対する反抗がいかに必要かを問うことにある、と伝えていることに変わりはありません。出身階級によって、つまり人間の努力の結果ではなく、どんな家庭に生まれ育ったかという偶然による格差のせいで、人の幸せや自己実現に寄与するはずの労働が搾取にさらされる——階級社会の悲惨で残酷な現実をどう変えられるのか、という原作小説『ああ無情』の問いかけが、轟然とした歌曲の奔流によって観客を否応なく襲う、そんな開幕の数分間ではないでしょうか。

さて、バルジャンの経営する工場にはファンティーヌという女性が働いていましたが、彼女は他の女性従業員や現場監督に嫌われ、工場を首になってしまいます。ファンティーヌには一人娘コゼットがおり、テナルディエというあくどい宿屋の主人に預けられています。ファンティーヌはコゼットの養育費を稼がねばならないのに、工場から追われ路頭に迷ってしまう。そのファンティーヌによって歌われるのが、「私が見た夢（I Dreamed A Dream）」です。この歌は、日本でも二〇一〇年末のＮＨＫ紅白歌合戦にも登場したスーザン・ボイルが歌ったことで、さらに有名になりました。ボイルは、イギリスの人気テレビプログラム"Britain Has Got Talents"という素人かくし芸番組で、センセーションを巻き起こした女性です。なにしろ、スコットランドの田舎町からやってきた「かなり太目のおばさん」が、「私の夢はアン・ページのような大歌手になること」と言って、観客と審査員の失笑を買っていた。ところが歌い出してみると、その美声と圧倒的な歌唱力に満場総立ち、一日にして彼女はユーチューブでも多くの視聴者を得る世界的スターになりました。ですから、ボイルの登場でこの歌を知った人も多いと思いますが、あらためて『レ・ミゼラブル』のなかで聞きなおしてみると、やはりこれは哀調にみちた名曲です。

ファンティーヌは「かつて人々の声は優しく、言葉には人を拒絶しない響きがあった。そんななか愛は盲目で、世界は歌で満ちていた」と過去を懐かしみます。その昔、彼女にも愛した男性がいたのですが、「夏がすぎて秋が来ると彼は去っていってしまった、でもまた彼が私の元にやってくる夢を私は捨てていない」。しかしそんな希望をはらんだ夢も、今の生活が破壊してしまった、という絶望をもって終わる歌です。夢が夢でしかないという絶望、それでも夢にすがり続けたいという希望、その間で揺れ動く哀しみを、これほどの高揚と情感をもって歌い上げる曲はそうないでしょう。私たちはファンティーヌのこの歌を聴いた瞬間に、かならず彼女の夢は果たされる日が来るだろう、たとえそれが彼女の死後のことであっても、それは必ず実現し、彼女はふたたび私たちの許に訪れるだろうことを確信します。つまりあらゆる名曲がそうであるように、「私が見た夢」の「私」とは、観客である自分のことでもあり、隣のあなたのことでもある、そのような、すぐれた演劇だけがもたらすことのできる個の繋がりをこの歌も作り出すのです。

ファンティーヌは、娘コゼットの薬を買うために首飾りのロケットと自分の髪の毛を売り、さらにコゼットの面倒を見てもらうために金を稼ぐ必要から、娼婦としての生活を選びます。そのいきさつを描く「すてきな淑女たち（Lovely Ladies）」という歌は、スローテンポの独唱「私が見た夢」とは一転して、アップテンポで諧謔と猥雑さにあふれた曲です。このようにこのミュージカルでは、地の台詞がまったくない代わりに、音楽の曲調の転換によって舞台の移り変わりがあざやかに示されていきます。そしてそれを助けるのが、この本の他の章でも言及した、ブレヒト風の異化効果を利用した舞台演出です。二〇世紀ドイツの優れた劇作家、演出家、理論家であったベルトルト・ブレヒトの演劇は、観客がつねに自らの「観客」としての、つまり実社会の一員としての位置に意識的であることが、観劇体験には重要だと考えて作られています。つまり、観客が現実からの逃避や感傷的な陶酔におちこんでしまうような芝居ではなく、舞台から社会と自己に対する批判精神を汲みとれるような劇を、彼と彼の主宰する劇団ベルリナー・アンサンブルは目指していたのです。そう考えると、二〇世紀に発達した芸術様式としてのミュージカルは、このようなブレヒトの理想から遠い作品が多いのではないか、と考える人も多いかもしれません。たしかに、さまざまな偏見や差別に満ちた現状の容認、自己陶酔をもたらす甘い音楽と、男女の恋愛をめぐる感傷といったことに、かなりのミュージカルが染まっているという事実は否定できないと思います。『レ・ミゼラブル』というミュージカルも、たしかに現実逃避を求める観客に訴える要素を持っている作品です――現実にはきわめて困難な民衆の連帯、理想的な男女の恋愛、善と悪の二項対立……。しかし私はミュージカル版『レ・ミゼラブル』が、『ああ無情』という古典的名作を、革命や恋愛というわかりやすい題材を利用して、現代のブルジョア観客の嗜好に合わせた単なるエンターテインメントに仕上げただけ、という見方には同意できません。それは一つには、ジョン・ケアードとトレヴァー・ナンによる演出が、ブレヒト的な手法を用いることによって、私たち観客の意識を目覚めさせることに成功しているからです。

たとえばこの上演では、回転舞台が頻繁に使われます。俗に「お盆」とも呼ばれる回転舞台は、単純な仕掛けですが、異化効果を発揮するのに有効な手段になりえます。回転舞台は、時間の経過を暗示したりもすれば、回転舞台の内部と外部とが異空間であることを示唆することにより、同じ時間を共有しながら、まったく異なった心情を表したり、社会的意識の違う人々のありさまを描写するのです。とくにそれは男女の三角関係や、階級の異なる集団の様子を示すのにすぐれた効果を発揮します。同心円構造で、内側の円と外側の環からできているので、たとえばその二つの空間の回転速度を変えることによって、違う空間を示唆するだけでなく、違う時間の経過をも示すことができます。ですから同じ登場人物が、異なったスピードで回転する外側と内側とをまたぐことによって、彼なり彼女なりが時空間を一瞬にして横断したことを表すことができる。それはまるで、映画のスローモーションや早回しのような時間的操作や、モンタージュやクローズアップのような集中効果をも生み出します。あるいはまた、お盆のなかと外で、中心となる主人公と周縁の観察者を配することで（その典型は、三角関係にとらわれた恋人たちの一組と、それを羨む第三者です。例えば、コゼットと恋人マリウス、彼を慕うエポニーヌのような）、空間の差だけでなく、意識や欲望の差も示唆します。しかもこの場合、外の空間にいる観察者のほうが観客に近いのですから、私たち観客は観察している彼女と、外界への意識や肉体感覚を共有することになります。まさに回転舞台は、お盆の内と外が、同時に異次元でありながら同一空間であり、同時でありながら時間のズレがある、まるで人間にとっての夢と現実、幻想と出来事、欲求と結果をいちどきに表現しうる優れた装置なのです。

このように『レ・ミゼラブル』の演出は、異なる時間や異なる空間を同時進行で提示することで、観客も、舞台とは異なる時間に生きており、そのゆえに逆説的ですが、舞台の時間を共有できているのだ、という感覚を味わうことを可能にします。これはブレヒトが一つの理想としていた、舞台に集中しながら、つまり没入して楽しみながら、同時に舞台を批評できる、つまり距離をおいて覚めていられる、そのような二重の時空間体験にほかなりません。つまりこのミュージカルは、最高級のエンターテインメントであると同時に、社会批評を通してその変革への呼び水ともなりうる作品なのです。このことは後の節でもう少し詳しく見ていきたいと思います。

さて、ファンティーヌは筋の流れのなかでは、早く亡くなってしまいますが、このミュージカルのテーマを展開する上での軸となる存在です。いわばナザレのマリアのような母親性と、マグダラのマリアのような娼婦性の両方を兼ねそなえている、とでも言ったらいいでしょうか。その彼女の「私が見た夢（I Dreamed A Dream）」は、全編の基調低音として、見果てぬ夢にあこがれる私たち自身の憧憬を喚起する歌、と言っても過言ではないと思います。彼女が自分の人生で果たせなかった夢が、コゼットの幸福への願いとなり、彼女を育てると約束するバルジャンへの感謝となり、コゼットと恋人マリウスの結びつきを祝う賛歌となり、さらには銃弾に散るエポニーヌや戦いで犠牲となった人々への哀悼となる――ファンティーヌが一人で見ていた夢は、一人の不幸な女性の死に対する観客の悼みから、過ぎ去った革命への回想まで、果てしない広がりを獲得するのです。

ファンティーヌとともに彼女の「夢」を共有すること、それが「無情」な世のなかに絶望しながらも「有情」を求め続けざるを得ない、社会的動物としての人間の必然でしょう。多くの人々が犠牲になるような不幸な出来事に直面したとき、生き残った人間はまず自分の生存を確認した後で、すぐに周りの生存者を確かめ、可能ならばその救済に向かうと言われます。このことは、人間が根本的に他者とともに生きる存在、「共生」を旨とする生き物であることを示してはいないでしょうか。『レ・ミゼラブル』という作品が、一人の不幸な女性の歌唱を通して私たちの心に刻みつける夢も、そのようなともに生きることへの絶望的な、希なる望みの表明なのです。

## 2. 「私のところへおいで」――約束と権力

娘コゼットの養育費を稼ぐために娼婦となったファンティーヌは、客と面倒を起して、ジャベールに捕らえられそうになりますが、そこに現れた市長のジャン・バルジャンは、彼女を牢屋ではなく病院に連れて行くよう指示します。さらにバルジャンは荷車の下敷きになった男を助けるのですが、その光景を見ていたジャベールは、かつて保釈処分を破って逃走したバルジャンが、並外れた腕力の持ち主であったことを思い出します。しかしジャベールは、市長として人々の尊敬を集める男がバルジャン本人であるとは思えず、違う男をバルジャンだと考えて捕らえたところでした。バルジャンはそれを、自分がジャベールの追及から完全に自由になるチャンスだと考えるのですが、一方で無実の人が自分の代わりに獄に繋がれるのを見捨てられません。その苦悩を歌うのが、「おれは誰なのか？（Who Am I?）」という歌です。

この歌は、自分のアイデンティティをもう一度確かめるという意味で、先ほどの「私が見た夢」と対をなす歌です。バルジャンはこの歌のなかで、「もしここで自分が名乗りをあげれば自分は社会で有罪となるが、かりに黙っていれば今度は神の名の下で永遠に罪を犯すことになる」、という選択に引き裂かれて苦しみます。しかし結局、「自分は神に対する約束をした、それは自分に忠実に生きるということであり、それが生きる希望を与えてくれたのだ」と、ジャン・バルジャンとして名乗り出ます。こうして、ファンティーヌが歌う「私の夢」という過去への憧れと、バルジャンが歌う「私は私」という現在の決意とが、二人の自己認知を通して、太い絆となって繋がるのです。どちらも絶望の淵で、「私は私でしかない」ことに賭けることで希望を見出そうとする、ぎりぎりの自己肯定であり、他者への信頼であるからこそ、この二つの歌が私たちの胸を打つのではないでしょうか。

この二人の絆の延長が、次の「私のところへおいで（Come To Me）」という、ファンティーヌとバルジャンの二重唱です。ファンティーヌの死に際して、彼女とバルジャンによって歌われる「私のところへおいで」から、ジャベールとバルジャンの二重唱となる「対決（Confrontation）」にいたる場面は圧巻で、まさに観客を惹きつけて離しません。ファンティーヌの遺志をついだバルジャンは、死にゆく彼女にコゼットの将来の幸福を約束するのですが、それを果たすためにジャベールに逮捕まで三日間の猶予を懇願します。ここにあるのは、ファンティーヌの代わりに母親の役割をも引き受けようと決意するバルジャンと、それをあくまで男性社会の論理によって粉砕しようとするジャベールとの対決です。

「私のところへおいで」という歌は、病院で死の床に横たわるファンティーヌが、娘のコゼットに歌いかけるという体裁で始まります。それがバルジャンによる「コゼットの面倒は私に任せなさい、彼女にけっして不自由をさせることはない」という約束を介することで、一人の娘の存在をきっかけとして、それまで血のつながりも何もなく無縁であった一人の男と女が、永遠に縁を結んでいくのです。「縁」というのは、不思議な単語です。それは、中心的な絆でもあれば、周縁的な境界をも表す言葉ですが、本来一人で生まれ一人で死んでいくほかない人間同士の、偶然でありながらも必然を感じさせる出会いを表すのに、これほど美しく切ない言葉もないように思われます。しかし「縁」は、ただ待っていれば向こうからやってくるもの、ではありません。ここでのファンティーヌとバルジャンのように、たがいに孤独の淵をさまよってきた人間が、自分に忠実に生きることを決意したときに、まるで天恵のように結ばれるもの、それが「縁」でしょう。ですからそこにはかならず、努力と約束と信頼とが伴っているのです。

しかし『レ・ミゼラブル』というミュージカルの特徴の一つは、このような心を深く打つ人間同士の愛情が、すぐに強烈な現実によって覆されようとすることです。すなわち、バルジャンとジャベールとの「対決」という歌がそれです。息もつかせぬ、叙情から激情へ、愛から憎しみへという転変の連続が、『レ・ミゼラブル』の魅力の一つでしょう。敵同士である二人の男の「対決」で、はっきりと表明されるのは、バルジャンとジャベールの違いではなく、二人の共通性です。バルジャンはファンティーヌとの約束を果たすために、コゼットが住んでいるテナルディエの許を訪れて彼女を身請けするために、三日間だけ自分の捕捉を待ってほしいとジャベールに頼みます。冗談を言うなと拒絶するジャベールは、「おまえのような男はけっして変わることがない、なぜなら俺はおまえのような人間を見て育ってきたからだ、俺は牢獄で生まれ、汚穢のなかで育ってきたのだから」と言います。こうして、ファンティーヌとの約束を果たすために猶予がほしいという願いをジャベールに断られたバルジャンは、ジャベールを殴り倒して逃走します。こうしてバルジャンは、保釈破りの罪人としてジャベールに追及され続けることになり、追う者と追われる者との因縁の対立がドラマの軸を作っていくのです。

バルジャンとジャベールとの対照は、単なる罪人と権力者、善と悪との対立というよりは、人生観において捩れていながらも、深いところで繋がっている者同士のそれです。ちなみに、日本版『レ・ミゼラブル』の上演では、バルジャンとジャベールが鹿賀丈史と滝田栄の交替で、つまりダブルキャストで演じられることが話題となりました。こうして二人でバルジャンとジャベールを交替して演じることは、ジャベールもバルジャンも表と裏、ポジとネガの関係にあることを観客に考えさせる有効な手段でしょう。これなども、観客に舞台の意味を冷静に省みさせるための「ブレヒト的異化効果」の一つと言えます。

さてこの「対決」という歌は、とても激しい調子の二重唱から始まるのですが、最後にそれは、まるで私たちがすぐ前に聴いたバルジャンのファンティーヌへの約束を思い起こさせるように、静謐な調子に戻って「必ずふたたび出会う日がくる」という「約束」で終わります。コゼットを必ず幸せにするという天国からの使者を思わせるような優しい言葉も約束なら、必ずおまえと再会してケリをつけてやるという暴力的な宣言も約束なのです。ですから『レ・ミゼラブル』を、単なる勧善懲悪物語と見るのは、あまりふさわしい見方ではないと思います。むしろこの作品は、一つの価値観がつねにそれとは対極的なものに裏打ちされていること、一人の人間の生き様やアイデンティティが他の人の生き方や信念によってはじめて明らかになり、輝きもすれば暗鬱なものともなるということを示す、重層的な作品なのではないでしょうか。

## 3.「民衆の歌声が聞こえるか？」——個人の愛から集団の願いへ

ミュージカル『レ・ミゼラブル』が人々を魅きつける理由の一つが、愛と憎しみと許し、償いと犠牲と哀悼という普遍的な価値を、幾多の人間模様を映し出す雄弁な歌曲によって描いたことにあることは疑いありません。一方に、バルジャンとジャベールという、孤独の影を引きずる似た者同士の愛憎に満ちた因縁、そしてバルジャンとマリウスとの父と息子のような結びつき。他方に、ファンティーヌとコゼットとの母と娘の関係、そしてコゼットとエポニーヌとのマリウスへの愛をめぐる微妙な確執。他の多くのミュージカル作品にも見られる、こうした情で結ばれた人間関係は、私たちが日常生活で経験し理解しているものです。ところがそのような身近な人間模様を、このミュージカルは、巨悪に立ち向かおうとする民衆たちの革命運動のなかに投げ込むのです。

その意味で『レ・ミゼラブル』は、個人と集団との関係を描写するのに、きわめて巧みな操作を施したミュージカルであると言うことができます。一組の男女の愛にあふれた掛け合いや、男同士の対立を高める二重唱のあとには、ほとんどの場合、民衆や学生たちの合唱が続く構成が、その一つの証左でしょう。主筋をいろどる主人公たちがそれぞれの決め技とも言うべき印象的な歌を次々と響かせる一方で、群集の変革へのエネルギーがうずまく合唱が加わる。回転舞台をたくみに使用したスピーディな舞台運びによって、恋人たちの思いと民衆たちの生活が見事に融和し、観客を圧倒し続ける三時間――それが『レ・ミゼラブル』の体験です。

その一つの頂上に、一幕の最後に歌われる合唱「民衆の歌声が聞こえるか？（Do You Hear The People Sing?)」があります。これは「怒れる民衆の血の色」と「新たな世界の夜明け」を示す赤色と、「過去の暗い時代」と「ついに終わろうとしている夜」を表わす黒色とを対照した「赤と黒（Red And Black)」という歌に続くもので、虐げられた者たちにとっての正義をめざす戦いへの烽火をあげる、まさに革命への呼びかけです。ここでも見事なのが、個人の感傷と集団の決意との対照と融合でしょう。労働者と連帯して蜂起の計画を練っている学生たちが集まるパリの小さなカフェには、理想を実現しようとする彼らの熱気が満ちています。ところがそのなかの一人マリウスは、つい先ほど街角で出会ったコゼットの姿が心に焼きついて忘れられません、まるで「幽霊」を見てしまったかのようだというのです。仲間の学生たちはそんなマリウスをからかうのですが、ここではまず個人の出会いや愛といった出来事と、社会変革運動という集団の営みとの対照が描かれているわけです。それが民衆たちの蜂起のニュースが告げられるに従って、次第に、舞台のベクトルが個人から集団へと移っていきます。そして学生のリーダー、エンホルラスによって始められた「民衆の歌声が聞こえるか？」という歌が、他の学生たちに、そして人々の大合唱へと引き継がれ、マリウスももちろんその集団の一員として、華々しい運動のなかへと引き込まれていくのです。

このときの演出は、一度でも舞台をご覧になられた方なら、忘れられない印象を残すのではないでしょうか。この歌が一人の学生からもう一人へ、そして民衆たちへと歌い継がれていくなかで、赤と青のあざやかな旗が打ち振られ、集団で一丸となった人々が、歌のリズムに合わせて二歩進んでは一歩下がるといった行進で舞台の奥から、私たち観客のほうへと少しずつ近づいてきます。これはとても単純な演出ですが、その効果は絶大です。つまり個人の思いから共同の願いへという運動と意識の流れが、舞台の人物集団の動きに伴って、観客の身体と心をも巻き込んでいくからです。後になって、バリケードに立てこもった民衆や学生たちが、軍隊と戦う場面でも、バリケードは観客から見て舞台の向こう側にあり、人々は観客に背中を向けて、襲ってくる軍隊と戦い、舞台奥に向かって突撃します。つまり観客も、革命を目指す反乱軍の一部として、バリケードのなかにいるという感覚を共有することができるのです。こうした演出を革命幻想の創出にすぎないと言うことは簡単ですが、それが大きな感動をもって私たちの記憶に刻まれることも確かなことです。その記憶がいつか甦って、私たち自身の身近な場所で、実際の運動や闘争へと実ることはない、と言い切ることは誰にもできないのではないでしょうか。

私たちが学校で習う歴史は、ほとんどが強者と勝者にとって都合のいい歴史です。しかし言うまでもないことですが、歴史の総体は、負けて名前を残せなかった者、沈黙を強いられて声を聞いてもらえなかった者、死して痕跡さえ残せなかった者、そのような人々によって成り立っています。かりに歴史が勝者によってしか書かれてこなかったものであるとすれば、不正に対する人々の憤りや、悲しみを押しつぶす歴史の歯車への恨みが、あらゆる共同体の底には漂っていないでしょうか。そしてそのような人々の思いが文化や芸術といった形で刻まれることによって、人類は来るべき明日への活力を育んできたのです。ミュージカル『レ・ミゼラブル』が芸術としても興行としても成功した理由の一つも、歴史における敗者を悼む気持ちを、観客が汲み取ることができたからではないでしょうか。貧しさにあえぐ民衆、望まない労働を強制される人々、そうした人たちの思いを、ファンティーヌという一人の女性の夢が優しく受けとめる。さらに彼ら彼女らの希望は、民衆や学生たちの支配権力への反乱の狼煙となって、革命運動を支える。そしてその夢が潰えた後でも、人々の思いそのものは、ある強度をもって引き継がれていき、それがたとえば、コゼットとマリウスの結婚を祝福するさまざまな死者たちの群像へと連なっていくのです。

『レ・ミゼラブル』というミュージカルが見事なのは、縁あって出会った男女の献身や愛情、互いの運命に介入しようとする敵同士の因縁、父親と娘との恵まれた幸せな家庭といった、個人と個人との関係をまるでバリケードのなかに包み込むようにして、学生と民衆とが男たちと女たちとが協同する理想的な社会革命への展望を開いていく――それを舞台の動静として観客にわかりやすく見せていくからです。この一幕の最後を飾る壮麗な合唱は、マリウスのコゼットへの恋を糧としながら、「より高い目的」を持つ、「怒りに満ちた民衆たち」の叫びが響く戦いを準備する、祝祭の歌とも言えます。赤と青を主調とした「自由、博愛、平等」を象徴する旗をかかげて、彼らが舞台をゆっくりと観客に向かって行進してくる――このとき観客は心を躍らされながら、自分も歴史の主人公となりうるという確信をいだきます。言いかえればそれは、役者たちの歩みが、つまり演劇が歴史を動かす瞬間です。人々を貧困の淵に押しとどめ、女たちに犠牲を強い、男たちの暴力を増長しようとする、歴史の支配勢力に対する私たちの抵抗、それがこの場面には表現されているのです。

## 4.「私一人で」――歴史の主体

二幕を開始するのは、一幕の最後とは打って変わって、個人同士の関係です。しかもこのミュージカルは見事なまでに、コゼットを中核にして、二種類の三人の人間関係を、二つの美しい三重唱で描き出します。一つはコゼットに向かって、父親バルジャンと恋人マリウスが別々に語りかける、「私の人生で（In My Life）」。もう一つはコゼットとマリウスとの愛の二重唱に、マリウスをひそかに愛するエポニーヌの孤独な一人言が重なる「愛にあふれた心（A Heart Full Of Love）」です。このミュージカルの素晴らしさは、革命のような集団的な出来事においてだけでなく、身近な人間関係においても陰におかれた人たちに、光を当てることです。この二つの歌に明らかなように、やがて結婚して幸福に結ばれることが予想されるコゼットとマリウスよりも、むしろそこから距離を置いているバルジャンとエポニーヌのほうに、歌の輝きと存在の重みがあるのです。

『レ・ミゼラブル』は、このような陰に隠れてきた人々を、歴史の主体として取り返す試みです。そのことを、エポニーヌとジャベールを例として考えていきましょう。エポニーヌの「私一人で（On My Own）」という歌ほど、一見主人公とは思えない人物がドラマの主題を支えているという事実の雄弁な表明はないでしょう。エポニーヌはテナルディエ夫妻の娘ですから、階級社会の矛盾を子どものころから身近に知って育ったことでしょう。彼女は、父親たちが階級上昇を目指して、犯罪にも手を染めることから距離をおき、マリウスへの愛情から革命運動にも参加します。しかし、マリウスとコゼットという恋人同士が所属する階級から自分が疎外されていることをよく知っている彼女は、マリウスへの愛情をけっして表明することなく、コゼットからの知らせをバリケード内のマリウスに届けようとして銃で撃たれ、亡くなってしまいます。たしかに男女の恋愛の成就が一つの約束事であるミュージカルの伝統からすれば、エポニーヌの死は、物語の進行にとって必要なことかもしれません。しかし、パリで革命運動が高揚するなか、コゼットはバルジャンの配慮で国を離れており、戦いの現場にいるのはエポニーヌとマリウスなのです。たとえエポニーヌの死がミュージカルの約束事の一部であったとしても、革命闘争のさなかでの死を賭した男女の結びつきほど、私たちの心を動かすものがあるでしょうか。革命運動の途中で死んでしまった者は、けっして忘却されることがあってはならない――この歴史の教えを観客の心と体に刻むかのように、エポニーヌの類まれな熱唱が響くのです、「あの人を愛している、愛している、愛している、でも私一人で」と。数々の名曲に彩られた『レ・ミゼラブル』のなかで、一曲だけもっとも心に残る歌をあげてくださいと言われれば、私は躊躇せずこの歌を選ぶでしょう。死を予期した愛と献身、階級社会の不正義をただそうとする革命運動のさなかでの犠牲――秘められた愛情の表明に託して、歴史の主体の復権をめざすミュージカルに、孤独な愛の、絶望的ではあっても、けっして否定的ではない表明であるこの歌ほど、ふさわしい宝はないのではないでしょうか。

さて、バルジャンのほうはどうでしょうか。彼はファンティーヌとの約束に従ってコゼットの育ての親になったわけですが、縁あって一人の少女を養子にしたその行為は、おそらく自分自身の孤独を埋めるためだったでしょう。人間は自分一人のためだけに生きることがむずかしい動物です。バルジャンはファンティーヌと約束を果たすことによって、自分だけでなく他人のために生きるという生きがいを獲得していきます。そしておそらくそれが、バルジャンとジャベールとの最大の違いを生み出していったのではないでしょうか。バルジャンとジャベールとの宿命の対決が、どう終わるのかを見ていくと、そのことがさらに明らかになるように思われます。

ジャベールは、パリの警視総監となって革命軍の鎮圧に力を注ぐかたわら、宿敵と見なすバルジャンを追い続けています。ジャベールは自ら反乱軍の一人を装い、バリケードのなかに侵入するのですが、官憲のスパイとして摘発されてしまいます。一方バルジャンも、マリウスを捜して学生や民衆の立てこもるバリケードにやってくるのですが、そこで狙撃されそうになったエンホルラスを救います。その恩賞として、バルジャンはスパイであるジャベールを殺す許可を与えられるのですが、彼はジャベールの命を助けるばかりか、自分の住所さえも教えてジャベールを逃がしてやります。政府軍側の攻撃によって、バリケードは壊滅し、生き残ったのはバルジャンとマリウスだけとなります。バルジャンは、傷つき意識を失ったマリウスを担いで、パリの下水道を通って、安全な場所に運んでいこうとします。いったん地上に出たバルジャンは、待ち受けていたジャベールと対峙します。バルジャンはマリウスを病院に運ぶために、ジャベールに一時間の猶予を願うのですが、それをジャベールは渋々ながらも認めてしまいます。そしてその後にジャベールは、絶唱とも言うべき「独白（Soliloquy）」を歌って、セーヌ川に身を投げて自殺してしまうのです。

ジャベールは、どうして自殺してしまうのでしょうか？　しかもバルジャンに、命を助けられた直後ではなく、バルジャンにマリウスを救うための時間の猶予を許してしまった後に？　ジャベールは、たしかに官僚として民衆たちの敵である体制側の人間ですが、このミュージカルで彼の人物造型を興味深くしているのは、彼に執拗につきまとう孤独の影です。彼の孤立を目立たせるのが、バルジャンとの関係で、まるで彼はバルジャンの存在だけを頼りとして生きているように見えます。一幕でのジャベールの独唱「星の輝き（Stars）」、そして仇敵バルジャンに命を助けられたことで自殺を選択する彼の「独白」は、社会の中枢権力であることを疑わない者の告白にほかならないのですが、それが表明する絶対的な孤独は、バルジャンに自分を認めてほしいという欲望と裏腹です。ジャベールが絶望して死を選ぶことの要因には、バルジャンによって命を助けられたことだけでなく、マリウスを救うために時間の猶予を願い出たバルジャンに、それを許してしまった自分自身への戸惑いがあるのではないでしょうか。もしかしたら、自分はバルジャンに命を助けられたことに恩義を感じているがゆえに、マリウスを救いたいというバルジャンの要求に屈してしまったのではないか。バルジャンがつねに自分との関係よりも、ファンティーヌやマリウスのような人々との約束を果たそうとすることが、ジャベールにはどうしても理解できません。自分とまったく同類で、他者を敵としか見なさない利己主義者にちがいないと思っていたバルジャンが、他者に尽くすことに生きがいを感じている、そのことがジャベールには堪えられません。仇敵であるはずのバルジャンと、恩恵や許しの関係に至ってしまうことを、ジャベールは心から恐れ、そのような行為に及んでしまった自分に絶望して自殺してしまうのです。

このようにエポニーヌとジャベールは、このミュージカルの観客にとって、「私一人で」生き、「私一人で」死んでいったことによって、忘れがたい印象を残す登場人物です。歴史の真実は、コゼットやマリウスのような恋人たちよりも、バルジャンのような自らの孤独を埋めようとして他者の養育に力を注ぐ者たちよりも、むしろ一人で生きることを選択してきた人々のほうにある——そのことをエポニーヌとジャベールの類まれな歌が、伝えているのではないでしょうか。

## 5.「空のテーブルと空の椅子」——敗者の復権

革命闘争は多くの犠牲者を出して敗北し、残ったのは階級社会のなかで安定した家庭を築いていくだろうコゼットとマリウス、そして見事に階級上昇を果たして上流社会の仲間入りを果たしたテナルディエ夫妻と、彼らに寄食する人々です。ここでもこのミュージカルは、テナルディエたちに体現される有象無象の群集の現実原則を、恋人たちの家庭の未来の理想に対する異化効果として挟み込むことによって、勝者の歴史における観客自身の位置を確かめようとするかのようです。

人々の正義への思いが結晶した革命への願望が、民衆蜂起の失敗という結末に終わるとき、それは犠牲となったエポニーヌを見送るマリウスの歌「小雨が降る（A Little Fall Of Rain）」や、死んでしまった友人たちを悼む葬送歌「空のテーブルと空の椅子（Empty Chairs And Empty Tables）」を通して、想像の上でバリケードのなかにいながら生き残った観客すべての喪の儀式となります。人の一生は、何かを得ることと失うことの連続です。愛情や伴侶や財産や業績を得たとしても、それをかならず失う日が来る――人が自分の失ったものを悼み、悲しむためには、自分が何を失ったかをはっきりと知らなくてはなりません。ですから、親しかった人が死んでしまったとき、たとえその遺体を目にすることはかなわなくても、残された人々は死者の痕跡を求め続けるのです。なぜ、どこで、どうして死んでしまったのかを知りたい、それが生きている者の願いです。もし自分がいったい何を失ったのかがわからなければ、人は何を哀悼したらいいのかわかりません。精神分析の言葉では、その状態をメランコリーと言います。マリウスが、かつて友人たちと政治談議に花を咲かせたパリの小さなカフェに、一人たたずんで歌う「空のテーブルと空の椅子」――この歌は、自分がいったい何を失ってしまったのか、その喪失はどれほどかけがえのないものだったかを自らに質そうとする試み、つまりメランコリーの状態から抜け出して、哀悼の可能性を追求しようとする営みと言えないでしょうか。革命を語り、明日の世界の創造を夢見た友人たちは死して、テーブルの周りの椅子には誰も座っていない。しかし「友よ、友よ、君たちの犠牲がいったいなんの役に立ったのか、僕に聞かないでくれ」とマリウスが歌うとき、そこに私たちは理想を語り、武器を取って戦った彼らの存在をたしかに感じ取ることができます。哀悼の可能性とは、死者が生者のなかで永遠に生き続けていることにほかなりません。私たちはここに、負けても闘うことをやめなかった無数の民衆たちの群像を見ます。権力者にとっては、一回の敗北がすべての終わりですが、権力を持たない民衆は、負け続けることができる、そのことを権力者はもっとも恐れます。負け続けても闘い続ける民衆への哀悼、マリウスの歌はそのような歴史の主体に捧げられた挽歌なのです。

シェイクスピアとディケンズとブレヒトの最良の部分を、ミュージカルという商業的芸術の枠組みのなかで継承した作品と言っていい『レ・ミゼラブル』。このミュージカルが、ユゴーの原作から引き継いだ階級社会への抗議は、死した人々への哀悼と、それに応えて生者を訪れる死者たちの群像によって幕を閉じます。敗北した革命の理想や、虐げられた女たちの望みが、母親ファンティーヌの遺言という形でバルジャンからコゼットへと伝えられます。するとその時、まるでそれを私たち観客にも手渡そうとするかのように、舞台に次々と死者たちの群像が登場して、明日への希望を歌っていくのです。そのとき私たちは、古典的文学作品をエンターテインメントとしてアレンジしたミュージカル、現実逃避に流れやすい中産階級が主要な客層を占める作品でも、その現実自体を問い返す力を持っていることを悟らないでしょうか。母娘の絆の力によって、男性中心主義的な歴史を問い直すこと。階級社会の不正を、敗者の正義によって質すこと。『レ・ミゼラブル』

の舞台における革命幻想は、その深層に流れる人々の絆によって、現実の変革へと通じる窓を開けられています。この物語でも、学生と民衆が求めた階級社会の不正義の是正は弾圧され、革命闘争は多くの犠牲者を出して敗北します。かりにそれが歴史の事実だとしても、『レ・ミゼラブル』というミュージカルが描いてきた人々の献身と誠意は、ユゴーの原作に脈打つ社会正義への欲求を正当に引き継ぐものとして、何度でも思い起こされることでしょう。

# あとがき

「歌う家族、愛する身体」という本書のサブタイトルは、『サウンド・オブ・ミュージック』と『レ・ミゼラブル』という、この本で扱った最初と最後の作品のイメージから名づけたものです。でも考えてみると、歌、家族、愛、身体というこの四つの単語は、優れたミュージカルがモチーフやテーマとして扱う人間の営みのなかでも、もっとも重要なものかもしれません。この本では、ミュージカル自体の内容と、それが制作された時代、そして私たちが生きている現代という三つの項を関心の的としながら、単に有名なだけでなく、いまだに多くのことを観客に考えさせてくれるミュージカルについて、さまざまな角度から探究してきました。

ここまでいくつかのミュージカルを論じてきて、今さらながら驚くのは、ミュージカルという舞台芸術の間口の広さ、柔軟さです。歌うことの楽しさ、踊ることの快感ほど、人にとって生きていることの喜びを味わえるものは少ないでしょう。たとえば日本の幼稚園や小学校でも、たとえそれが『サウンド・オブ・ミュージック』というミュージカルのなかの歌であることなど知らなくても、「ドレミの歌」や「エーデルワイス」を習ってすぐに好きになり愛唱する子どもは多いでしょうし、これは世界中どこでもほぼ共通して言えることだろうと思います。それだけ耳と体と心になじみやすい歌なのですね。私たちがミュージカルを劇場に観に行った帰り道には、たいてい一つか二つの歌の一節が耳に残っていて、そのリズムに合わせて足取りが自然と軽くなるものです。ミュージカルが他の演劇形態と比べて、圧倒的に有利なのは、このリズム感という、人にとってもっとも直接、身体に訴える感覚を利用できるからでしょう。その上で、物語が面白く、人物造形が優れていて、装置や衣装も斬新で、主題もわかりやすい、ということになれば、やはり劇場に足を運んでみたくなるというものです。

それにミュージカルは、クラシック音楽のオペラとは違って、ポップミュージックを使うことができます。もちろんオペラにも素晴らしい作品がたくさんありますし、類まれな美しさをもった歌を優れた歌手の声で聴く喜びは格別です。しかしモーツァルトからロッシーニ、ヴェルディからプッチーニ、ヴァーグナーからリヒャルト゠シュトラウス、ヤナーチェクからシェーンベルク、メシアンからシュトックハウゼンへと時代が下り、作品の音調や構成が変化してくると、どうしても音楽への親しみやすさが薄れ、観客の数が少なくなってしまうことは否定できないでしょう。まして現代音楽ともなれば、人気のあるオペラ作品を探すことさえ難しくなります。それに対して、ミュージカルの強みは、その時代の好みにあった音楽を使えることです。ですからレナード・バーンスタインやスティーヴン・ソンドハイムのようなクラシック畑の作曲家も優れたミュージカルを作りましたし、ロジャーズとハマースタインやコール・ポーターのような名匠から、エルトン・ジョンやアンドルー・ロイド゠ウェバーのようなロックとポップスを折衷した曲を作ることに長けた人たちまで、私たちを楽しませてくれる音楽の作り手には事欠きません。

さらに、たしかにミュージカル作品は、英語圏であるイギリスかアメリカ合州国で作られたものが多いのですが、容易に文化や言語の差、そして国境を越える柔軟性を持っています。なるほど日本人の俳優が、『レ・ミゼラブル』でジャン・バルジャンを演じることは、たしかに不自然に思えるかもしれません。でも考えてみれば、『レ・ミゼラブル』も、原作はフランスの一九世紀小説なのです。それがイギリスで制作され、英語で上演されてもまったく違和感がない。それと同じようなことが、程度の差はあれ、日本やシンガポールや南アフリカや中国で上演される『レ・ミゼラブル』にも言えるのです。たしかに翻訳されたり、言葉のアクセントの違いがあったり、ということはあるでしょうが、結局はストーリーの面白さと人物描写の見事さ、そして歌と踊りの力によって、ミュージカルは色々な国に輸出されても、たいていは本国と同様、商業的にも演劇的にも成功するのです。この柔軟性、加工のしやすさがあるかぎり、そして歌うことと踊ることの喜びと物語へのの情熱を人間が手放さないかぎり、たとえ資本主義や中産階級は滅びても、ミュージカルは生き残るのではないでしょうか。

＊

さらにミュージカルについて知ったり考えたりするために、本を読んでみたいという方にお勧めしたいのが、扇田昭彦さんの『ミュージカルの時代―魅惑の舞台を解き明かす』（キネマ旬報社、二〇〇〇年）と、喜志哲雄さんの『ミュージカルが《最高》であった頃』（晶文社、二〇〇六年）です。どちらも舞台ミュージカルへの愛にあふれた素晴らしい本だと思います。

本書の基になったのは、大修館書店発行の月刊雑誌『英語教育』に、二〇〇八年から二〇〇九年にかけて一二回にわたって連載させていただいた「ミュージカルを深読みする」という文章です。そのときに編集を担当していただいた小林奈苗さんに、この場を借りてお礼を申し上げます。

こうして単行本にするにあたり、大幅に加筆を施しましたので、書き下ろしに近くなりました。青土社で編集作業に当たっていただいた、水木康文さんには、原稿を丁寧に読んでいただき、さまざまな示唆をいただきました。心より感謝申し上げます。

また本書を執筆することができましたのは、私の勤め先であります東京経済大学から、二〇一〇年四月から二〇一二年三月まで、海外長期研修として英国滞在のご許可をいただいたおかげです。本書はその成果の一つですので、記して関係各位に感謝申し上げたいと存じます。

二〇一二年一〇月一〇日

本橋哲也

# 新装版あとがき

このたび『深読みミュージカル』が幸いにして初版が完売ということになりましたので、新装版を出していただくことになりました。

本書で扱っているのは、ミュージカル作品の王道、と言いますか、くりかえし様々な国の舞台で、ときには翻訳・翻案されて上演され、映画化もされている永遠の名作ばかりですから、時間が経つことで本書の内容が大きく改変を要することはないと思います。それでも各章で取り上げている舞台での上演については、その後も世界中で多くの新しい上演が行われて私たちを楽しませてくれていますし、英米のミュージカル作品に限っても、文化の力学という観点から論じるべき作品は、本書で考察している作品以外にも多く存在することは言うまでもありません。また本書では論じていない日本語によるミュージカル作品についても、たとえば昨年二〇一七年末に刊行された日比野啓編著『戦後ミュージカルの展開』（森話社）のような非常に優れた研究書が出版されて本格的な研究が始まっていることはたいへん喜ばしいことだと思います。私もこうした研究に多くを教えられながら、またいずれ本書で取り上げたもの以外のミュージカルを論じる機会があればと思っています。

本書でもくりかえし考察しましたように、イギリスやアメリカ合州国だけでなく、二〇世紀以降の世界の文化を考えるためには、ミュージカルがとても優れた題材を提供してくれています。とくに映画化されたミュージカルの影響は、良きにつけ悪しきにつけ、英語という言語のグローバルな浸透もあって計りしれないものがあります。映画は二〇世紀のもっとも強力なメディアとして、政治的にも社会的にも経済的にも大きな力を及ぼしてきたわけですが、そのような映画技術を通してさらに進展した芸術ジャンルがミュージカルであって、この芸術様式にはいまだに私たちの日常を規定しているさまざまな力関係が反映されています。

そのことはたとえば、最近のミュージカル映画として内容的も商業的にも未曾有の成功を収めたディズニーの映画『アナと雪の女王』を考えるだけでも明らかでしょう。この作品が、二一世紀のディズニー・プロダクション自身による過去の作品の見直し、とくに世界中の子どもたちが親しんできた『白雪姫』『眠りの森の美女』『シンデレラ』といった二〇世紀のディズニーによるアニメーション映画の古典を徹底的に書き直して、そこで前提とされていた家父長制度や強制的異性愛や、階級・ジェンダー・人種・身体能力・年齢などに関わる差別構造を明らかにし、しかもより平等で正義にかなった新しい道を指し示したことの功績は協調してもしすぎることはありません。しかもそれを世界でたくさんの少女が「レリゴー（Let It Go）」と言いながら、くりかえしくりかえし見て聞いて歌って踊ったことは、ほとんどミュージカルによる革命と言ってもいいのではないかと思います。それだけの力をミュージカルはいまだに持っている、これは本当に素晴らしいことだと思います。（このあたりの事情については、もしご興味があれば、拙著『ディズニー・プリンセスのゆくえ――『白雪姫』から『マレフィセント』まで』（ナカニシヤ出版、二〇一六年）をごらんください。）

なによりミュージカルには、心に響く歌、華麗な踊り、豪華な舞台装置といった要素がどの作品にもあります。それを体と心で楽しみながら、同時に私たち自身が今を生きている文化の力学を考え、自ら新たに作り上げていく――そんな一助に本書がなれば、とても嬉しく思います。

青土社編集部の菱沼達也さんには、今回の新装版の出版に際して、大変お世話になりました。心より感謝申し上げます。

二〇一八年九月

本橋哲也

[著者紹介] 本橋哲也（もとはし・てつや）
1955年東京生まれ。東京経済大学コミュニケーション学部教授。専門はイギリス文学、カルチュラル・スタディーズ。著書に『本当はこわいシェイクスピア』（講談社選書メチエ）、『思想としてのシェイクスピア』（河出書房新社）、『ポストコロニアリズム』（岩波新書）、『ディズニー・プリンセスのゆくえ』（ナカニシヤ出版）など。訳書に、ハーヴェイ『ネオリベラリズムとはなにか』、モートン『ガヤトリ・チャクラヴォルティ・スピヴァク』、ヴォーン『キャリバンの文化史』、チョムスキー『メディアとプロパガンダ』（以上、青土社）、ロイ『民主主義のあとに生き残るものは』（岩波書店）など。

# 深読みミュージカル
歌う家族、愛する身体
新装版

2018年10月25日　第1刷印刷
2018年11月10日　第1刷発行

著者——本橋哲也

発行者——清水一人
発行所——青土社
東京都千代田区神田神保町1-29 市瀬ビル〒101-0051
［電話］03-3291-9831（編集）　03-3294-7829（営業）
［振替］00190-7-192955
印刷——ディグ
製本——ディグ

装幀——郷坪浩子



ISBN978-4-7917-7115-8　Printed in Japan